소통하는 인간, 호모 커뮤니쿠스

Homo Communicus

소통하는 인간, 호모 커뮤니쿠스

초판 1쇄 발행 2019년 9월 16일
초판 3쇄 발행 2022년 9월 20일

지은이 : 김정기
펴낸이 : 김향숙
펴낸곳 : 인북스

주소 : 경기 고양시 일산서구 성저로 121, 1102-102
전화 : 031) 924 7402
팩스 : 031) 924 7408
이메일 editorman@hanmail.net

ISBN 978-89-89449-70-6 03300

ⓒ 김정기 2019

값 14,000원

소통하는 인간,
호모 커뮤니쿠스
Homo Communicus

— 나는 소통한다, 나는 존재한다

저자 **김정기**

인간은 커뮤니케이션을 통해 공유하는 만큼 이해하고 존재하는 동물이다.

인북스

호모 사피엔스는 소통의 지혜를
함께 찾아가는 존재

●

　이 책은 미디어 커뮤니케이션에 비해 소홀하게 취급받아 온 사람과 사람의 커뮤니케이션에 관한 것이다. 미디어 제국의 번성과 위세에 밀려 존재감이 부재한 사람의 커뮤니케이션, 소통 커뮤니케이션이 주는 의미와 행복을 찾아보자는 의지의 반영이다. 전문가들끼리 읽는 것으로 끝나는 학술논문 형식의 지적 생산과 유통 방식에 대한 회의감도 이 책의 출생에 한몫하였다.

　우리나라에서 사람들이 주고받는 커뮤니케이션에 대한 연구는 관심과 성과 모두 매우 빈약하다. 사실 현대 커뮤니케이션 현상 연구를 주도하는 미국에서도 사람(들)의 커뮤니케이션에 대한 학문적 관심은 1960년대 들어와서야 본격적으로 시작되었다. 인종 차별, 사회적 불평등, 시민운동, 베트남 전쟁 개입에 따른 갈등과 혼돈 속에서 기존 매스 미디어의 메시지가 당파적이고 조작적이고 허위적이라는 비판에 대한 반성이고,

미디어가 보통 사람들의 삶의 질, 행복한 생활을 위해 애를 쓰기보다는 권력자, 정치가, 선전가, 광고업자, 컨설턴트의 교언영색을 전달하기에 급급하다는 비판에 따른 대응이었다.

이런 반성을 토대로 개인의 신뢰감, 사람들 사이의 좋은 관계, 따뜻한 조직, 배려하는 공동체의 형성 유지 발전에 기여하는 커뮤니케이션 연구의 필요성이 대두된 것이다. 권력, 자본, 설득, 통제, 영향력 못지않게 사람(들)과의 좋은 관계를 중요하게 생각하는 변화가 일어난 것이다.

이 책은 필자가 생각하는 사람들의 대표적인 커뮤니케이션(소통) 행위와 요소를 대상으로 의미, 가치, 특성, 이유를 탐구한 내용이다. 그 과정에 커뮤니케이션학계의 과학적인 연구 성과를 담으려고 노력했다. 그리하여 어떻게 하는 것이 소통을 위한 커뮤니케이션인가를 각자가 스스로 깨닫고 강구하자는 입장을 견지했다. 그리고 이 책은 소통의 공식이나 처방전을 도모한 것은 아니라는 점을 밝힌다.

인간은 자기 혼자만의 세상인 밀실과 타인과 함께하는 세상인 광장을 왕래하며 소통하면서 산다. 소통은 상대방을 존중하면서 대화와 화합을 도모하는 것이다. 통일신라 시대의 고승 원효는 화합의 원리를 '둘이면서 하나이고 하나이면서 둘'이라는 불일이불이(不一而不二)로 설명하였다. 복잡할 게 없다. 타인을 존중하고 배려하자는 말씀이다. 필자는 호모 커뮤니쿠스가 지구의 최후 승리자로서 사피엔스의 제국을 건설할 수 있었던 것은 정치·경제·사회·문화적 인간관 이외에, 배려하고 협력하는 소통의 인간관이 크게 기여했다고 믿는다.

이 책의 내용이 자신의 존재를 표출하고, 사람들과 좋은 관계의 형성과 가치에 대한 이해를 돕는 이용후생(利用厚生)의 지식이 되었으면 한다. 사회 구성원 간의 신뢰감을 높이고, 우리 사회가 보다 반듯하고 평화로운 민주공동체로 발전해가는 데 도움을 주는 자기 방식의 소통 지혜를 모색하는 데 촉매제가 된다면 행복하겠다.

이만큼이라도 책이 꾸려지게 격려하고 출판해준 친구 김종현에게 고마움을 전한다. 10년 전 사람의 커뮤니케이션에 대한 공부를 시작할 수 있게 연구교수라는 좋은 환경을 제공해준 웨스트버지니아대학 커뮤니케이션학과장 매튜 마틴(Matthew Martin) 교수에게 특별한 감사를 드린다. 이 책은 그때 집필한 『나를 좋아하게 하는 커뮤니케이션』을 모태로 하여 확대하고 보강하여 새롭게 꾸민 것이다.

인간은 별에서 와서 별로 간다고 했던가! 이 책을 다른 별로 간 그리운 아버지 김상호 님, 어머니 곽순남 님에게 바친다. 내 인생을 보살펴주는 아내 정은화, 응원해주는 딸 가족과 아들 가족에게 감사한다.

2019년 8월 염천에
김정기

차 례

소통하는 인간, 호모 커뮤니쿠스

소통하는 인간, 호모 커뮤니쿠스

차례

소통하는 인간, 호모 커뮤니쿠스

chapter 1

그 섬에 가고 싶다

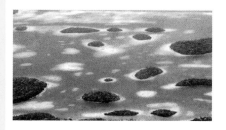

우리는 외롭지 않고 싶어서 그 섬으로 가고 싶다. 이야기를 나누고 유대하려고 그 섬에 가고 싶은 거다. 호모 사피엔스를 지상의 주인이 되게 한 원동력이고 집단지성을 가능하게 하는 소통의 지혜가 그 섬으로 가야 한다고 일러준다. 불통이 아니라 소통하며, 혼자가 아니라 함께 관계를 맺고 협력하며 살고파서 그 섬으로 가고 싶은 거다.

○

그 섬에 가고 싶다

— 소통 커뮤니케이션

●

사람들 사이에 섬이 있다.

그 섬에 가고 싶다

— 정현종 〈섬〉 전문

길이는 짧지만 의미는 길고 긴 시이다, 내게는.

몇 자 되지 않아 단출하지만 해석은 강물처럼 흐르는 대하소설이다.

시작은 분명히 있으나 구체적으로 언제부터인지는 선명하지 않고, 언제 끝나는 것인지도 모르는 무시무종의 시공간 같은 느낌. 그러나 멈출 수 없이 운명처럼 가고 싶은 곳.

필자에게 이 시는 부럽게 느껴지는 홀가분한 외양과는 달리 속내는 외로운 인간들의 심사를 담고 있는 것으로 보인다. 묘사를 하려고 해도 결국 다 표현되지 못하는 인간관계, 허구한 날을 붙잡고 애를 써도 제대로 드러내지 못하는 타인과 나에 대한 심정, 빈틈이 많아 고치고 또 고쳐도 마침내 마음에 들지 않는 글쓰기 같은 사람들의 혼돈스러운 심정을 이리도 깔끔하게 처리하고 있는 참 멋진 시이다.

자, 아래 사진을 보자. 시의 텍스트와 바다 풍경을 품고 있는 사진을 보며 떠오르는 생각은 어떤 것인지?

'자신에게 우선 설명해 본다면?' 필자가 '인간 커뮤니케이션'이라는 주제의 강의를 할 때 던졌던 질문이다. '커뮤니케이션'이라는 개념을 이해하는 데 도움이 될까 싶어서 토론용으로 활용하는 길라잡이 사진이다.

하나의 뚜렷한 섬과 아스라이 멀게 느껴지는 동강난 반쪽 섬이 태연

하다. 바다가 섬에 부딪치면서 생긴 하얀 포말. 깊이에 따라 짙푸른 청색에서 엷고 가벼운 하늘색까지 다양한 독특함을 드러내면서도 전체적으로는 조화를 이루는 빛깔과 바다는 고분고분하다. 가까운 섬은 온전하게 평화롭고, 저 멀리 어디론가 끌려가는 모습의 섬은 흐릿하게 조금 수상한 느낌을 주는데, 돛이 댕그라니 자신의 전체를 점령해 인상적인 자그마한 배 한 척이 물끄러미 떠 있다.

바다와 하늘은 완연히 구분되지만 남남 같아 보이지는 않는다. 캔버스에 얹힌 유화의 선들과 미세한 파동으로 살아 있는 바다. 그러고 보니 작은 돌기둥 혹은 암초 같은 바위덩어리 하나가 큰 섬 옆에서 바다 위로 겨우 돌출해 있다. 사진에 담긴 주요 요소들의 배치와 톤에 따라 그림에 대한 의견과 해석도 다양할 것이다.

아니나 다를까, 학생들의 의견은 천차만별이다. '그곳에 놀러 가고 싶은 마음이 생긴다' '친한 친구들과 함께 가서 맛있는 것도 먹고 캠핑하며 즐겁게 놀다 왔으면 좋겠다.' 동감이다. 돌아오지 않고 오래 있고 싶다는 의견에도 찬성이다. 하지만 '물속의 고기를 잡아서 먹고 싶다' '생각이 잘 나지 않는다'는 얘기는 (토론에 정답은 없다고 강조하는 필자의 의식구조로도) 참 민망하고 상상력이 초라해 아쉬움이 인다. 이 시대의 젊은이들이 공부하랴 아르바이트하랴 또 이런저런 압박감으로 피로하다는 건 알지만 이런 때는 당황스럽다.(물론 나를 기준으로 한 생각이니 어떤 기색도 하지 않는다.)

호모 사피엔스의 외로움

'오래된 미래' 같은 멋진 교수가 되는 길은 학생들의 어떤 의견에도 담대해야 하므로 내면의 감정을 얼굴에 드러내지 않는 게 좋다는 경험적 지혜를 발동한다. 그나마 선생의 질문에 즉시 의견을 제시하거나 자발적으로 응답해주는 학생은 혼밥으로 대변되는 소통의 쇠퇴가 진주하기 시작한 캠퍼스와 강의실에서 눈물처럼 고마운 존재이다. 선생이라는 일을 업으로 하는 사람에게는 내내 환영감이고 말고다.

좀 더 소개하면 '바다가 아름답다' '배가 좀 움직이고 있었으면 더 잘 어울리는 구도다' '세상과 외떨어져서 연락 없이 지낼 수 있는 곳으로 보인다'처럼 그림으로 보이는 내용에 초점을 맞춘 의견도 있다. '익숙한 것을 낯설게 하기'나 혹은 '낯선 것을 익숙하게 하기'와 같은 문학으로서 시의 상징 의미보다는 그림 자체에 비중을 둔 반응이다.

필자가 강의에서 앵무새처럼 반복하며 되뇌는 명제는 '인문사회학적 사고에 정답이나 하나뿐인 답은 없다고 생각하자. 그러니 무슨 말이든 하고 싶은 대로 내키는 대로 마음대로 해보시라'는 거다. 거칠게 얘기하면 '꼴리는 대로 하라'는 것이다. 그러니 무슨 의견을 피력해도 그건 환영만 할 일이다.

물론 내심으로는 '사람들이 불통으로 외로워하는 것 같다' '인간들에게 짙은 외로움의 경험이 배어 있고, 그걸 이겨내 보려는 안간힘이다' '갈등과 갈등의 이유를 대변하는 섬에 대해 알아보고 싶은 욕구를 밝힌 거다' '사람들 사이에 존재하는 소통의 결핍, 소통의 필요성, 커뮤니케이션의 의미를 상징하고, 그 부재를 극복하는 데 도움이 되고 싶은 소망' 같다는 좀 복잡한 내 생각 근처의 의견을 학생들로부터 기대하는 것이 맞다. 내친 김에 조금 더 단견을 피력하면 이렇다.

아마 호랑이가 담배 피우던 아주 오랜 옛날부터 언어를 사용하게 된 호모 사피엔스(homo sapiens)는 운명적으로 외로움을 느끼며, 그의 후예인 오늘을 사는 사람들도 도시적인 일상생활에서 소외감에 시달린다. 허심탄회하게 툭 터놓고 이야기를 나눌 사람이 그리운데, 찾기 어렵다. 여러 현대적인 이유로 소통을 가로막는 불통의 요소들 또한 증가일로이다. 그래서 소통과 공감을 통해 혼자에서 벗어나 타인과 관계를 형성하고 싶은 것이다.

커뮤니케이션을 통해 형성하는 관계

커뮤니케이션이 인간에게 베푸는 가치를 확신하는 필자에게 〈섬〉이라는 시는 인상적이었다. 안팎으로 담고 또 던지는 메시지는 만나는 순간부터 압도적이었다. 평론가들은 정현종의 시는 아프고 외로운 사람의 영혼 속에 따뜻하게 스며드는 위안의 시를 지향하며, 독자들은 자유의 숨결을 호흡하고 비상의 의지와 행복을 느끼게 한다고 한다. 물질화된 사회 속에서 매몰되어 가는 인간의 순수함을 되돌아보게 한다는 것이다.

이 짧은 시 〈섬〉은 이 시대를 살아가는 우리의 서로 소외된 모습을 보여주며, 인간 사이의 관계가 지니는 소중함을 일러준다. 사람들 사이의 소통과 유대감의 가치를 알려주고, 제발 좀 소통을 실천하고, 관계를 맺고, 관계 복원을 위한 실행을 서둘러야 한다고 권유한다. 우리가 어떻게 다른 인간을 대하며 살아가야 하는가에 대해 숙고하게 한다.

인간에게 최적화된 편안함을 부여하려는 기술의 진보와 물질적으로 풍요함을 제공하려는 노력은 가공할 경쟁과 돈에 대한 무자비한 소유욕을 자극한다. 물질만능주의에 빠진 시대의 늪에서 허우적거리며 스트레스를 받는 현대인에게 무엇이 필요한 것인가를 알려준다. 우리에게 결핍된 것이 어떤 것인가를 드러내고, 정작 중요한 게 무엇인지 가르쳐준다. 특히 짧은 기간에 세계에서 유례를 찾을 수 없는 압축 성장을 한 대한민국의 성취, 그 성공의 그늘에서 반갑지 않게 나타난 불청객인 외로움과 소외감을 잘 대변한다. 풍년거지가 더 서럽다는 말처럼 결핍은 풍요 속에서 오히려 더 절실하게 느껴진다. 어떻게 해야 하는 걸까?

그것은 메마른 우리 관계를 유대감으로 적셔보라는 것, 불통으로 공동체감이 실종되어 가는 이 시대의 아픔을 커뮤니케이션(소통)으로 지양해보라는 것이다. 물질만능의 가치에 함몰된 사회에서 외로운 인간의 모습을 드러내며, 동시에 현대사회의 개인과 집단에 보편화한 고독감, 소외감을 따뜻하게 감싸주고 위로할 수 있는 소통이 이 시대의 간절한 소망이 되어야 함을 일러준다.

그 섬에 가서 자신과 타인에 대한 애정을 소통하자는 것. 그 섬에 가서 얘기를 나누고 관계를 만들자는 것. 자신의 밀실에만 머무르지 말고 광장으로 나가서 타인들과 커뮤니케이션을 통해 외로움, 소외감을 이겨내고 따뜻한 인간 공동체의 구성원이 되자는 호소가 있다. 호모 커뮤니쿠스(homo communicus)의 숙명을 여실하게 꿰뚫고 있는 것이다.

제1장 — 그 섬에 가고 싶다

따뜻한 관계 공동체

인간에 대한 정의는 다양하다. 누구는 호모 이코노미쿠스(경제적 동물), 호모 폴리티쿠스(정치적 동물), 호모 파베르(도구적 동물), 호모 루덴스(유희적 동물)를 얘기한다. 정치, 경제, 권력, 문화, 도구, 유희 모두 인간에게 중요한 요소이다. 이들 요소는 인간의 역사, 지배, 가족, 집단, 마을, 도시, 공동체, 국가의 형성과 유지와 해체에 핵심적인 요소로 작용했다. 디지털 기술시대를 맞은 요즘은 호모 디지쿠스, 호모 디카쿠스(디지털 카메라를 사용하는 인간)와 같은 기술결정론에 따른 기능주의적 특성으로 인간을 정의한다.

그러나 호모 사피엔스의 역사가 언제나 힘, 권력, 제국, 갈등, 기술, 자본, 노동 등의 요소만으로 발전하고 변화해 온 것만은 아니다. 무엇보다도 언어를 소유한 생각하는 지혜로운 사피엔스라는 존재 자체가 창의적으로 다양하게 인간과 인간 공동체를 형성하고 유지하고 발전하게 했을 것이다. 커뮤니케이션이라는 요소를 본질적으로 가지고 있는 인간 존재의 불가피한 항로. 오히려 어떤 다른 요소보다 인간이 지닌 소통하는 커뮤니케이션이 있었기에 인간과 인간사회가 문명의 길로 접어들게 되고 상상할 수 없는 문화를 이루게 되었을 것이다. 장구한 인간의 역사에서 소통은 일시적/유행적 현상이 아니라 항상적으로 인간의 생존과 발전을 가능하게 한 본질인 것이다.

호모 사피엔스는 상당 기간 동안 자신의 생명을 지킬 수 없을 정도로 연약한 신체를 가지고 맹수 같은 동물들과 주위의 다른 종들의 공격에 대처하며 생존해야 한다. 이렇게 취약한 사피엔스가 지혜를 모으고 결국 승리하여 지구의 지배자가 된 역사는 소통(커뮤니케이션)이라는 요소 때문에 가능했을 것이다. 유발 하라리는 '사피엔스'라는 세계적으로 베스트셀러가 된 책에서 인간이 지구의 최후 승리자가 될 수 있었던 요인을 1) 농업혁명, 2) 인지혁명(소통은 이 두 번째 혁명의 핵심이다.) 3) 기술혁명을 들고 있다.[1]

소통은 자주 불통에 패배하고, 압제도 받았다. 무시당하기도 하고 때로는 지독한 감시를 받았다. 감금을 당하고 고문을 받고 감옥소에 갇혀서 고통을 받기도 했다. 소통은 우리가 사는 현실에서 불통, 아집, 권력, 국가, 민족, 이기주의, 상업주의, 기술 등에 비해 비효율적이고 무기력한 존재로 취급될 때가 많았다. 인간과 세상을 지배하고 리드하는 것은 소통이 아니라 불통인 것 같은 시대를 경험하기도 했다. 역사에서 유사한 사례들을 자주 발견하며 의기소침해질 때도 많았다.

그러나 또 한편으로 소통의 생명력과 성취력은 경이롭다. 소통은 갈등과 폭력이 아니라 조화와 대화, 전쟁과 파괴가 아니라 협력과 상생으로 따뜻한 공동체로 가는 궁극적인 길임을 보여주었다. 혼자 사는 세상은 없다. 인간은 자기 자신과 같이 타인도 자기 방식의 욕구와 기대를 가지고 있는 타인과 어울려 살아야 한다. 그런 세상에서 소통은 가장 적극적이고 건전하고 씩씩한 조화롭고 평화로운 공동체의 필요조건이다. 소중한 생존과 발전의 필연적인 전략이다. 결국 소통은 인간의 지혜, 인류의 지혜가 되어 인간들이 함께 더불어 사는 사회로 발전하는 데 결정적으로 기여했다.

우리는 외롭지 않고 싶어서 그 섬으로 가고 싶다. 이야기를 나누고 유대하려고 그 섬에 가고 싶은 거다. 호모 사피엔스를 지상의 주인이 되게 한 원동력이고 집단지성을 가능하게 하는 소통의 지혜가 그 섬으로 가야 한다고 일러준다. 불통이 아니라 소통하며, 혼자가 아니라 함께 협력하며 살고파서 그 섬으로 가고 싶은 거다. 물질만능주의와 기술지상주의 속에 실종되어 가는 관계를 찾고 더불어 사는 인간의 냄새가 물씬 풍기는 소통이 그리워 그 섬으로 가고 싶은 거다.

인간과 커뮤니케이션

인간이 얼마나 민감한 존재인가. 떨어지는 낙엽을 따라 마음도 같이 떨어지고, 봄 들판에 머리를 내민 이름 없는 잡초에서도 우주의 생명 소리를 듣는 감정의 동물이 아닌가. 그런 내면 감정을 표현하고 충족하기 위해서 사람은 커뮤니케이션한다. 청춘을 통과하며 간절했던 '그리움' 같은 것도 그런 것이리라.

인간과 커뮤니케이션

─ 커뮤니케이션의 이해

●

커뮤니케이션이 만드는 관계

관계를 맺으며 살아야 하는 것은 인간의 본능이고 숙명이다. 혼자이고 싶다가도 또 다른 인간을 찾아 나서는 것이 인간이다. 관계에는 좋은 관계도 있고, 나쁜 관계도 있다는 것은 우리의 경험이다. 돈, 권력, 이익, 아첨, 거짓, 외모, 취미, 승진과 같은 요소에 근거하는 관계는 일시적일 뿐 장기적으로는 안정적이지 않다. 평화롭지도 않고 갈등적이다. 이런 관계는 우리를 괴롭게 한다.

인간이 얼마나 대화할 상대를 필요로 하는 사회적 동물이라는 점은 영화 〈캐스트 어웨이(Cast Away)〉에서 적나라하다. 탐 행크스가 열연하는 주인공 '척 놀랜드'는 국내외로 소포를 배달해 주는 페더럴 익스프레

소통하는 인간, 호모 커뮤니쿠스

스의 직원으로 비행기로 수하물을 운송하던 중에 사고로 무인도에 표류하여 혼자서 살게 된다. 생존과 생명 유지의 어려움을 점차 성공적으로 극복해 가면서 척은 견딜 수 없는 커뮤니케이션 욕구에 시달린다. 살만해지니 커뮤니케이션에 대한 욕구가 살아난 것이다. 아래는 무인도에서 척 놀랜드와 윌슨의 대화이다.

(불이 없어서 음식을 날것으로 오랫동안 먹어 온 주인공. 음식을 좀 다르게 조리하고 싶은 심정이다.)

척 놀랜드: 혹시 성냥 없겠지? 그치?

윌슨: …… (대답 없이 조용히 있다.)

(일체 답변이 없는 윌슨에 개의치 않고 척은 말을 자주 건다. 오랫동안 날것인 채로 먹어야 했던 게를 불에 익혀 먹으면서 대화한다.)

척 놀랜드: 게, 정말 맛있다.

척 놀랜드: 넌 아마 이 맛 모를 거다……

(동굴에서 자다가 갑자기 윌슨을 동굴 밖으로 던진다.) (곧 윌슨을 찾으러 나간다.)

척 놀랜드: 윌슨, 윌슨! 윌슨 윌슨! (윌슨을 부르며 운다).

척 놀랜드: 오 오 오! 다시는 다시는 안 그럴게! 다시는.

척 놀랜드: (윌슨을 찾아와서는) 그래 화나지 않았지? 응? 괜찮지?

(자신이 만든 엉성한 뗏목을 타고 무인도를 탈출하기 위해 바다로 나가면서)

척 놀랜드: 자넨 아무 걱정할 필요 없어. 내가 다 잘할 테니까. 자넨 꼭 잡고만 있어.

(폭풍우를 만나 큰 시련을 겪고 잠들었다 깨어나 윌슨을 찾는다.)

척 놀랜드: (주위를 두리번거리며) 윌슨, 윌슨! (윌슨이 바다로 떠내려 가는 걸 발견한다.)

척 놀랜드: 윌슨 윌슨!! 윌슨 윌슨 미안해, 미안해 윌슨. 윌슨 미안 해 미안해 내 잘못이야 윌슨. 윌슨!

(파도에 실려 멀리 밀려가는 윌슨을 보고 통곡하며 슬프게 운다.)

좀 장황하게 척 놀랜드와 윌슨의 소통에 대해 묘사했다. 물론 이들의 대화가 어색하고 이상하다는 눈치를 챘을 것이다. 윌슨이 듣고 말하는 데 장애가 있거나, 상대를 무시하는 성질이 고약한 사람으로 생각할 수 있다. 아니면 묵언으로 커뮤니케이션을 하는 도사? 요즘 장려되는 쌍방향 커뮤니케이션과는 동떨어진, 척 혼자서만 말하는 일방적인 커뮤니케이션 상황이 답답할 것이다.

사실 윌슨은 바닷물에 밀려온 배구공에 척이 바람을 불어 넣고 사람의 얼굴 모양을 그린 후에 지어준 이름이다. 그런 윌슨을 바위 위에 놓고 어느 날부터 척이 일방적으로 대화하기 시작한 것이다. 윌슨은 얼굴이 그려진 배구공이고, 척은 사람이다.

척은 점점 더 절실해지는 커뮤니케이션 본능에 참을 수 없어서 배구공을 '윌슨'이라는 이름으로 호칭하며 가까운 곳에 놓아두고 말을 건넨다. 가족이나 친구에게 말하듯이 안부를 묻고, 자신의 답답한 사정을 하소연하며 커뮤니케이션 욕구를 충족한다.

급기야 주인공은 배구공 윌슨과 감정을 교류하고 친구처럼 대화하기

배구공 월슨과 커뮤니케이션하는 톰 행크스. 영화 〈캐스트 어웨이〉의 스틸.

시작한다. 비정상적인 일이지만 사람이 얼마나 다른 사람과 관계를 맺고 소통을 하고 싶어 하는 존재인가를 알려준다. 말 상대를 해줄 다른 사람이 없으면 다른 무엇과도 이야기하고 싶어 하는 인간의 모습. 이처럼 사람에게 커뮤니케이션은 피할 수 없는 절실한 본능이다. 인간은 다른 사람과 이야기를 하고 싶어 하고 이야기를 통해 타인과 관계를 맺고 싶어 하며 커뮤니케이션을 통해 밀실에서 벗어나 광장의 다른 인간들과 소통하고 싶어 한다.

관계, 그 불가능한 세계의 장엄함

지구에서 제일 빠른 물체는 빛이다. 1초에 30만Km를 간다. 눈을 깜빡하는 사이에 지구를 7바퀴 반이나 돈다는 얘기다. 우리가 사는 지구가 얼마나 넓은가. 못 가본 곳이 수두룩하고, 정녕 가지 못할 곳이 대부분이지 않겠는가. (이런저런 쓰고 단 맛을 보고 집으로 투항한) 중년의 남성들에게 제일 인기 있는 프로그램은 세계의 여러 장소를 탐방하고 소개하거나 자연에서 살아가는 모습을 다룬 프로그램이다. 방송가에서도 성별과 나이를 막론하고 여행을 다루는 콘텐츠가 시청률에서 실패의 가능성이 낮은, 속된말로 '안전빵'이라는 게 중론이다.

현실 세계에서도 곡예를 하던 직장에서 정년을 한 초로의 남녀들이 제일 먼저 달려가는 곳이 외국여행이다. 정년을 하면 뒤이은 몇 년 동안은 외국으로 자주 떠나서 이민 가려는 건가 하는 억측에 오를 정도다. 하기야 경쟁과 직무 압박도가 세계 최고 수준이어서 나온 얘기겠지만 '수고한 그대, 이제 떠나라'라는 광고 문안이 사회 슬로건이 되는 대한민국이다. 희로애락의 현장을 떠나 여행을 통해 심신에 쌓인 때를 씻어내는 것은 여행이 힐링의 차원임을 의미한다. '수고하고 무거운 짐을 진 자'의 심정을 편안하게 감싸주는 종교 역할을 여행이 베풀어 준다면, 빛처럼 빠르게 어디를 다녀도 환영할 일이다.

빛은 상상하기 어려울 만큼 참 빠르다. 빛이 일 년 동안 가는 거리가 1광년(light-year)이다. 1광년의 거리면 약 10조Km.(이 글을 쓰기 위해 계산을 시도했는데 자꾸 다른 수치가 나와 오늘 할 일은 내일로 미룬다는 심정으로 정확한 수치는 상상에 맡긴다.) 지상의 누구도 생존하는 동안 물리적으로 다닐 수 있는 거리가 아니다.

현재 천체물리학자들이 관찰 가능한 우주의 반경은 460억 광년이라고 한다. 그 광활한 크기를 어떻게 표현할 수 있겠는가. 그저 '인간은 너

무 작고, 우주는 너무 크다고 말할 수밖에 없다.[1]

　무인탐사선 보이저(Voyager) 1호와 2호는 인간이 만든 물체 중에서 지구에서 가장 멀리 떨어져 우주를 항행하고 있는 물체이다. NASA(미국 항공우주국)가 발사한 보이저는 태양계에 속한 목성, 토성, 천왕성, 해왕성 등의 행성 탐사와 태양계의 범위인 헬리오스피어와 그 바깥쪽인 헬리오포즈 공간을 탐사하는 게 목적이다. 1977년 9월에 발사된 보이저 1호는 시속 6만Km로 태양계와 그 너머의 우주를 촬영한 사진을 전송해 오고 있다. 2005년 5월에는 태양계와 외부 우주 공간과의 경계지대인 헬리오스시스에 진입하였다.

　미지의 우주 생명체를 탐색하고, 지구의 인간들과 다른 별의 외계인과 관계를 탐색하기 위하여 지금도 인간이 만든 물체로서는 가장 먼 거리를 가고 있는 보이저. 다른 한편으로 생각하면 우주의 작디작은 부분인 태양권을 벗어나는 데 거의 30년의 시간이 걸렸다. 우리가 옛날 교실에 옹기종기 모여서 '수금지화목토천해명'으로 외우던 수(성) 금(성) 지(구) 화(성) 목(성) 토(성) 천(왕성) 해(왕성) 명(왕성)이 속한 태양계를 지나는 데 그런 시간이 걸린 것이다. 그저 한마디로 지구와 태양계는 너무 작고 우주는 너무 클 뿐이다.(명왕성은 2006년 국제천문연맹에 의해 태양계의 행성의 지위를 박탈당했다. 여러 이유가 있지만 크기, 궤적, 질량, 중력 등에서 행성의 기준을 못 미치는 것으로 밝혀졌기 때문이다.)

　필자가 좋아했던 명민하고 포근한 천체물리학자 칼 세이건은 우주에서 보는 지구는 "한 푸르고 창백한 점"이라고 했다.[2] 또한 세이건은 인간은 광활한 우주의 푸르고 창백한 점에 존재하는 티끌같이 작디작은 존

　　　　　　　　　　　　　　제2장 ― 인간과 커뮤니케이션

재라고 했다.(아아, 얼마나 맞는 말인가!)

그러니 한 인간이 우주 속의 어느 행성에 존재할 확률은 1조를 1조 배하고 또 10억 배한 것 중의 하나보다 적다. 필자를 보살펴주느라 수고가 많은 아내 정은화도 마찬가지 확률의 소지자이다. 우리 부부의 딸이 최시우라는 딸을 낳고 필자 부부와 만나게 한 것도 마찬가지다. 물론 이따금 문래역 3번 출구에서 만나 점심을 먹는 대학 절친 김종현, 전상길, 윤웅모도 이하동문이다. 그뿐인가. 필자를 낳아주시고 길러주시고 공부시켜주시어 과분하게 살아가게 해주신, 생각만 해도 눈물이 나는 돌아가신 우리 아버지와 어머니도 마찬가지이다.

우리 모두에게 이 지구에서 태어나고, 어느 나라의 국민이 되고, 어느 지역의 주민이 되며, 어느 공동체의 구성원이 되고, 함께 일하는 상대가 되고, 동료나 가족이 되는 것은 사실 불가능한 일이 발생한 것이다. 산술적인 수치 확률 이외에는 전혀 실현성이 없는 일이 실존하고 있으니 곰곰이 반추해볼 일이다.(너무 악다구니를 하며 구악이니 신악이니 하며 난리치는 일들을 대폭 줄여야 한다.)

칼 세이건은 보이는 우주에는 100억 개가 넘는 은하계가 존재하고, 각 은하계는 평균 1천억 개 이상의 별이 존재한다고 했다. 은하계에는 수많은 은하수가 존재하며, 태양은 은하수의 3000억 개 별들 중의 하나이다. 우리가 살고 있는 지구는 태양을 중심으로 시속 82만 8000Km의 속도로 돌고 있는 행성이다. 말하자면 세이건이 추정한 별의 총수 10의 22제곱, 즉 1백억의 1조 배쯤 되는 수치의 하나일 뿐이다, 이 지구가! 긴 얘기 할 것 없이 인간의 일상생활에서는 전혀 무시해도 되는 확률이다.

2019년에 대한민국 사람으로 살고 있는 우리는 어떠한가. 21세기 디지털 시대에 살고 있고, 지구의 5개 대륙 중에서 아시아, 아시아의 여러 나라 중에서 대한민국, 대한민국의 시공간 중에서 지금에 존재한다. 필자가 어제 만난 학생들은 대한민국과 세계의 많은 대학 가운데서 필자가 교수로 재직하고 있는 대학에, 그중에서도 필자가 가르치고 있는 학과에 진학했다. 그리고 어제 필자가 진행한 수업과 동일한 시간에 설강된 많은 다른 수업을 놔두고 필자의 강의에 참여한 것이다. 불교에서 설파하는 중중무진의 세계로도 설명하기 어려운 실로 기를 막히게 하는 관계의 장엄함이다.[3]

인간은 매우 약한 동물이어서 타인과 함께 관계없이는 살아가기 어려운 존재이다. 다른 사람들과 관계를 맺어야만 살아갈 수 있는 사회적 동물이다. 철학자 파스칼은 팡세(Pensees)에서 인간은 광대무변한 우주의 한 점, 작은 존재이지만 생각하는 갈대라고 했다. 인간은 커뮤니케이션을 통해 타인과의 관계를 생각하는 지적 인격체이다. 소통이 없으면 관계는 존재하지 못한다. 광대무변한 우주가 창백한 한 점, 지구에 사는 티끌 같은 우리에게 주는 의미이다.

관계, 생명 보존과 광장 지향의 본능

인간이 커뮤니케이션을 통하여 타인과 관계를 맺고 싶어 하는 것은 본능이다. 관계를 지향하는 본능은 아마 생명을 보존하고 유지하려는 욕구와도 연관이 있는 것으로 보인다. 모두가 잘 아는 매슬로우(Maslow)

방식으로 얘기하면 생리적 욕구 충족 본능의 다음 단계인 생명의 안전 (safety)을 추구하는 욕구 충족을 위한 의식이자 행동일 것이다.[4]

고고의 소리를 울리며 탄생한 갓난아기 인간은 상당기간 외부의 위협에 대해 절대적으로 취약한 동물이다. 다른 어떤 생명체와 비교해도 생명보존을 할 수 있는 자체 방어력이 아주 떨어진다. 동식물, 타인을 포함하는 외부의 공격으로 부터 자신의 생명을 지키는 것이 불가능할 정도로 허약한 동물이다.

본능적으로 이런 치명적인 결함을 느끼는 인간에게 다른 사람과 어울리려는 사회적 동물로서 본능은, 위험을 분산하고 생명 보존의 욕구에 충실하려는 구체적인 행위로 볼 수 있다. 짝짓기와 결혼도 그런 욕구의 기본적인 실행 형태일 것이다. 다른 유사 형태는 또 다른 자신이라고 믿는 자녀를 갖는 것이다. 자기 생명의 보존과 지속을 위해 결혼과 자녀라는 가족 관계를 형성하는 것은 관계의 한 유형이다.

인간은 가족 형성을 염두에 두고 경쟁을 마다하지 않는다. 짝을 찾기 위해 온갖 간난을 무릅쓴다. 현대에서도 이 욕구는 여전하다. 예를 들어 방송의 다양한 유형의 짝짓기 프로그램에서도 알 수 있다. 결혼을 해보지 않은 젊디젊은 20대부터, 이혼의 경험을 가진 사람들을 대상으로 하는 재혼(의 가능성을 염두에 두는) 프로그램 등 사례는 많다. 얼마 전에 짝짓기를 위한 연애 리얼리티 프로그램에 출연했던 한 여성 출연자가 자살한 충격으로 세상이 떠들썩했다. 그 여성은 (자신이 짝짓기 경쟁에서 실패한 모습을 생생히 담은) 방송이 나가면 더 이상 한국에서 못 산다고 엄마에게 알렸다고 한다. 자살의 배경에는 상업적 목적을 위한 리얼리티 프로그램들이 출연자의 인격을 무시하는 무자비한 잔인함과 관음증을 충족하려는 일반 대중의 무분별한 기대가 똬리를 틀고 있지만, 타인(들)과 관계 맺음이 인간에게 얼마나 치명적일 수 있는가를 대변한다.

현대로 오면서 더 많은 요인들이 타인과의 관계형성에 개입하게 된 것은 사실이지만 광장을 지향하는 인간의 본능도 관계 맺기의 또 다른 핵심 이유이다. 현대사회가 주는 외로움과 소외감에 시달리다가 광장의 타인들을 찾아가는 과정도 얼마나 만만치 않은가는 경험적으로 알고 있다. 광장의 사람을 찾아가는 과정 또한 매우 리얼한 슬픔과 기쁨, 좌절과 희망, 고통과 희열, 불만과 충족, 불행과 행복 등 복합적인 감정을 수반한다는 것을 우리는 안다.

자신과 다른 사람과 관계를 맺는 모든 행위는 짝짓기 본능의 연장이고 확대의 성격을 띠지만, 광장의 관계는 개인의 사회적 생존에 불가피한 행위이다. 어디로 튈지 모르는 럭비공 같은 과정이지만 행위가 예비된 본능이다.

기본적으로 관계는 광장 지향의 행위이다. 광장은 복수 이상의 사람들이 심리적 감정적 행동적으로 함께 어울리는 공간이다. 너무나 개인적이고 자의적이어야 하는 밀실의 공간과는 다른 공개된 공간이다. 인간은 스스로 밀폐한 공간에서 자유롭게 구축한 자신의 세계를 꺼내어 광장에서 타인의 세계와 소통한다. 서로의 세계는 광장에서 대립·경쟁·불화·반목·이해·협력하며 소통하는 관계를 형성한다.

소통의 관계는 서로의 이해를 떠나 타인에 대한 불확실성을 감소하는 데 초점을 맞춘다. 특정 이익이나 의견만을 쫓기 위해 머리를 굴리기보다는 서로를 알게 하고 느끼게 하는, 교감과 공감에 주력할 때 소통 커뮤니케이션이 꾸미는 광장은 외롭지 않고 따뜻하다. 경쟁과 승리가 아닌 협력하고 공존하는 관계를 위한 광장에는 순수한 소통의 지혜가 쌓인다.

커뮤니케이션과 소통의 특성

커뮤니케이션의 사전적 정의는 다양하다. '공기가 잘 소통한다'는 표현과 같이 무엇에 막히지 않고 잘 통한다는 의미가 있다. 또 '오늘 영동고속도로는 소통이 원활하다'는 표현처럼 정체되지 않고 잘 흐른다는 뜻도 있다. 또한 '의사소통이 잘된다'는 말처럼 사람의 의견이나 의사가 상대편에게 잘 통한다는 의미가 있다. 소통으로 형성되는 공존의 광장을 체계적으로 이해하기 위해 기존의 커뮤니케이션에 대한 연구를 살펴볼 필요가 있다.

기존의 연구는 커뮤니케이션을 3가지 관점에서 바라본다.[5] 첫째는 '구조적 관점'으로 커뮤니케이션을 정보나 메시지를 보내고 받는 과정, 또는 정보가 한곳에서 다른 곳으로 전달되는 송수신 과정으로 본다. 정보가 유통되는 과정을 구성하는 구조 자체(송신자-메시지-수신자)에 비중을 두는 견해로 핵심적인 관심은 '어떤 경로를 통하여 정보가 흐르며, 어떻게 하면 정보를 신속하고 정확하게 한곳에서 다른 곳으로 보낼 수 있느냐'에 초점을 맞춘다.

'커뮤니케이션이란 기호(단어, 그림, 도형, 그래프)를 사용하여 정보, 사상, 감정, 기술 등을 전달하는 행위나 과정' '커뮤니케이션이란 메시지를 보내고 받는 과정'으로 정의하며, 어떤 특정한 목적을 위한 의도나 영향을 미치려고 소통을 하는 것이 아니고, 자신이 전달하려는 정보가 손상없이 원래의 모습과 내용을 그대로 유지한 채로 목표하는 사람에게 전달되는 것에 중점을 두는 관점이다.

두 번째는 '의도적 관점'으로 커뮤니케이션을 다른 사람에게 영향을 미치기 위한 계획된 행동으로 본다. 다른 사람(수신자)의 태도와 행동을 변화시키기 위한 의도에서 어떻게 메시지를 생산, 전달, 이용하는가 하는 효과 문제에 초점을 맞춘다. 타인의 의견이나 행동을 자신의 뜻에 맞추어 변화시키려고 하는 설득이 목적이다.

대표적인 정의는 '한 개인(커뮤니케이터)이 다른 사람들(수용자)의 행동을 변용시키기 위하여 언어적인 자극을 전달하는 과정' '한 생물체(organism)가 다른 생물체의 행동에 기호라는 수단을 통하여 영향을 미치는 과정'으로 일반적으로 많은 사람들이 믿는 커뮤니케이션 관점이다.

세 번째는 '기능적 관점'으로 커뮤니케이션을 인간들의 기호 사용 행동으로 보고 기호화 및 해독과정(encoding & decoding)에 중점을 두는 견해이다. 따라서 핵심적인 관심은 '어떻게 인간들이 기호를 사용해서 서로 간의 의미를 창조하고 해독하며 공통의 의미를 수립하는가'에 초점을 맞춘다. '커뮤니케이션은 기호와 메시지를 통한 사회적 상호작용' '상호작용으로 공통 행위를 일으키게 하는 수단'과 같은 설명이 대표적 정의이다.

이 세 가지 관점을 결합하면 소통의 다양한 특징을 종합적으로 대변한다. 즉 인간이 서로 정보를 전달하고 수신해서 공통된 의미를 수립하고 나아가서는 서로의 행동에 영향을 미치는 과정이 소통이기 때문이다. 물론 세 관점은 각각 독립적으로 소통을 대변하고, 또 동시적으로 함께 소통을 의미할 수 있다고 보아야 한다. 소통은 특별한 특성으로 제한하지 말고 넓고 다양하고 융합적인 특징을 지닌 것으로 볼 필요가 있다.

다만 소통에 대해 필자가 개인적으로 강조하는 점은 소통과정은 정보를 전달하고 전달받는 상호작용을 통하여 '상호이해를 도모하는 지속적인 과정'이라는 점이다. 일방적인 설득 과정, 설득 효과만을 겨냥한 것이 아니고 끊임없이 이해와 공유를 높이기 위해 노력해야 한다는 의미이다.

그러나 상대방과 이해의 공유를 매개로 상호협력을 구축하는 소통은 만만한 게 아니다. 어려움에 봉착하고 장애물이 산재하여 쉽게 이룰 수 없는 난제인 경우가 많다. 소통은 중요하고 매력적인 실체인데, 제대로 소통을 이루기란 매우 어려운 것이라는 점은 실제 생활에서 우리가 경험하는 사실이다.

매력적인 커뮤니케이션과 소통

커뮤니케이션의 매력은 1900년을 전후해 커뮤니케이션 현상에 대해 학문적 관심이 높아지고 연구와 교육의 대상으로 주목받게 되는 과정을 통해서 잘 알 수 있다. 특정 현상과 분야를 전문적으로 다루는 학문의 등장과 성립에는 사회적 차원에서 그 현상에 대한 이해의 필요성에 대한 요구와 대응이라는 배경이 있기 마련이다.

커뮤니케이션학도 그런 과정을 거쳐 하나의 독립된 학문분야로 자리잡으며 학부, 석사, 박사 과정으로 나누어 체계적으로 교육하는 시스템이 생긴 것이다. 커뮤니케이션의 중요성에 대한 경험적인 인식, 사회적 요구,

사회적 수요가 급증했기 때문에 가능한 일이었다.

커뮤니케이션학에 대한 연구는 이미 독립된 학문분야이던 정치학, 사회학, 심리학, 언어학, 경영학, 인류학 분야에서 업적을 쌓아 오던 학자들에 의해 시작되었다. 심지어 잘 어울릴 것 같지 않은 수학, 공학에서도 커뮤니케이션에 대한 관심이 있었고 후세의 커뮤니케이션학 성립과 연구에 크게 기여하는 업적이 나왔다.[6]

커뮤니케이션학은 학문적으로는 후발 주자였지만 100년이 지난 오늘날 모든 학문분야에서 강조되고 있다. 특히 특정 전공에 얽매이지 않고 다전공, 다학제로 협력하여 대처하지 않으면 고도로 복합적이고 융합적인 현대사회의 현상에 대한 설명은 물론이고 미래를 위한 어떤 창의성도 기대할 수 없다는 점에서 더욱 강조되고 있다. 다양한 분야가 서로 배타적이지 않고 협력하고 협동해야 한다는 점에서 커뮤니케이션이라는 개념의 중요성과 매력에 대한 인식을 같이하게 된 것이다.

커뮤니케이션에 대한 관심은 미디어의 발전에 따른 결과이기도 하다. 18~19세기에 눈부신 발전을 이루는 신문, 출판, 영화, 라디오, 텔레비전과 같은 미디어와 미디어를 매개로 융성하는 광고, 마케팅, 소비 분야가 커뮤니케이션학을 띄우는 데 가세했다. 여기에 산업화와 미디어 보급에 따라 대중사회의 도래와 대중문화에 대한 논란, 시민민주주의의 발전과 여론에 대한 관심, 정보의 중요성, 말과 표현의 자유에 대한 인식의 제고도 커뮤니케이션의 중요성, 영향, 매력에 대한 인식과 연구 및 교육의 확대를 뒷받침하는 배경으로 작동했다.

각 학문분야의 대가들이 새로운 신천지를 찾아 배를 타고 바다로 떠난 탐험가들처럼, 마차를 타고 서부로 떠났던 미국의 개척자들처럼, 황금을 찾겠다는 꿈을 쫓아 엘도라도로 떠난 탐험가들처럼 커뮤니케이션 분야로 대거 몰려왔다. 커뮤니케이션을 잘 이해하고 활용하면 권력, 계급, 돈, 총, 칼이 상징하는 강제성에 의지하지 않고도 사람들의 태도와 가치에 영향을 주고 자기편으로 만들 수 있다는 점에 매료된 것이다. 커뮤니케이션의 매력을 추앙하는 사람들의 긴 행렬이 시작된 것이다.

비유한다면 근래의 스마트폰 현상에 대한 관심과 같이 스마트폰 현상을 주도하던 하드웨어와 소프트웨어에 콘텐츠 분야의 전문가들도 가세하여 이제는 법, 경영, 문화, 문학, 오락, 디자인, 공학 등 거의 모든 전문 분야가 융합적으로 참여하고, 또 참여하려고 몰려드는 것과 마찬가지일 것이다.

또 다른 커뮤니케이션의 매력은 무엇일까? 필자가 생각하는 유력한 이유는 커뮤니케이션학이 본질적으로 소통, 관계, 공유, 공감, 공존을 지향하기 때문일 것이다. 물론 이때의 커뮤니케이션은 동일 분야 안에서의 여러 요소들 간의 소통과 다른 이질적인 분야 간의 소통을 망라한 광의의 범위이다. 동일 분야의 여러 요소는 동일 집단과 그 집단을 구성하는 구성원들 사이를 의미한다. 이질적 분야는 서로 다른 집단들 사이의 소통을 의미한다.

부연 설명을 할 필요 없이 개인이 사회의 구성원으로 적절하게 살기위해서 소통 활동은 필수적이다. 조직의 효율적인 운영을 위해서 조직 안에서의 소통과 조직 밖과의 소통은 공히 중요하다. 어떤 유형이든 어떤 목적이든 공동체가 번성하기 위해서 소통은 핵심적인 요소인 것이다. 우리 사회가 발전하기 위해서도 절실하게 요구되는 것이 소통이다. 소통의 결여는 불통, 불만, 불신, 적대감을 낳아 건강한 민주공동체로 발전하는 것을 가로막는 방해 요인으로 작동하기 때문이다.

커뮤니케이션에서 얻는 소통의 지혜

커뮤니케이션 연구로부터 얻을 수 있는 소통의 지혜는 어떤 것이어야 할까? 첫째는, 소통을 아주 편리하고 중요한 교통수단으로 보는 것이다. 그러나 인간은 언어를 사용하면서부터 그때까지 모든 동력의 원천이며 수단이었던 사람의 신체, 말과 같은 동물의 힘을 사용하는 것과는 비교할 수 없는, 양과 질 모두에서 비약적인 생산성과 효율성을 획득하였다.

이제 인간은 정교한 커뮤니케이션 능력과 수단을 보유함으로써 정보의 교통에서 놀랍도록 효율적인 환경을 구축하였다. 편리한 교통수단처럼 소통도 시민들이 자유롭고 편하게 선택하여 타고 내리고 또 갈아탈 수 있도록 문화적 분위기를 갖추어야 한다. 교통에 문제가 생기면 큰 사고가 일어나듯이 소통에 문제가 생기면 사회가 굴러가지 못하고 스톱한다.

둘째는 커뮤니케이션을 사회의 신경(nerves of society)으로 삼는 지혜이다. 신경계는 임무와 기능이 다른 인체의 각 기관(계)을 연결하여 하나의 유기체로 기능하게 하는 역할을 한다. 중추신경계는 주위환경에 의한 자극과 정보의 통합과 조절을 담당하고, 말초신경계는 자극이나 정보가 중추신경계로 유입되거나 유출되는 통로 역할을 한다.

커뮤니케이션은 사회가 잉태하거나 산출하는 자극과 정보를 유입하고 유출하는 역할을 통해 적절한 통합과 조정이 이루어지게 한다. 따라서 사회의 신경계로서 자극과 정보, 통합과 조정의 역할을 수행하는 커뮤니케이션의 지혜를 소통에 적용할 필요가 있다. 소통의 지혜를 무시하면 어떤 유기체도 작동하지 못하고 마비되거나 사망에 이른다. 개인도 사회도 마찬가지로 쇠망하고 만다.

셋째로 커뮤니케이션 행위는 나와 상대가 공유하는 의미를 만들어 가는 과정이라는 발상이다. 소통은 자신만의 의미(meaning in self)에 머물지 않고 다른 사람과 공유할 수 있는 의미(meaning between people)를 만들어 가는 것이다. 자신의 말을 금과옥조로 여기고 상대의 말은 무시하는 것은 소통이 아니다. 자신의 말만 잔뜩 하고 자신의 말을 상대가 받아들이게 하는 것에만 노력을 기울이는 것은 진정하게 소통하려는 자세가 아니다.

소통의 목적은 상대와 공유하는 이해의 폭을 넓혀가는 것이다. 소통은 커뮤니케이션(communication)이라는 말과 동일한 의미이고, 커뮤니케이션의 어원은 공통 또는 공유의 뜻을 지닌 라틴어(communis)이다. 소통을 공유할 수 있는 의미를 만들어가는 지속적인 과정으로 보는 것은 어떤 다른 분야의 어떤 장점보다도 더 매력적인 강점이라고 할 수 있다.

소통과 인간 커뮤니케이션의 특징

필자는 인간과 마찬가지로 모든 생물체는 커뮤니케이션을 한다고 생각한다. 근래 반려견, 반려묘, 반려식물의 열풍이 불면서 여러 분야의 전

소통하는 인간, 호모 커뮤니쿠스

문가들이 반려 동식물에 대한 전문지식을 다양한 형태로 알려준다. 종교와 관련하여 인간과 신과의 커뮤니케이션에 대해 상상하는 것도 어려운 일은 아니다.

필자의 아내와 식물 사이의 커뮤니케이션도 어렵지 않게 공유할 수 있는 사례이다. 꽤 자주 아침에 일어나서 제일 먼저 하는 아내의 주요 일과는 베란다에 있는 많은 화분에 물을 주는 것이다. 아내는 이따금 중얼거리기도 하고 이상한 대화를 나누기도 한다. 물론 아내는 머리와 정신에 전혀 이상이 없는 건강한 여성이다. 필자가 알아듣거나 못 알아듣거나 할 뿐이다.

화분의 주인공인 꽃 이름을 부르며 "어머, 누구야 꽃을 피웠구나" 라든지 "어머, 이렇게 힘이 금방 나시넹" 하는 식의 표현이다. 필자가 이따금씩 지도하는 글이나 논문, 리포트를 읽다가 마음에 들지 않을 때는 이성을 잃고 바람직하지 않은 소리를 내거나, 좋을 때는 칭찬과 기쁨이 깃든 어조로 방언을 하는 것과 비슷한 증세이다. 내 방언의 의미를 아내가 금방 알아채듯이, 아내가 식물과 커뮤니케이션을 하고 있음을 나도 알아챘다.

이런 사례는 많다. 나이 든 농부가 평생을 넉넉지 않은 자신의 집에서 함께 살며, 자신이 지어온 농사일을 거들어 준 늙은 소에게 추운 겨울날 이불을 덮어주고, 아픈 소의 곁을 지키느라 긴긴 밤을 지새우는 경우가 그러하다. 이들 사이의 유대와 정은 모범적인 인간의 가족애의 특성과 다름이 없다. 오히려 더 은은하고 애달프다. 우리나라에서는 사라진 풍경이지만 코카서스 지방, 몽고, 스위스 등의 산간지역에는 아직도 하늘의 제왕 독수리를 이용하여 늑대, 토끼 등을 사냥한다. 오랜 시간에 걸친 훈련을 통해 독수리와 인간의 소통이 이루어진 결과일 것이다. 당연히 이런 경우의 커뮤니케이션 현상은 정체성이 있는 것이다. 다만 인간과 식물의 커뮤니케이션은 식물학자에게, 동물과 인간의 커뮤니케이션은 동물학자에게, 신과 인간의 커뮤니케이션은 종교학자가 담당할 영역이라고 생각한다.

커뮤니케이션 학자들은 인간의 다양한 행위를 모두 인간 커뮤니케이션 행위로 보지 않고, 아래의 몇가지 특성을 지닐 때 인간 커뮤니케이션 행위로 규정한다.[7] 첫째는 상징적 행위로서 특성을 지닌다는 것이다. 상징적 행위는 어떤 현상을 대변하기 위하여 정교하게 고안된 기호를 사용하여 다른 사람도 그 현상과 관련하여 공통된 것을 생각하고 의미를 가지게 하는 행위를 의미한다. 개인이 충족하고 성취하고 싶어 하는 의도와 목적 달성을 위한 생각을 가장 적절하게 반영하는 기호를 사용하는 행위라는 것이다.

둘째는 사회적 행위라는 특성을 지녀야 한다. 예를 들어 수업 중에 강의실 밖의 공간을 지나가는 사람이 강의실 안의 강의 내용을 들었다고 해서 사회적 행위로서 커뮤니케이션 행위를 충족하는 건 아니다. 강의실 안에서 강의를 수강하는 학생들과 가르치는 교수 사이에 이루어지는 것이 인간 커뮤니케이션의 요건을 갖춘다는 것이다. 다시 말해 사람들 사이에 의도성을 가지고 이루어지는 기호의 교환이 커뮤니케이션이라는 뜻이다.

셋째는 의미 공유의 행위라는 점이다. 상대와 언어와 비언어 기호를 사용하여 커뮤니케이션을 했는데 의미의 공통부분을 전혀 만들어내지

소통하는 인간, 호모 커뮤니쿠스

못한 경우는 소통이 발생했다고 보기는 어렵다. 물론 이때의 공유는 의견의 동의, 합치와 같은 점을 지향하는 것을 의미하지 완전한 동의를 대변하는 것은 아니다. 그러나 전혀 공유가 일어나지 않는다면 소통이 발생했다고 보기도 어렵다는 얘기다. 소통은 그냥 한번 해보는 이야기가 아니다. 아니면 말고 식의 정치꾼이나 사기꾼의 레토릭이 아니다. 상대와 어떤 의미를 공유하려는 진정성을 지닌 행위일 때 소통의 자격을 충족하는 것이다.

넷째는 교환적, 거래적 특성을 지니는 행위라는 점이다. 거래의 뜻은 자신 혼자서 하는 행위가 아니고 상대가 존재하며, 그 상대에게 커뮤니케이션을 한다는 뜻이다. 따라서 이때의 커뮤니케이션 행위는 기본적으로 주고받는(give and take) 비용과 보상이 발생하는(cost and reward) 행위이다. 상대자가 있으므로 선적인 과정(linear process)이 아니고 상호작용하는(reciprocal process) 행위, 일방적이 아니고 쌍방적인 행위이다.

그러므로 서로 상대에게 어떤 의미를 전달하여 공유하고 상호간에 영향을 미치려는 과정인 것이다. 커뮤니케이션 참여자들은 서로를 의식하고 자신의 의도에 따른 커뮤니케이션을 한다는 점에서 시키는 대로 하는 수동적 존재가 아니고, 스스로 알아서 주체적으로 대처하는 능동적인 존재라고 할 수 있다.

커뮤니케이션이 한쪽에서 상대 쪽에게로 메시지를 전달하는 일방적인 것이 아니라 서로 상호작용하는 주고받는 과정이라는 생각은 커뮤니케이션에 대한 고정관념과 이해에 근본적인 변화를 대변하는 큰 성취였다. 이 개념은 커뮤니케이션 상황에서 사람들은 서로에게 영향을 미치려

는 의도를 가지고 상호작용을 하므로 상대에게 큰 영향력을 기대하기는 어렵다는 것을 인식하게 했다.[8]

다섯째는 커뮤니케이션 행위가 발생하는 상황에 따라 그 모습이 매우 달라지는 상황적 행위라는 특성을 강조한다. 상황을 구성하는 '참여하는 사람의 수' '물리적 근접성' '피드백의 속도' '메시지의 유연성' 등의 다양한 요소에 따라 차별적인 커뮤니케이션 현상이 일어난다는 의미이다.

예를 들어 '참여하는 사람의 수'에 따라서 차별성을 구체화하면 두 사람 사이에 발생하는 커뮤니케이션은 대인 커뮤니케이션(interpersonal communication), 세 명 이상의 사람들 사이에 일어나는 커뮤니케이션은 그룹 커뮤니케이션(group communication), 조직 내부 또는 조직 사이에 발생하는 조직 커뮤니케이션(organizational communication), 한 명의 스피커가 여러 청중을 대상으로 연설을 하는 상황은 공중 커뮤니케이션(public communication), 미디어를 통하여 다수의 사람들이 커뮤니케이션을 하는 경우는 매스 커뮤니케이션(mass communication)이라고 한다.

물론 커뮤니케이션의 상황은 매우 다양하다. 서로 다른 문화적 배경을 가진 사람들 사이에 발생하는 문화 커뮤니케이션(intercultural commu-nication)도 국가 간에 인적·물적 교류가 대폭 증가하고 있는 지구촌 시대에 들어와서 중요성이 강조되는 커뮤니케이션 유형이다. 또한 주제, 영역, 목적 등에 따라서도 다양한 유형으로 구분된다. 근래에는 소셜미디어, 인간과 기계, 기계와 기계의 커뮤니케이션에 대한 관심도 높아지고 있다.

커뮤니케이션의 특성과 유형은 소통과정에 밀접하게 적용되고, 과정의 각 요소와 조건에 영향을 미친다. 인간은 조건과 상황을 고려하고 서로의 커뮤니케이션 행위를 수용, 배척, 고려, 조정, 무시, 이해하면서 소통한다. 소통이 잘되어야 개인도 공동체 사회도 잘 된다는 말은 지극히 당연한 것이지만 체계적이고 과학적인 적용과 운용이 필요하다. 커뮤니케이션의에 대한 합리적인 이해 없이 합리적인 소통을 기대하기는 어렵다. 적절한 소통을 위해 커뮤니케이션에 대한 이해가 필요한 까닭이다.

chapter 3
경청은 소통의 출발점

결혼식 주례사가 강조하는 단골 주장의 하나는 신랑과 신부는 앞으로 함께 살면서 두 사람 사이의 소통을 막고 방해하는 어떤 문제도 즉시 고치는 데 가장 신경을 쓰라고 주문한다. 결혼이 실패하는 주요 이유는 경청에 대한 무능력이라고 강조한다. 자신을 방어하거나 감정적으로 화를 내지 말고 서로의 문제점에 대해 경청하고 대화를 하는 것이 결혼생활을 행복하게 하는 기본적인 요소로 판단하는 것이다.

○

경청은 소통의 출발점

― 경청 커뮤니케이션

●

좋아하는 여성의 간택을 못 받는 까닭

자신이 좋아하는 상대가 자신에게 매력을 못 느끼는 건 속상한 일이다. 가슴이 꺼멓게 타서 재가 되고, 숨이 멎을 것 같아 겁나고, 살아온 내력이 홀연 증발하는 참담함이 뒤죽박죽으로 범벅이 되는 일이다. 태양처럼 젊은 자신의 빛나는 대지에 먹구름이 몰려와 폭우로 진창을 만들고 강풍으로 쓰레기들을 날린다. "그대 앞에만 서면/ 왜에 난 자가지는가…"라는 심정은 억장이 무너지는 애달픔이다.

눈에 삼삼한 네 살 외손녀에게 인기가 없는 것도 마찬가지다. 자신의 딸이 낳은 딸아이를 너무 좋아하지 않을 사람이 이 우주 삼라만상에 어디 있을까. 그러나 과장된 몸동작과 고조된 목소리로 요란한 수작을 건

네도 효과가 없다. 같이 놀고 싶은데 놀이 상대로 간택을 받는 건 하늘의 별을 따다 두 손에 담아드리는 일만큼 어렵다. 숙녀의 인지적 용량이 커지는 학생이 되면 내가 인기순위의 선두가 될 것이라는 장담도 허세로 끝날 거 같다. 가족들도 믿지 않는 눈치다.

도대체 이유는 무엇일까? 괜찮다고 호감으로 대해주는 사람들이 많은데 (수십 년 동안 한결같았으니 오해가 아닌 건 확실?) 정작 무조건 막 좋아하게 된 이 여성에게는 왜 인기가 없는 걸까? 사실 긴 시간을 숙고하고 따질 문제도 아니었다. 문제는 경청이었다. 만병의 근원은 경청으로, 그 숙녀가 나를 정겹게 대하지 않는 이유의 원천이었다.

그녀의 엄마 아빠나 외할머니, 여타 가족과는 달리 끝이 없는 인내심을 가지고 참으며 그녀의 얘기를 들어 주지 않기 때문인 거다. 무리하거나 지나쳐도 우선 말은 들어 주는 그들과는 다른 게 탈인 것이다. 어떤 말이고 일단 차분히 처음부터 끝까지 들어 주지 못하니 예선에서 탈락한 거였다. 울거나 보채는 비언어도 그녀에게는 매우 중요한 의사행위인데 나는 부실하게 경청하니 인기는커녕 존재도 부재였다. 경청이 부실하니 호감도 부실하고, 관계도 부실하고 인기도 부재한 것이다. 경청이 승부의 요처라는 뒤늦은 깨우침이다.

경청이 실종된 세상

우리가 사는 세상은 경청의 실종을 겪고 있다. 세계적으로 사랑을 받은 듀엣 사이먼(Simon)과 가펑클(Gafungkle)은 세계적으로 유행했던 유명한 〈침묵의 소리(The Sounds of Silence)〉라는 팝송에서 경청의 실종을 아파했다. 1965년 말 사이먼과 가펑클이 발표한 이 노래는 세계적으로 대히트를 쳤다. 1960년대 미국은 흑백 차별, 베트남전쟁과 반전운동, 진보적 프론티어 정신을 대변하던 케네디 대통령의 암살, 킹 목사와 말콤 엑스 등 흑인 인권신장 데모와 함께 경제만능의 가치 속에서 개인의 소외감, 타인에 대한 무관심이 사회적 문제로 떠오르며 갈등과 반목과 논쟁이 첨예하게 맞부딪치며 시끄럽던 시기였다.

> 내 오랜 친구, 어둠이어
> 그대와 이야기하려고 다시 왔네
> ……중략……
> 적나라한 네온 불빛 아래서 나는 보았네
> 만 명 어쩌면 그 이상의 사람들을
> 사람들은 진지하지 않게 말하고
> (people talking without speaking)
> 사람들은 경청하지 않고 건성으로 듣고
> (people hearing without listening)……

사람들은 진정성을 가지고 소통하지 않고, 상대의 말에 귀를 기울여 경청하지 않고 의미 없는 소리처럼 대하며 건성건성 듣는 세상이 되었다. 상대에게 진지하게 다가가는 말도 침묵의 우물 속에서 한갓 메아리가 될 뿐이라는 내용은 수많은 사람들이 서로 만나며 살아가지만 최소

소통하는 인간, 호모 커뮤니쿠스

한의 커뮤니케이션, 관계 맺기의 출발점인 서로의 말을 들어주지 않는 세태를 드러낸다. 마음속의 이야기를 전하지 않고, 또 진지하게 듣지 않고 한 귀로 흘러보내는 것이다.

경청(listening)은 상대의 말을 듣는(hearing) 차원, 말하는 사람에 주목하는(attending) 차원, 상대가 하는 말의 의미를 이해하려고 진지하게 노력하는 차원(understanding)을 포함한다.[1] 제대로 된 경청은 말을 듣고, 주목하고, 이해하려는 세 가지 차원을 모두 포함한다.

우리나라에는 아직도 경청에 대한 실증적인 학술적 연구가 이루어지고 있지 않지만 외국에서는 오래 전부터 경청에 대한 연구들이 수행되어 왔다. 경청에 대한 최초의 기념비적 연구는 1926년 미국에서 이루어졌다. 폴 랜킨(Paul Rankin)이 수행한 이 연구는[2] 사람들이 잠자는 시간을 제외한 하루 시간 중에서 29.5%를 경청 행위에 소비한다는 점을 밝혔다. 또한 언어 행위(듣기·읽기·쓰기) 중에서 경청은 42.1%로 말하기(31.9%), 읽기(15%), 쓰기(11%)보다 더 많은 시간을 할애하는 가장 자주하는 행위였다.

경청이 언어 행위의 빈도와 양에서 가장 빈번하다는 발견은 다른 많은 후속 연구에서도 지지되었다. 일반인, 가정주부, 비즈니스맨, 고용주, 고용인, 학생과 같이 조사대상자를 다양화한 연구들에서도 경청 행위가 가장 빈도가 높은 건 마찬가지다. 예를 들어 가정주부들의 언어 행위 48%가 경청이었고 말하기, 읽기, 쓰기 행위가 각각 그 뒤를 이었다.[3] 학생, 가정주부, 직장인들을 대상으로 언어 행위를 조사한 연구는 경청 행위에 54.93%, 말하기에 23.19%, 읽기에 13.27%, 쓰기 행위에 8.40%를 소비하고 있는 것을 발견했다.[4] 학생들의 언어 행위에서도 경청이 언어 행위 시간의 52.5%로 압도적인 비중을 차지하였다.

이들 결과는 경청 행위가 특정 세대, 특정 연령대에서만 비중이 높은 것이 아니라 보통 사람들의 일상적인 언어생활에서 가장 많이 발생하는 행위라는 것을 확인한 것이다. 사람들이 일상적으로 하루를 살아가면서 여러 상황에 처하게 되고, 또 다양한 행위들을 하게 되는데 가장 자주 대면하게 되는 상황, 가장 핵심적인 행위가 다른 사람의 말을 들어야 하는 경청 상황이고 경청 행위인 것이다.

그러니 경청에 대한 이해와 실행이 제대로 이루어져야 개인의 언어생활이 제대로 작동되는 것은 물론이고, 인류의 문명을 가능하게 한 인간의 언어 행위를 제대로 이어갈 수 있다는 의미로 해석할 수 있다. 경청은 그런 의미를 지니는 것이다. 그러나 현대를 살아가는 우리 인간은 경청의 실종을 겪고 있다. 눈에 삼삼히 어른거리는 네 살 외손녀의 관심을 받지 못하는 필자의 경우만 유난한 것은 아닌 것이다.

가까운 사람에 대한 소홀한 경청

마땅히 경청해야 할 경우에 상대의 말을 경청하지 않아서 심각한 문제가 생기는 일은 비일비재하다. 예상보다 훨씬 많은 것이다. 경청에 문제가 있는 남편과 부인의 경우를 보자. 모바일 화면에 열중인 남편과 부인의 상황이다.

부인: 우리 얘기 좀 해요.

남편: (모바일을 보면서) 뭔데?

부인: (어제 친구들과 부부모임을 했을 때 자신에게 막 대했다면서) 왜
　　　나를 무시해요?

남편: (모바일에서 눈을 떼지 않고) 내가? 언제?

부인: (다시 물어본다) 다 알면서. 왜 모르는 척해?

남편: (아내를 보지 않고 모바일을 계속 보며) 알았다니까.

부인: 가족에게 정성이 없다는 게 뭔 얘기야.

남편: 내가? 언제?

부인: 나 원, 기가 막혀서.

남편: (모바일에 눈을 고정한 채) "내가? 기억 안 나는데.

부인: 뭐라고. 기억이 안나. 사람들이 다 웃고 난리도 아니었는
　　　데……

남편: (여전히 모바일을 째려보며 아무런 응답을 하지 않는다)……

부인: 뭘 어떻게 더 하라는 거야?

남편: (모바일을 이리저리 터치하고 스트리밍하며) 알았어, 그만해.

부인: 뭘 더 해, 어떻게 더하냐고!

남편: (모바일에서 얼굴을 돌리지 않고) ……

부인: "날 창피주고. 뭐가 중요한데?

남편: (여전히 모바일 화면을 보고 있다) 야 이거 웃기네……

남편이 전혀 경청을 하지 않는 상황. 이쯤 되면 두 사람의 얘기는 공전

만 하게 되고, 이제부터 부부 모임 참석은 과거의 기록으로만 남는 일이 되고, 미래에는 꿈도 꿀 수 없을 가능성이 높다. 어쩌면 모임 불참만으로 끝나지 않고 두 사람의 관계도 화산 폭발로 이어지고 흘러 넘친 용암으로 인해 두 사람이 희로애락을 겪으며 일군 옥토를 황폐화할 수 있다. 아니면 두고두고 언제든 활화산으로 활동을 재개하며 부부의 관계를 위협할 수도 있다.

문제는 이런 경청 부족이 야기하는 혼란과 나쁜 결말은 우리 일상생활에서 매우 흔하다는 것이다. 더욱 아이러니한 것은 경청의 부재가 시공간적으로 가장 가까운 사람에게 가장 자주 발생한다. 남편과 아내, 부모와 자녀, 형제 사이에도 빈번하다. 외부에서 가족이나 가족의 일원을 공격하면 입에 거품을 물고 비이성적인 판단까지 동원하며 항변하고 따지는 데 비해, 가족 구성원끼리 경청하지 않고 소홀한 것은 이상한 일이다. 직장에서도 유사한 문제는 자주 말썽을 부린다. 자신의 낮 시간 전체와 밤 시간의 일부도 할애하는 직장에서 상급자가 하급자의 말과 의사를 무시하는 문제가 직장에 대한 불만족감과 좋지 않은 관계의 가장 큰 이유라고 한다. 도대체 무슨 일이 있는 걸까?

가족의 경우에는 구성원 간에 대화 시간이 절대 부족하다는 점이 대표적인 이유이고, 그 이유가 대한민국이 세계에서 유례가 없는 빠른 속도로 경제발전을 이루고 민주체제를 구축한 놀라운 발전과 변화의 후유증이라니 안타까운 일이다. 발전기에 헌신한 가장들은 대부분 아내와 자녀들과 대화할 시간을 가지지 못했다. 밤낮으로 회사에 매달려 살았다. 회사 일에 정신이 팔려 있어서 24시간을 바치다시피 하였으니 하루의 대부분 시간을 가정사와는 관련이 없는 일에 몰입한 거다. 회사를 위하는 일이 자신의 가족을 위하는 일, 가정사와 마찬가지란 생각이 지배했다.

지금 돌이켜보면 이상하지만 그 당시에는 대부분 당연한 일로 간주되었다. 아내도 혹독한 시간을 거쳤다. 온갖 집안의 대소사와 가부장적 문화가 동반하는 복잡하고 어려운 일을 도맡아야 했다. 자녀의 양육, 학교교육, 남편 식구들을 챙기는 일 등 이른바 바깥양반의 바깥일을 빼고 모든 심적 물적 대소사는 아내들이 맡았다.

대부분의 아버지는 윗사람의 눈치를 보고 중노동을 하느라 허리가 휘고 마음의 여유가 사라지고, 아내는 가사노동으로 허리가 휘고 마음의 여유가 사라졌다. 남편과 가족을 보듬어주던 넉넉함과 헌신의 아름다움이 기진맥진하게 된 것이다. 이런 현상들이 세월에 걸쳐 쌓여가는 과정에서 남편과 아내의 관계도 건조해지고, 정감 있게 아이들의 이야기를 경청하고 대화하는 관계가 약화된 것이다. 경청의 부재로 부부 사이와 자녀들과의 사이를 침식하는 악순환이 고착화되면서, 특히 자녀들과의 불통은 세대 차이로 사회문화적으로 구조화되었다. 경청의 부족이 이렇게 심각한 부정적인 결과를 낳는 것이다.

황폐한 경청은 세계적 현상

가족 간에 커뮤니케이션이 매우 활발하다는 이미지를 주는 미국 사회가 실제로는 보기와 다르게 변화해왔다는 점은 오래전부터 지적되었다. 10대 청소년 자녀가 있는 가정에서 부모와 자녀가 커뮤니케이션을 하는

제3장 — 경청은 소통의 출발점

시간이 하루 평균 14.5분임이 발견된 것이다. 사람들의 예상에 훨씬 못 미치는 양이다. 절대적 분량에서 이미 적은 데도 불구하고 이 시간의 대부분인 12.5분을 '오늘 저녁에는 무엇을 먹는가?' 'TV 가이드 책자는 어디에 있는가?' '오늘 밤에 누가 차를 쓰는가?'와 같은 별 의미가 없는 질문에 사용하는 것으로 밝혀졌다. 결국 가정에서 부모와 자녀가 정감 있는 관계를 형성하기에는 근본적으로 문제가 있는 것이다.[5] 이 정도의 시간으로 부모와 자녀가 친밀한 관계를 형성한다는 것은 거의 불가능이라고 해도 지나치지 않을 것이다.

오늘의 대한민국의 경우도 예사롭지 않다. 여성가족부의 조사에 따르면 부부 세 쌍 중 한 쌍은 하루 동안 배우자와 30분도 대화를 나누지 않는 것으로 나타났다. 전국의 5,018가구를 면접 조사한 결과로 하루 평균 대화 시간이 30분 미만(전혀 없음 포함)인 부부가 전체의 30.9%로, 5년 전 (17.5%)보다 가파르게 증가하였다. 대화 시간이 30분~1시간 미만인 부부 (34.5%)까지 합하면 세 쌍 중 두 쌍(65.4%)은 하루 1시간도 대화를 하지 않고 있다.[6]

대화 시간의 부족은 불통으로 이어지고 관계의 소원, 불안정, 해체로 이어지는 문제를 야기할 수 있다. 대화 시간의 감소와 부족에 대하여 "외벌이로는 생활 유지가 어렵고 각자 생계유지를 위해 일에 많은 시간과 에너지를 쏟다 보니 부부가 대화할 시간과 에너지도 과거보다 많이 줄었다"며 "가족이 일상적으로 오랜 시간을 공유해야 대화도 자연스럽게 되는데, 불안정한 환경 탓에 가족 간 정서적인 기능이 많이 약화"되고 있다고 우려한다. 이는 부부 두 사람의 문제보다는 고용시장 불안, 맞벌이 증

소통하는 인간, 호모 커뮤니쿠스

가, 자녀교육 등 외부 환경의 영향이 크다는 진단이다.[7]

그것도 모르느냐는 핀잔에 멍드는 경청

필자가 경청과 관련하여 대학 수업에서 학생들과 토론하고 질문지를 배부하여 분석한 경험에 의하면 우리 학생들은 선생님의 경청 태도에 대하여 대단히 부정적인 경험을 지니고 있는 편이다. 특히 초·중·고 시절에 학생들의 말을 선생님이 잘 들어 주는가, 들어 주지 않는가에 따라 학생들의 커뮤니케이션 행위는 큰 영향을 받는다. 경청에 정성을 쏟지 않는 선생에 대한 경험은 타인과 커뮤니케이션을 하는 데 부정적인 영향을 미쳤다. 초·중·고등학교에서 선생님의 경청 행위는 학생들에게 경청에 대한 태도, 경청하는 행위, 경청하는 기술, 경청을 통한 협력을 형성하는 데 결정적인 역할모델(role model)로 작용한다.

예를 들어 학생들의 질문에 대하여 선생님이 '그것도 질문이라고 하느냐' '어떻게 그 중요한 걸 모르느냐는' 식으로 핀잔을 주는 것이 두려워서 질문을 할 수 없다는 응답과 설명이 많았다. 좋지 않은 경험이 두세 번 반복되면 학생들은 앞으로 질문을 하지 않겠다는 마음을 먹는다. 작심은 선생님의 질문에 대답하지 않는 것으로 끝나지 않고, 질문 자체에 대해 경청하지 않게 되고, 이런 악순환은 선생님과의 불통에 그치지 않고 일상생활에서 다른 사람의 말에 대해 무조건적으로 경청하지 않는 좋지 않은 결과를 낳는다.

또한 선생님의 질문에 대한 자신의 답변이 '정답이 아니면 어떻게 하는가'라는 불안감도 경청에 부정적인 요인으로 작용한다. 선생님이 학생의 답변에 대해 별다른 설명도 없이 틀렸다고 하고, 답변에 관심을 보이지 않고 그냥 넘어가는 것이 경청에 대해 부정적인 태도를 형성한다. 선생님이 어떤 의도도 없이 언급을 하지 않고 다른 문제로 옮겨 갔다고 하더라도 질문이나 답변을 한 학생에게는 창피하다는 감정을 일으키고 부끄러움을 야기한다. 이런 과정을 거치며 자라나는 자기모멸과 불안감은 커뮤니케이션 행위에 소극적으로 임하게 하고, 마지못해서 최소한의 응답만 하는 수동적 자세를 낳는다. 경청의 부실에 대한 경험과 결과는 가족과 교실만이 아니라 우리 사회의 모든 영역에서 커뮤니케이션을 억압하는 부정적인 영향력을 행사한다고 볼 수 있다.

사실 어떻게 정답만 있겠는가? 세상이 이분법으로 어찌 설명이 되겠는가. 우리가 살고 있는 현실은 사지선다형이나 단답형이나 이분법이 아니라 경청과 토론으로 설명되고 이해해야 하는 문제이다. 질문과 답변, 주장과 토론을 가능하게 하는 진지한 경청을 통해서 학생과 선생도 합리적인 커뮤니케이션 능력을 갖추고, 사회의 발전에 기여할 수 있을 것이다.

경청은 타인과 만나는 관계의 출발점

경청은 그냥 듣는 척거나, 건성건성 듣거나, 들리기 때문에 듣는 것이 아니다. 상대의 말을 흘려듣지 않고 이해하기 위해 귀담아 주의 깊게 듣는 것이다. 항상 진정한 경청 태도를 유지하기는 어려운 일이다. 기대하기도 쉽지 않다. 더욱이 우리들은 사회생활을 하면서 다양한 역할을

　　　　　　　　　　　　소통하는 인간, 호모 커뮤니쿠스

수행해야 한다.

사람들의 역할은 수없이 많고, 하루에도 동시적으로 여러 역할을 해야 한다. 어린이, 손자손녀, 학생, 자녀, 형제, 친척, 친구, 연인, 신랑, 신부, 부모, 가장, 젊은이, 어른, 노인, 주민, 할아버지, 할머니, 고용인, 고용주, 자치주민, 국민, 젊은 세대, 고령세대 등등 헤아리면 끝이 없다. 사회생활을 하면서 다양한 상황, 단체, 모임, 동호회, 직업, 스포츠 활동, 취미생활과 관련해서도 타인들과 어울리면서 다양한 역할을 하게 된다. 인간이면 예외가 없이 역할을 수행한다. 우리 인간은 모두 다양한 역할을 하면서 다른 사람과 직간접의 관계를 맺고 서로 연관되어 살아간다. 이 관계를 피해서 살 수 있는 방법은 없다고 해도 틀린 말이 아니다.

역할 수행은 자신에 대한 이미지를 형성하고 평가를 수반한다. 우리 인간은 평가에 대체로 매우 민감하다. 그렇지 않은 척 해도 속으로는 그렇다. 평가는 우리들이 보통 생각하는 이상으로 사람 자체에 대한 평가의 잣대가 된다. 아무리 무시하려고 해도 신경을 쓰지 않을 수 없다.

또한 역할 수행은 사회적 동물로서 다른 사람과 관계를 형성하는 일이기도 한다. 자신이 기능적으로 해야 하는 일을 하는 것은 다른 사람들과 관계 속에서 하는 일이며, 타인과 관계를 형성하는 데 중요한 요소이다. 경청은 역할수행과 관계의 출발점이고, 관계의 품질을 결정하는 커뮤니케이션 행위들에 영향을 미쳐서 관계의 질을 높이는 입문 요소이다.

경청은 상대와 연결하고 관련성을 맺는 데 핵심적인 역할을 한다. 말을 듣는 데 그치지 않고 반응하고 대화에 이르게 하는 소통행위이다. 상대가 어떤 이유에서 그런 말을 하게 되었고, 그 말이 의미하는 것이 무엇

인가를 경청함으로써 상대와 커뮤니케이션 공동체로 이끄는 견인차이다.

상대의 말을 제대로 들으려고 하지 않으면 상대와 관계에 문제가 생기고 나빠질 가능성이 높아진다. 자신의 입장에서 상대의 말을 듣지도 않고 평가하기 때문에 상대와 피드백이 제대로 반영하지 못하는 불충분하고 만족스럽지 못한 커뮤니케이션이 이루어진다. 따라서 좀 진지하게 상대가 전달하는 말의 의도와 내용에 대하여 경청하고 배려하는 자세를 갖추어야 한다. 상대가 원하는 것이 무엇인지 좀 느껴보려는 노력을 기울여야 한다는 얘기다.

결혼식 주례사가 강조하는 단골 주장의 하나는 신랑과 신부는 앞으로 함께 살면서 두 사람 사이의 소통을 막고 방해하는 어떤 문제도 즉시 고치는 데 가장 신경을 쓰라는 주문이다. 결혼이 실패하는 주요 이유는 경청에 대한 무능력이라고 강조한다. 자신을 방어하거나 감정적으로 화를 내지 말고 서로의 문제점에 대해 경청하고 대화를 하는 것이 결혼생활을 행복하게 하는 기본적인 요소로 판단하는 것이다.

경청에 대한 무능력과 불충분한 실행은 개인적인 문제는 물론이고 상대와의 관계에 문제를 야기하고 관계를 해체시킬 수도 있다. 대한민국의 문화와 국민들은 변화하고 있는 것은 사실이지만 경청에서 매우 무능력한 편이다. 우리가 사용할 수 있는 하루의 시간을 얼마나 많은 경청해야 할 말들과 지내고 있는가를 생각해 보아야 한다. 부실한 경청의 생활을 하고 있다면 매우 비효율적이고 불행한 일이 아닐 수 없다. 경청이 관계의 출발점이다.

여보세요, 거기 누구 없소?

또 한편으로 경청은 '이 세상에 내가 하는 말을 흘리지 않고 진지하게 들어주는 사람이 있는가?'에 대한 질문이고 그리움이기도 하다. 나의 말을 무시하지 않고 나와 함께 얘기하려는 사람을 찾는 것이다. 나를 이해하려고 주의 깊게 듣는 인간에 대한 갈구이기도 하다.

그대에게는 진정으로 그대의 말을 귀담아 들어주는 사람이 있는가? 현대사회에서는 개인주의화가 심해지고, 사람들의 관계가 더욱 목적적·계약적 특성을 띠면서 소원해 지고 있다. 그래서 내말을 들어 줄 사람이 그리운 것이다. 경청해 주는 이가 살지는 세상에 대해 '한영애'라는 가수는 "어디 누구 없소?"라고 절규한다.

어보세요/ 거기 누구 없소/

어둠은 늘 그렇게 벌써 깔려 있어/ ……./

나와 같이 누구 아침을 볼 사람 거기 없소

누군가 깨었다면 내게 대답해줘.

— 〈누구 없소〉(작사·작곡 윤명운/ 노래 한영애) 부분

　우리는 의식적으로 혹은 무의식적으로 상대의 말을 경청하지 않는 경향이 높아지고 있다. 내 일만으로도 바쁘고 벅차며, 자기주장을 해야 권리를 확보할 수 있다고 믿는 투쟁적인 사회풍조를 체감하기 때문이다. 또한 자신들과 입장이 다른 의견은 들을 필요도 없이 누가 무어라든 자기가 믿는 것이 옳다는 확증편향이 강해지고 있는 점도 경청의 부실을 조장하는 것으로 보인다.

　그러나 이 분야의 선두인 여의도 국회의원과 정당들을 포함해 우리 사회의 여러 계층에서 상대의 의견에 동의하지 않기 때문에 경청하지 않는다는 주장을 자주 목도한다. 그러나 이는 궤변이다. 경청 자체는 상대에 대한 동의나 반대를 의미하는 게 아니기 때문이다. 생각과 주장이 달라도 우선 상대의 말을 경청해야 한다. 경청을 통해 대의민주주의 공동체를 발전시켜온 인류의 지혜를 외면해서는 안 된다.

　특히 툭하면 경청을 팽개치는 국회의원과 정당은 그 많은 특권들이 국민의 다양한 목소리를 경청하라고 주어졌음을 잊지 말아야 한다. 자신들만 옳고 무오류라고 목청을 높이면서 상대의 말은 안중에 두지 않는 이들도 마찬가지다. 경청을 무시하는 자들은 오직 입만 있고 귀도 없고

생각도 없는 괴물과 다를 게 없다.

경청은 해도 되고 하지 않아도 되는 그런 게 아니다. 경청은 상대를 말과 함께 상대의 형편을 이해하게 하는 역지사지의 특별한 가치를 지닌 것이다. 나와 상대가 서로의 품격을 인정하고 진지한 의사소통을 통해 따뜻하고 화목한 관계를 만들어보자는 행위이다. 경청은 마음만 먹으면 당장 시도할 수 있는 일이다. 경청하는 인간, 경청하는 사회는 협력하는 관계를 바탕으로 하는 공동체, 친구같이 유쾌하고 기분 좋은 공동체를 향해 전진하는 미래지향적인 사회이다.

경청은 타인의 말에 귀를 기울여 듣고, 주의를 기울여 듣고, 마음을 기울여 말의 숨은 의미도 이해하려는 노력을 포함한다. 그래서 영리하고 재주가 좋다는 뜻을 지닌 총명(聰明)이라는 단어는 사람의 이목구비 중에서 '귀' 속에 지혜가 있다는 의미로, 경청의 귀중함을 나타내는 말이다. 사람의 말을 제대로 듣는 것이 사람의 마음을 얻는 것이라는 이청득심(以聽得心)도 경청의 중요함을 이르는 선현들의 고언이다. 경청은 인간을 좋은 인간관계와 협력하는 인간관계로 데려가는 귀중한 가치이다.

경청을 제대로 하는 사람은 자기만 옳은 건 아니라는 걸 깨닫게 된다. 자신의 무오류를 주장하고, 타인을 상대할 가치도 없다고 폄하하는 '귀는 없고 입만 있는 무뢰한'이 아니다. 경청을 하는 사람은 '내가 하는 말을 흘리지 않고 들어주는 사람이 있는가?'라는 생각에 고여 있지 않는다. "사람의 말은 흘리지 않고 진지하게 들어봐야 한다"고 믿으며, 나와 너의 말을 차별하지 않는 지혜를 가진 사람이다.

chapter 4

우리가 말을 하는 이유

밀실에서 가꾼 자아는 자기표현을 통해 타인과 커뮤니케이션함으로써 광장의 이야기, 세상의 이야기가 된다. 밀실과 광장은 서로의 필요충분조건으로 우리의 커뮤니케이션 본능을 충족한다. 밀실에서 가꾼 도도한 개인은 커뮤니케이션을 통해 광장의 타인과 어울리게 된다. 외로운 개인의 밀실과 광장을 연결하고 융합하는 징검다리가 커뮤니케이션이다.

제4장

○

우리가 말을 하는 이유

— 커뮤니케이션 동기

●

외로움도 말을 하는 이유이다

외로우니까 사람이다.

울지마라

외로우니까 사람이다

살아간다는 것은 외로움을 견디는 일이다

공연히 오지 않는 전화를 기다리지 마라

눈이 오면 눈길을 걸어가고

비가 오면 빗길을 걸어가라

갈대숲에서 가슴 검은 도요새도 너를 보고 있다

가끔은 하느님도 외로워서 눈물을 흘리신다

새들이 나뭇가지에 앉아 있는 것도 외로움 때문이고

네가 물가에 앉아 있는 것도 외로움 때문이다

산 그림자도 외로워서 하루에 한 번씩 마을로 내려온다

종소리도 외로워서 울려 퍼진다

필자가 좋아하는 정호승 시인의 〈수선화에게〉라는 시다. 지금 이 시의 의미를 절실하게 느끼고 어떤 사람과 교감을 나누고 싶은 상황이라면 그는 지금 외로움을 느끼고 있는 거다. 애인이나 친구에게 연락을 하고 만나서 말을 건네고 싶고, 그 누구와 함께 자리하고 싶은 심정이다. 공연히 오지 않는 전화를 기다리지 않는다고 다짐을 하고 각오를 세워도 어찌할 수 없는 외로움 때문에 눈물이 흐를 것만 같다.

'산 그림자도 마을로 내려오듯이' '종소리도 외로워서 울려 퍼지듯이' 마을로 내려와 누군가를 찾아내서는 말을 하고, 이야기를 나누고, 감정을 공유하고 싶다. 그런 마음을 종소리처럼 널리 많은 사람들에게 퍼져가게 하고 싶은 거다.

사람은 다른 사람과 한편 잘 어울려 살아야 하고, 다른 한편 치열한 경쟁 속에서 살아야 하는 사회적 동물이기에 희로애락의 순간과 맞닥뜨린다. 그래서 눈물을 흘리기도 하고, 오지 않는 전화를 기다리는 절박함에 애를 태운다. 이 시에 동감하는 때는 무슨 희귀한 정보나 엄청난 비밀, 거룩한 진리를 얻기 위해서 커뮤니케이션을 시도하지는 않는다.

그보다는 '외로워서' '다른 사람과 감정을 나누고 싶어서'라는 욕구가 다른 모든 욕구를 압도하고 만다. 외로움과 같은 자신만의 밀실의 감정, 종소리와 같은 자신만의 밀실의 소리를 사람들이 모여 사는 마을이라는 광장으로 보내려 할 것이다. 인간은 밀실과 광장을 왕래하며 자신의 욕구를 커뮤니케이션에 실어 이 세상에 존재하기를 내심으로 바라는 것이다.

밀실과 광장을 연결하는 징검다리

광장은 대중의 밀실이며 밀실은 개인의 광장이다. 인간을 이 두 가지 공간의 어느 한 쪽에 가두어버릴 때, 그는 살 수 없다. 그럴 때 광장에 폭동의 피가 흐르고 밀실에서 광란의 부르짖음이 새어 나온다. 우리는 분수가 터지고 밝은 햇빛 아래 뭇 꽃이 피고 영웅과 신들의 동상으로 치장된 광장에서 바다처럼 우람찬 합창에 한몫 끼기를 원하며 그와 똑같은 진실로 개인의 일기장과 저녁에 벗어놓은 채 새벽에 잊고 간 애인의 장갑이 얹힌 침대에 걸터앉아서 광장을 잊어버릴 수 있는 시간을 원한다.[1]

사람은 밀실과 광장을 왕래하는 존재라는 최인훈의 소설, 〈광장〉의 서문이다. 이 서문은 호모 사피엔스로서 인간이 커뮤니케이션하는 이유를 또 다른 측면에서 조망한다. 개인으로서 사람은 자신의 공간인 밀실에서 타인으로부터 간섭받지 않고 자신만의 독자적인 세계를 가꾸려는 본능을 지닌 존재이다. 그러면서 동시에 자신이 가꾼 내부 세계를 다른 사람에게 전달하려는 본능을 소유하는 존재이다. 밀실과 광장, 광장과

소통하는 인간, 호모 커뮤니쿠스

밀실을 모두 필요로 하는 존재가 인간이라는 것이다.

밀실은 밀폐된 자신만의 공간이므로 누구의 간섭도 없이 자신의 욕구에 따라 유영하고 자기 식으로 세상을 계획한다. 밀실은 고마운 곳이다. 인생을 살며 희로애락의 무게로 웃고 울며 슬프고 기쁠 때, 절망과 희망의 혼재로 혼돈할 때 밀실은 고개를 내밀고 우리를 오라고 손짓한다. 어서 와서 그대의 자아를 다시 돌아보고 자유와 꿈을 가꾸라고 위로한다. 밀실은 또한 탈출이라는 이율배반을 꿈꾸게 하는 곳이기도 하다.

왜냐하면 밀실의 자유와 꿈이 무르익으면 밀실은 광장을 그리워하기 때문이다. 자유와 꿈이 팽창할수록 자아는 밀실의 경계가 답답해지고 바깥에서 벌어지는 일들이 궁금해진다. 광장의 미지와 수군거림에 자신도 합세하려고 한다. 종소리처럼 퍼져서 마을로 가고 싶어 한다. 어디 그뿐이랴. 밀실은 광장의 햇빛을 보아야 한다. 그러지 못하면 밀실에는 곰팡이가 피어난다. 뜨거운 태양이 내쏘는 뜨겁고 눈이 부신 햇볕의 광장으로 나아가서 광장을 오가는 사람들의 이야기 대열에 합류하지 못하면 자유와 꿈이 충만한 자아의 이야기는 외로워서 부패하고 만다.

밀실에서 가꾼 자아는 자기 표현을 통해 타인과 커뮤니케이션함으로써 광장의 이야기, 세상의 이야기가 된다. 밀실과 광장은 서로의 필요충분조건으로 우리의 커뮤니케이션 본능을 충족한다. 밀실에서 가꾼 도도한 개인은 커뮤니케이션을 통해 광장의 타인과 어울리게 된다. 외로운 개인의 밀실과 광장을 연결하고 융합하는 징검다리가 커뮤니케이션이다.

욕구 충족으로서 말하기

우리는 왜 커뮤니케이션을 하는가? 왜 말하는가? 말하는 이유는 무엇인가? 그대는 이유를 댈 수 있는가? 적지 않은 사람들이 어떤 동기에서 말을 하는가라는 질문에 선뜻 뾰족한 대답이 떠오르지 않을지도 모른다. 왜 말을 하는지 곰곰이 생각해보거나 궁금해본 적이 거의 없었기 때문이다. 하기야, 그런 걸 생각하지 않아도 사는 데 지장은 없다. 그러니 왜 그런 걸 생각해야 할까 하고 의아해 할 수도 있을 것이다……

어쨌든 사람들은 아침에 눈을 떠서 잠자리에 들 때까지 다른 사람과 말을 주고받으며 살아간다. 말하는 것이 금지된 특별한 직업이나 상황에 처한 경우가 아니면 하루의 대부분 시간을 시공간을 공유하는 사람과는 직접적으로, 시공간을 접하지 않는 사람과는 모바일 등의 다양한 수단을 이용하여 커뮤니케이션 행위를 한다. 말을 하는 행위가 이렇게 일상사이니 그 이유는 당연히 아주 많을 것이다. 그럼에도 막상, 이유를 밝히는 건 쉽지 않다. 그런 걸 생각하며 살지 않았으므로……

우리 자신이 이런 질문을 받는다면 어떨까? 크게 다르지 않을 것이라는 게 필자의 생각이다. 어쩌면 대한민국 교육과정에 포함되어 있지 않아서 생각을 해보지 못했다는 생뚱맞은 이유가 나올 수도 있다. 혹 거창한 답변을 해야지만 '있어 보인다'는 초·중·고등학교 시절 이래 몸에 밴 중압감 때문일 수도 있다. 아니면 질문에는 항상 정답이 있을 것이라는 고정관념 때문에 확실하지 않으면 답을 하지 않는 적자생존의 지혜 탓일 수도 있다. 그것도 아니면 자신이 그냥 느끼는 대로 솔직하게 말하지 못하는 습관 때문일지도 모른다.

서양의 학자들은 오래전부터 인간의 커뮤니케이션 행위, 즉 말을 하는 행위에 대하여 많은 관심을 두고 연구해 왔다. 그중에서도 사람들이 서로 얼굴을 마주 대하는 면대면(面對面, face to face communication) 상황에서 커뮤니케이션 행위를 인간의 욕구충족 차원에서 설명하려고 시도해 왔다. 설명 리스트는 매우 길다.

예를 들어 친구를 사귀고 유지하려는 욕구, 다른 사람을 사랑하고 사랑받고 싶은 욕구, 다른 사람을 지배하려는 욕구, 다른 사람과 어울리고 친분을 쌓고 싶은 욕구, 감정의 표출, 상대방으로부터 환심을 얻으려는 욕구를 충족하기 위해 커뮤니케이션 행위들을 한다는 것이다. 관심의 주제는 계속된다. 정보를 취득하기 위하여, 학습 목적으로, 자기 이미지를 좋게 형성하기 위하여, 오락의 수단으로, 환경감시기능으로, 다른 사람으로부터 협력을 얻기 위하여, 민주주의 발전에 참여하기 위하여, 아이디어의 개발과 진화에 기여하려고 등 인간이 왜 말을 하는 가에 대한 내용은 다양하다.

인간이 말을 하는 이유는 인간이 살아가는 모습처럼 자신이 처한 상황, 계획, 목표에 따라 달라질 것이다. 달리 표현하면 인간의 욕구는 고정되어 있는 것이 아니고 심리적 특성, 사회적 조건, 사람들과의 관계에 따라 변화하기 때문에 다양한 특성을 지닌다. 욕구에 대한 논의에 자주 인용되는 매슬로우(Maslow)는 욕구를 5단계의 구조로 설명한다. 가장 하위 수준인 첫째 단계가 생리적 욕구, 둘째 단계는 외부 위협으로부터 자신의 안전을 지키려는 안전 욕구, 셋째 수준은 사랑과 소속감에 대한

욕구, 넷째는 자존심을 지향하는 욕구, 마지막 최고 수준의 욕구는 자기 실현을 성취하려는 욕구이다.[2]

이러한 심리적 욕구는 개인이 처한 환경과 관련한 사회적 요인과 결합하여 욕구를 창출한다. 심리적 요인은 나이, 학력, 수입, 라이프 스타일, 가족, 친구, 회사, 역할, 사회적 관계, 공동체, 사회, 국가 등 자신이 직간접적으로 구성원이 되는 사회적 요인과 상호작용하여 욕구를 형성한다. 욕구는 진공상태에서 생기는 것이 아니다.[3]

한때 광고에 등장한 '사랑도 움직인다'는 문구처럼 인간의 욕구도 움직인다.(몇 년 전에 결혼한 우리 딸은 '사랑이 어떻게 움직일 수 있는가'라며 이 광고 문안을 믿지 않는다. 장하고 멋있는 일이다.) 움직이는 욕구를 따라 말을 하는 이유와 내용도 움직인다. 달라지는 것이다. 욕구는 대인, 그룹, 조직, 공중, 미디어 커뮤니케이션 등 다양한 커뮤니케이션 상황에 따라서도 차별적으로 작동한다.

타인과 커뮤니케이션을 하는 행위는 우리가 일상에서 매일 반복하는 행위이다. 공기를 마시고 내보내고 호흡하듯이 인간은 말을 주고 또 받으며 산다. 자신에 대한 멋진 이미지를 형성하고, 미묘한 감정을 드러내고, 중요한 결정을 내리기 위한 조언을 구하거나, 사회생활에 유용한 정보를 공유하고, 자신의 생각을 표현하고, 상대를 설득하고 싶어서 커뮤니케이션 행위를 한다.

커뮤니케이션은 공식적인 일에서만 발생하는 것이 아니다. 일상적인 상황, 평범한 일에도 시시콜콜 간여한다. 어디에서 어떤 음식을 먹을 것이며, 저녁 모임 장소는 어디로 하고, 누구와 함께할 것인가를 결정할 때

소통하는 인간, 호모 커뮤니쿠스

도 동원된다. 타인에게 애정을 표시하거나, 항의하고 비난할 때도 적절한 커뮤니케이션 수단을 통해야 한다. 심지어 아무 일도 하지 않고 그냥 시간을 보내거나 다른 이들을 흉보는 재미를 위해서도 필요하다. 이렇게 사람들은 자신의 욕구를 충족하기 위해, 자신의 기분을 조절하기 위해, 상대를 설득하기 위해 다른 사람과 말을 주고받는 커뮤니케이션 행위를 한다.

카오스에서 코스모스의 세계로

커뮤니케이션 행위는 무엇인가를 알고 싶어 하는 인간의 인식욕구 (need to know)와 남에게 알리고 싶은 공시욕구(need to inform)와 깊은 관련성을 지닌다. 인식욕구가 자신의 외부세계, 즉 다른 인간들과 세상에 대하여 알고 싶어 한다면, 공시욕구는 자신의 내부세계를 외부세계의 타인에게 알리고 싶어 하는 것이다. 이러한 자신의 인식욕구와 공시욕구를 충족하는 가장 유용한 수단은 말이라는 커뮤니케이션 행위이다. 자신의 의사를 제대로 대변하는 말로 진정성 있는 커뮤니케이션을 한다면 사람들 간의 혼란(카오스)을 대화를 통해 상호이해의 세계(코스모스)로 이끌 수 있다. 인간의 기본 욕구를 해소하면서 동시에 인간사회가 카오스가 아닌 코스모스의 세계로 이행하는 데 말이라는 커뮤니케이션 수단이 핵심적인 역할을 하는 것이다.

그러나 말 때문에 갈등하고 반목하고 심지어 물리적 충돌까지 하는 것도 사실이다. 카오스를 더 복잡하고 크게 만드는 것이다. 말 때문에 문제를 일으키는 동물은 인간이 유일할 것이다. 그래서 자신의 뜻을 제대로 말하고, 상대의 말을 듣고 대화하는 커뮤니케이션은 오래전부터 중요하게 여겨졌다.

서양에서 말의 중요성은 그리스시대부터 수사학(레토릭, rhetoric)이라는 이름으로 교육의 주요 대상이 될 만큼 관심을 받아왔다. 지구상에서 가장 오랜 전통을 지닌 교육 주제의 하나인 셈이다. 플라톤은 수사학을 "말을 통해 다른 사람을 설득하여 건전한 사회생활을 이끌어가게 하는 것"이라고 정의했고, 아리스토텔레스는 "사회적 합의에 도달할 수 있는 모든 가능한 설득의 수단과 과정을 발견하는 것"이라고 하였다. 공동체의 건전한 가치를 구현하는 수단으로서 말의 가치를 강조한 것이다. 이들은 당시 소피스트(궤변론자)들의 말에 대한 입장을 비판했다.

소피스트들은 프로타고라스(Protagoras)의 '사람이 만물의 척도다'라는 관점에 지배당했다고 볼 수 있다. 알다시피 사람의 입장은 개인의 생각에 따라 다를 수 있다. 객관적이기보다는 주관적인 측면이 강한다. 따라서 말에 대한 사람의 태도나 입장도 매우 다르다. 진리를 대변하고 이해하는 수단으로서 말이 아니라 천차만별의 사고를 지닌 사람이 제각각 말하는 것이 모두 진실일 수 있다는 입장이었다. 귀에 걸면 귀고리 코에 걸면 코걸이 식의 극단적인 상대주의와 감각주의로 규정한 것이다. 소피스트들에게 말은 사회적 합의를 이끄는 수단보다는 개인의 이익을 추구하는 수단으로 관심과 연구의 대상이었다.[4]

커뮤니케이션은 진공상태에서 발생하지 않는다. 커뮤니케이션은 말이라는 수단으로 다른 사람의 생각, 태도, 행동을 변화시키려는 고도의 지적 행위이다. 저절로 일어나는 행위가 아니고 자신의 생각과 목표를 의식하고 성취하기 위하여 상대에게 의도적으로 하는 행동이다. 설사 치밀한 과정을 의식하지 않고 습관처럼 무의식적으로 커뮤니케이션을 하더라도 우리의 경험에 의해 학습된 행위이다. 특정 상황에서 자신과 상대의 입장을 고려하면서 어떤 행위가 가장 적절한가를 생각하고 선택한 행위이다.

한번 생각해보자. 장례식에 조문하러 가서 하는 커뮤니케이션 행위는 누가 어떻게 하라고 시키거나 장례식장에 가기 전에 정교하게 미리 준비한 행위는 아니다. 그러나 장례식장에서 행해지는 커뮤니케이션 행위는 즐거운 생일파티나 축하 모임의 커뮤니케이션 행위와는 전혀 다르다. 사람은 어떤 이의 죽음을 대하는 장례식은 슬퍼할 일이지 축하할 일은 아니라는 점을 무의식적이든 의식적이든 잘 안다. 슬픈 행위가 요구되는 상황에서 '와 이리 좋노…'라는 즐거운 축하의 노래와 댄스를 할 수 없다는 것은 익히 알고 있는 것이다.

다시 말해 인간은 어떤 커뮤니케이션 행위가 효율적인가를 경험과 관습으로부터 배워서 잘 인식하고 행동한다. 그래서 장례식장에서는 '우리 오늘 오랜만에 만났으니 즐겁게 놀자' 식의 말 대신 고인이 된 분에 대한 조문을 하고, 유족들에게 위로의 말을 건넨다. 이런 커뮤니케이션 행위여야 장례 상황에서 적절한 커뮤니케이션인 것이다.

커뮤니케이션 행위가 의식적이고 지적인 행위임을 인식하고 커뮤니케이션하는 것은 중요하다. 자신의 의도를 제대로 담아서 전달하지 못하면 자신이 바라는 충족은 이루어질 수 없기 때문이다. 이 때 자신처럼 상대도 욕구의 충족을 위해 커뮤니케이션 한다는 점을 의식하고 이해할 필요가 있다. 나의 상대 또한 자신의 의도를 담아서 말을 하는 것이다. 자신이라는 존재와 타인이라는 존재가 동시에 말을 주고받으며 상호작용하고 상호이해 하려는 과정은 쉬운 일이 아님도 인식해야 한다. 이 과정은 서로의 의도를 충족하려고 말로 밀고 당기는 복잡한 과정이다. 따라서 중요한 점은 자신의 '말을 하는 이유'를 분명히 인식하고 또 적절하게 표현하는 것이 중요하다. 말은 상대와 주고받는 쌍방향의 과정이라는 점을 이해하면서, 자신의 말하는 이유를 분명하게 하는 것이 소통의 광장을 가꾸는 길이다.

840가지나 되는 말하는 이유

인간은 왜 말을 하는가? 사람은 왜 커뮤니케이션을 하는가에 대한 근래의 연구들 중에서 대표적인 것으로 루빈(Rubin), 펄스(Perse), 버베이토(Barbato) 등 여성학자 세 사람에 의한 체계적인 조사가 있다. 이들은 먼저 성인인 연구 대상자들에게 일주일 동안 다른 사람들과 어떤 내용의 커뮤니케이션을 주고받았는지에 대하여 개방식 질문 형태(open ended questions)로 물었다. 연구 대상자들은 언제, 어디서, 누구와 어떤 이유, 어떤 내용으로 대화했는지에 대해 자세하게 일지를 작성하였다.[5]

일지에 나타난 말하는 이유는 모두 840가지였다. 이 840개 이유들은 전문가들에 의해 유사한 내용을 하나의 그룹으로 묶는 절차를 통해 15개 범주로 압축되었다. 15개 범주는 •상대방에 대한 관심 •기분전환 •동료라는 감정을 얻기 위해 •습관적으로 •시간을 보내기 •오락으로 •사

소통하는 인간, 호모 커뮤니쿠스

840가지나 되는 말하는 이유를 정리하면 크게 여섯 가지로 분류할 수 있다.

회적 교류 •흥분해서 •정보습득 •도피 목적 •학습 목적 •편리함 때문에 •사회적 규범 •통제하기 위해 •감정표현 등이었다.

연구자들은 이 15개 범주를 보다 심층적으로 조사하기 위하여 각 범주마다 4개씩의 구체적인 질문 문항을 만들었다. 이렇게 만들어진 총 60개 문항에 대하여 504명의 응답자에게 '자신이 동감하는 정도'를 표시하

제4장 — 우리가 말을 하는 이유

도록 했다. 양적 분석을 위한 통계처리를 거쳐서 이 연구에서 밝혀진 다른 사람에게 말을 하는 이유는 6가지였다.

첫째는 '기쁨과 즐거움을 주기' 때문이었다. 재미있고, 흥미로우며, 자극을 주고, 오락하는 기분을 제공하고, 만족감을 주고, 기운을 북돋워주기 때문에 다른 사람에게 말을 한다는 것이다.

두 번째 이유는 좋은 감정을 표현하는 애정과 친교를 교감하고 나누기 위해, 다른 사람에 대한 관심, 다른 사람을 돕고, 감정을 교류하고, 다른 사람을 배려하고, 감사함을 전달하는 것과 같은 '공감을 얻기 위해서'였다.

세 번째 이유는 '유대감'을 나누기 위한 것이었다. 다른 사람과 인간관계를 형성하고 감정을 공유하고 외로움을 극복하기 위해서 같이 얘기할 사람이 필요하고, 내 문제를 얘기하고 싶어서 말을 했다.

네 번째는 현실에서 잠시 벗어나려는 '현실 도피'가 주된 동기였다. 다른 할 일이 없거나, 지금 하는 일에서 벗어나거나, 책임감과 중압감에서 도피하고, 할 일을 미루려는 등의 이유를 포함한다.

다섯 번째는 자신의 감정과 기분을 조절하기 위한 '기분전환'이 목적이었다. 스스로 편안함을 찾고, 답답함을 풀며, 기분 좋은 휴식으로 긴장감을 덜어보고자 다른 사람과 얘기를 나누었다.

마지막으로 여섯 번째는 다른 사람에게서 동의를 얻을 목적에서 하는 커뮤니케이션이다. 다른 사람이나 어떤 상황을 지배하려는 '통제' 욕구를 반영한다. 타인에게 어떤 것을 해달라고 요청하거나, 무엇을 하라고 지시하거나, 자신에게 없는 것을 얻고자 말을 하는 경우다.

소통하는 인간, 호모 커뮤니쿠스

물론 이 연구 하나가 사람들이 커뮤니케이션을 하는 이유 모두를 밝히고 있는 것은 아니다. 그러나 이 연구의 결과인 6가지 이유에 '정보를 얻기 위해서' '상대에 대하여 더 알고 싶어서' '세상 돌아가는 것이 궁금해서' '상대에 대한 불확실성을 해소하기 위해서'와 같은 정보를 얻기 위한 이유를 추가하면 사람들이 왜 말하는가에 대한 보편적인 이유는 망라하는 것으로 볼 수 있다.

사실 잘살아보겠다는 성취동기가 높고 타인의 눈길을 많이 의식하는 한국인들에게 정보에 대한 욕구는 매우 강한 편이다. 시대의 흐름도 근래로 올수록 정보의 중요성이 강조되고, 삶의 질을 결정하는 데 정보의 비중이 높아지는 추세이다. 커뮤니케이션을 하는 이유는 개인과 시대를 반영하며, 독특하고 차별성을 지닌다.

커뮤니케이션의 이유는 천차만별

커뮤니케이션 학자들은 상황이나 조건에 따라 커뮤니케이션하는 이유가 달라진다고 본다.[6] 예를 들어 나이나 세대에 따라서도 말하는 이유는 차이를 보인다. 젊은 청년들은 주로 상대방에게 말하는 행위를 통하여 기쁨과 즐거움을 얻고, 자신의 애정을 표현하고, 친교를 쌓고, 현실의 복잡하고 부담을 주는 것들로부터 도피하려는 동기에서 커뮤니케이션하는 경향이 높다.

반면에 나이 든 노년의 어른들은 커뮤니케이션을 통하여 주로 상대방과 애정을 주고받고 싶은 욕구, 자신들이 어떤 생각을 하고, 입장은 무엇인가를 전달하고 싶은 욕구에서 다른 사람과 말하고 이야기를 나눈다.

남성과 여성의 성별에 따른 차이도 있다. 여성은 남성에 비해서 기쁨을 얻기 위해, 감정을 교류하기 위해, 다른 사람과 동행한다는 기분을 얻기 위해, 기분전환하고 싶은 욕구를 충족하기 위해 커뮤니케이션한다. 이에 비해 남성은 다른 사람이나 상황을 자기 생각대로 통제하려는 욕구를 충족하기 위한 동기가 강하다.

국가적 요인도 영향을 미친다. 미국 사람과 멕시코 사람들을 비교한 연구에서는 미국인들이 멕시코인들에 비해서 통제, 기분전환, 도피 욕구 충족을 위한 커뮤니케이션 행위를 더 빈번하게 하는 것으로 밝혀졌다. 이처럼 말을 하는 이유는 연령, 성별, 인종, 문화 등 다양한 조건들에 영향을 받는다.

심리적인 요인도 커뮤니케이션 동기에 영향을 미친다. 다른 사람들과 교류가 잘 이루어지고 자신의 생활에 만족도가 높은 사람들은 즐거움을 얻고 주위 사람들과 함께 감정 교류를 하고 싶어 커뮤니케이션한다. 이에 반하여 신체의 기동성이 떨어지고 건강이 좋지 않은 노인은 자신의 상황을 개선하고 편안함을 얻고자 다른 사람에게 말을 하였다. 자신의 행동이 자신의 의지보다도 외부 요인에 따라 결정된다고 믿는 사람들은 대체로 생활에 대한 만족도가 낮았다. 이들은 자신의 생각대로 행동할 수 있다고 믿는 사람들보다 현실 도피, 시간보내기, 친교 나누기의 이유에서 커뮤니케이션 행위를 하는 것으로 밝혀졌다.

좋은 커뮤니케이션은 멋있는 결과를 가져와

필자는 커뮤니케이션학을 가르치는 교수로 강의 시간에 우리가 접하는 커뮤니케이션의 양과 질이 좋으면 여러 가지 좋은 결과가 많아진다고 학생들에게 역설한다. 좋은 결과의 예로는 지식이 증가하고, 선택권이 높아지며, 불안감이 줄어들고, 자신감이 늘어나고, (다소 무리와 과장이 개입할 여지가 있음을 알지만) 멋있는 이성과 연애할 가능성도 대폭 높아지고, 데이트를 성공적으로 이끌 수 있는 능력도 높아진다고 강조한다. 불확실성은 줄어들고 예측력은 높아져서 무슨 철학관이라는 간판을 내걸고 인간의 미래를 예측한다고 구라를 풀어놓는 점쟁이들보다 훨씬 더 미래를 잘 설명하고 인도할 수 있다고 강변한다. 심지어 대다수 인류의 염원인(?) 돈도 훨씬 많이 벌 수 있다고 장담해 마지않는다.

우리 인간은 참 민감한 존재이다. 떨어지는 낙엽을 따라 마음도 같이 떨어지고, 봄 들판에 머리를 내민 이름 없는 잡초에서도 우주가 전하는 생명의 소리를 듣는 감정의 동물이다. 그런 내면의 감정을 표현하고 충족하기 위해 사람은 커뮤니케이션을 한다. 퍼덕이는 청춘을 통과하며 간절했던 '그리움' 같은 것도 그런 것이다.

타인이나 상대방에게 말을 하는 커뮤니케이션이 얼마나 인간에게 치명적으로 본질적인 본능인가 하는 점은 앞서 얘기한 영화 〈캐스트 어웨이(cast away)〉를 생각하면 된다. 무인도로 조난당한 주인공이 물리적인 생존이 가능해지고 나서부터는 커뮤니케이션을 할 수 있는 상대를 만들어서라도 이야기하고 싶어 하는 인간이다.

이유가 분명하면 결과가 좋다

말을 하는 이유는 단순히 커뮤니케이션을 하는 행위 자체로 끝나지 않고 다른 여러 가지 결과에도 영향을 미친다. 교수로서 경험에 비추어 보면, 수업시간에 정보습득과 참여욕구가 강하고 선생과 의사소통의 욕구가 높은 학생들은 교수에게 질문을 더 많이 하고 의견 교류도 더 활발히 한다. 이 학생들은 습득하는 지식의 양이 더 많았고 더 나은 성적을 얻었다. 또한 수업에 대한 욕구가 낮은 학생들과 비교할 때 수업에 대한 만족도가 높았으며 수업을 진행하는 교수와 강의 내용을 긍정적으로 평가했다. 이런 필자의 경험은 이미 국내외 연구에서 실증되어 왔다.[7]

말을 하는 이유는 다른 사람과 커뮤니케이션할 때 적절한 전략과 행위를 고려하는 선행조건으로 작동한다. 따라서 아무런 생각 없이 커뮤니케이션하는 것보다는 어떻게 할 것인가에 대해 의식하는 습관을 기르고 스스로 훈련해 보는 것이 자신의 욕구를 충족하고 목적을 성취하는 데 효율적이다. 생각해 보지도 않고 마구잡이로 커뮤니케이션하는 경우와는 진행 과정은 물론 결과가 확연히 다르다.

필자의 주변에도 닥치는 대로 마구 말을 하는 사람들이 있다. 이들은 주위 사람들로부터 경박하고, 무계획적이고, 말만 앞세우고, 실천력이 떨어진다는 부정적인 평가를 받는다. 심지어 신뢰성이 떨어져서 믿을 수 없다는 치명타를 선고 받는다.

말을 할 때 생각하고 의식해 본다는 것은 거의 자동화된 습관 같은 과정이다. 치밀한 기획과 엄청난 시간을 요구하는 것은 아니다. 어떤 의

소통하는 인간, 호모 커뮤니쿠스

도로 자신이 커뮤니케이션할 것인가에 대해 구체적인 목표와 표현을 잠시 생각해 보는 정도로 충분하다. 결코 하던 일을 멈추고 전적으로 말에 매달려야 하는 일이 아니다. 흐름을 방해하지 않는 정도의 인식을 가지고 스스로 연습해 보는 정도면 된다. 아주 작은 의식과 고려로 자신이 의도하는 커뮤니케이션 효과를 얻을 수 있다면 시도해볼 가치는 충분할 것이다.

남녀 간의 데이트 상황에서도 마찬가지다. '나는 내 애인의 기분을 상하게 하고 싶지 않다' '갈등 상황을 피하려고 한다' '좋은 관계를 더 진전시키겠다' '즐거운 시간을 보내야지'와 같은 생각은 데이트를 시작하기 전에 당연히 마음먹는 것들이다. 그렇더라도 상대를 만나서 무조건 말을 던지지 말고, 먼저 자신의 오늘 데이트의 의도와 커뮤니케이션 방법을

제4장 — 우리가 말을 하는 이유

의식하고 대화를 시작하는 것이 좋을 것이다. 그러면 상대를 더욱 배려하게 되고, 두 사람 사이에서 발생할 수도 있는 갈등의 가능성은 낮아지고, 갈등이 발생하는 경우에도 해결할 가능성은 높아진다.

말을 할 때 말하는 이유를 확실하게 하면 커뮤니케이션을 통한 욕구 충족이 높아진다. 누구와 무엇에 대하여 어떻게 커뮤니케이션할 것인가에 대한 선택을 적극적으로 고려함으로써 열린 소통을 하는 데도 효율적이다. 소통은 의견을 전하기만 하는 일방향 커뮤니케이션이 아니다. 상호 간에 생각과 주장을 교류하는 쌍방향 커뮤니케이션이다. 의도가 분명하면 서로 간에 존재하는 차이를 허심탄회하게 조율하는 것이 용이하다.

또한 다른 사람도 자신처럼 의도를 가지고 있는 것으로 이해하기 때문에 의견의 차이가 발생한다 해도 상호이해의 장애라고 보기보다는 소통으로 해결해야 할 필연적인 과정으로 여기게 된다. 상대를 무조건 부정하려는 태도를 가지지 않게 하는 것이다. 시간이 걸리더라도 서로 간의 의견 차이를 자연스럽게 여기며 대화를 통하여 문제를 해결하는 것이 사람들 사이의 좋은 관계와 신뢰할 수 있는 공동체 형성에 가장 확실하고 효율적인 방법이라고 믿고 행동하게 된다. 따라서 개인적 의견 차이의 문제를 확대하여 사회적 차별로 연장하는 잘못된 일반화도 적어질 것이다.

말하기 교육이 생활화되어야

커뮤니케이션을 제대로 이해하고 활용하는 것은 영어 공부나 컴퓨터

교육, 미디어에 대한 교육 못지않게 중요하다. 오히려 더 중요하다. 인간의 삶과 생활, 다른 사람과의 관계, 사회의 건강성은 커뮤니케이션을 통해 형성되고 발전된다. 어릴 적부터 체계적으로 말하기에 대한 교육과 훈련이 이루어져야 하는 까닭이다.

현재 말에 대한 교육은 일부 대학에서 선택적으로 이루어지는 실정이다. 그러나 바람직하기는 대학생이 되기 이전의 어린이 시절부터 공교육 과정에 포함하는 것이다. 아이들이 부모로부터 말을 배우며 '엄마'나 '맘마' 같은 기본적인 단어들을 한 가지씩 깨우쳐 나가면 사람들은 그걸 보고 손뼉을 치며 반가워하고 소리치며 환호한다. 그렇게 신나고 즐거운 분위기 속에서 하는 말하기 교육이 생활화되었으면 한다.

서양에서 커뮤니케이션 교육은 아주 강조된다. 특히 자신의 의도를 어떻게 명료하게 메시지를 구성하여 잘 표현하고 전달하는가에 대한 실습을 포함하는 교육은 가장 기본이 되는 학과목으로 학생들은 의무적으로 들어야 한다. 대학에서 말하기 교육은 (명칭은 다양하지만) 일종의 교양필수과목이다. 자신의 전공에 관계없이 졸업을 하려면 누구나 필수적으로 수강하고 학점을 따야 하는 과목으로 선정되어 있다. 이공계를 전공한 학생도 이 과목(들)을 이수하게 하는 학교가 매우 많다.

스피치에 대한 이러한 강조는 초중고등학교에서도 마찬가지다. 스피치와 토론 콘테스트에서 승리하는 학생들은 지역의 작은 행정 구역에서부터 시작하여 큰 행정 구역의 콘테스트로 진출하여, 마지막에는 전국 스피치 콘테스트에 진출하게 된다. 이 콘테스트에 참여하는 학생들은 요즘 말로 인기 짱이 된다. 특히 우승자는 우리가 알고 있는 유명한 스포츠 선수 못지않은 인기를 누린다. 전인교육의 측면에서는 품성을 인정받아서 어떤 다른 분야의 우승자보다 크게 주목받고, 멋있는 선남선녀들로부터 데이트 신청이 넘쳐나며 향후 진로에도 아주 긍정적인 영향을 미친다. 서양 사회가 중요하게 여기는 '인간의 품격'을 잘 갖춘 자격자로 보기 때문이다.

말에 대한 교육은 말을 하는 이유를 생각하는 것에서부터 시작하고, 반드시 실제로 계획하고 준비했던 행동으로 옮기는 것을 포함해야 한다. 말을 하는 이유를 생각하고 인지해 본다는 것은 커뮤니케이션이 이루어지는 상황과 상대, 그리고 자신과 상대의 관계를 과학적으로 분석하고, 그 자료에 입각해 이해한다는 의미이다. 그렇게 이루어지는 커뮤니케이션은 좋은 결과를 낳을 가능성이 매우 높아진다. 커뮤니케이션 행위는 혼자서 하는 것이 아니고 상대와 함께 하는 행위이다. 다시 말해 사람과 사람 사이에 의미의 공유를 이루어가는 과정이므로 효율적인 말의 기술과 방법에 대한 훈련은 당연히 필요하다. 커뮤니케이션은 나만의 의미나 너만의 의미로 각개로 가는 것이 아니다. 너와 내가 의미의 공유를 통해 형성해가는 상호이해의 과정이다.

인간은 커뮤니케이션을 통해 공유하는 만큼 이해하고 존재하는 동물, 호모 커뮤니쿠스(Homo Communicus)이다.

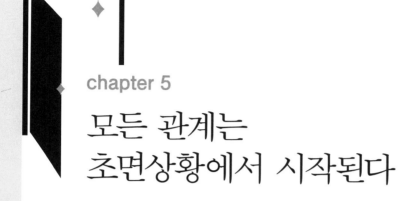

chapter 5

모든 관계는
초면상황에서 시작된다

특히 처음 만나는 초면상황에서 관계의 형성이 중요하다. 왜냐하면 사람들의 관계는 제각기 천차만별이지만 상대와 처음 만나는 초면상황을 거친다는 공통점이 있기 때문이다. 모든 관계는 초면상황이라는 공통의 관문에서 시작된다. 이런 이유에서 초면상황에서 사람들의 커뮤니케이션 행위를 이해하는 것은 사람들의 관계 형성과 발전 그리고 해체의 과정을 이해하는 데 기본이 된다.

제5장

○

모든 관계는
초면상황에서 시작된다

— 불확실성 감소를 위한 커뮤니케이션

●

처음 만난 남녀가 어떻게 해서 백년해로를 다짐하는 부부의 인연을 맺게 되는 걸까? 결론부터 말하면 그건 사랑이라는 묘약 때문이다. 그럼 사랑의 묘약의 성분은? 외모, 돈, 학벌, 집안, 직업, 건강……. 모두 틀린 건 아니지만 모두 맞는 것도 아니다. 필자에게 가장 확실한 성분 하나가 무엇이냐고 묻는다면 답은 진솔한 커뮤니케이션이다. 상대의 말을 잘 들어주는 커뮤니케이션, 상대를 배려하는 커뮤니케이션이 묘약이다. 신뢰의 커뮤니케이션이 마법의 성을 쌓는다.

필자가 제자들이나 선후배 자녀들의 결혼 주례를 하면서 경험적으로 체득하고 분석한(?) 결과이다. 생면부지의 선남선녀가 천하를 헤매다가 설명이 불가능한 기막힌 인연으로 신랑과 신부가 되어 부부로서 일평생을 같이하는 결혼. 사랑과 결혼의 경이로움은 기분 좋은 커뮤니케이션을 통하여 발생하는 것임을 확신한다.

진솔한 커뮤니케이션이 사랑의 묘약

필자는 주례를 부탁해 오면 예비부부에게 통과의례로 몇 가지 주문을 한다. 예비 신랑과 신부에게 ① 왜 이 사람을 나의 배우자로 선택하는지 이유 세 가지, ② 배우자에게 앞으로 바라는 것 세 가지, ③ 배우자에게 무조건 베풀고 싶은 것 세 가지를 적어내라고 한다. 이 주문의 중압감이 만만치 않아서 답변에 꽤 시간이 걸린다는 후일담이다. 하지만 앞으로 살아가면서 부부의 인간적인 관계에 때때로 변화무쌍한 기후변화 같은 풍파가 몰려올 수 있고, 어떤 때는 헤쳐가기 힘든 세찬 폭풍우가 되어 부부 주위에 머물며 어려움을 야기할 수도 있다는 생각에 밀고 나간다. 이 9가지 답변을 작성하기 위해 두 사람이 함께 혹은 혼자서 숙고했던 시간과 다짐을 명심하고 되새기면 백년해로에 도움이 될 수 있다는 믿음에서다. 그래서 결혼식 준비에 경황이 없는 이들에게 다소 부담스러울 수 있는 주례의 전제조건을 거두어들일 생각이 없다.(결혼 준비로 너무 바쁜 시기에 중노동이라는 생각에서 근래에는 앞의 ①과 ②만을 요청한다. 아직까지 약효는 명료하다. 물론 부부의 변함없는 선한 의지가 최고라는 전제는 너무 맞는 얘기다.)

주례를 부탁하는 젊은이는 누구인가! 상대방을 나의 남편, 나의 아내로 맞이하여 검은 머리가 파뿌리가 되도록 살아보겠다는, 다시 돌릴 수 없는 단 한 번뿐인 일생일대의 결정을 한 위대한 용사들이 아닌가! 서로가 서로를 맡기고 받아들이며, 상대의 과거·현재·미래의 불확실성을 모두 사랑으로 제압하고 절대적인 신뢰의 바탕 위에서 유일무이한 합의를 이끌어낸 마술사들이 아닌가!

오직 사랑만을 믿는 연금술사들이 아니면 필자의 9개 질문을 답하기란 쉽지 않을 것이다. 사람이 아니고 결혼 자체가 목적이 되어 속성으로 뚝딱 올리는 급조 결혼, 신분의 급상승을 이룬 이들의 비즈니스 같은 결혼, 당사자들이 아니라 양가의 부모들이 앞장서서 주도한 결혼, 무슨 아파트나 금전을 주고받는 잘못된 만남의 결혼 당사자들은 이런 심문을 하는 주례를 청하여 결혼식을 올리지 않을 것이다. 무슨 수로 한두 가지도 아니고 9가지 모두를 꾸며낼 수 있겠는가. 그런 귀찮은 절차는 절대 사절일 것이다.

필자는 남녀상열지사가 무제한으로 허용되는 이 좋은 시대에 펄펄 끓는 고온의 연애, 모험, 낭만으로 심신이 지치고 끝내는 그만 때려치워야 하는가 하며 마음을 앓는 극도의 진통을 거친 후의 결정이 아니라면, 진주처럼 영롱한 결혼과는 한참 거리가 멀다고 생각한다.(필자가 청춘의 열정을 바쳤던 대학 시절의 학교 신문사는 동료나 선후배끼리 연애를 하면 그만두어야 한다는 불문율이 있었다. 하지만 우리 신문사 동인들 중에는 그 삼엄했던 감시와 불문율을 극복하고 결혼에 성공한 경우가 몇 있다. 필자도 그 몇 커플에 해당한다. 그때 주례를 해주신 존경하는 팽원순 선생님도 9개의 질문 같은 것을 하셨다면…….)

예비 주례의 엄정한 질문에 예비부부들이 온 힘을 다하여 성실하게 답해온 이유들 중에서 가장 자주 등장하는 내용은 상대방과의 커뮤니케이션이 지니는 가치에 대한 언급이다. 좋아하게 된 이유의 선두 그룹은 자신의 말을 잘 들어주고 이해해주고 따라주려고 했다는 것이다. 고운 말을 사용하고 품위 있는 말로 자신의 의견이나 주장을 전달하는 예의 바름이 좋다는 것. 한번 말한 약속은 꼭 지키려는 신의가 있는 사람이라는 것. 달리 표현하면 서로 간에 진실한 커뮤니케이션이 잘 이루어지므로 어떤 어려움이 닥쳐도 서로 상의하고 서로 말한 것을 믿으며 살아가노라면 행복할 수 있다는 확신이다. 서로 '말이 통한다'는 의미이고, 서로 '소통이 된다'는 뜻이다. 그래서 필자는 주례사에 부부 사이에 커뮤니케이션이 지니는 의미와 가치에 대한 당부를 꼭 끼운다.

좋은 소통이 백년해로의 비결

다음은 어느 바리톤 성악가의 노랫말처럼 '10월의 어느 멋진 날에 한 주례사의 일부이다. 이 커플도 필자가 요청한 질문에 상대가 무슨 답변을 하는가에 대해 마지막까지 서로를 진지하게 의심하는(?) 과정을 거쳐서 성실한 답변을 제출했음은 물론이다.

　　신랑과 신부는 ○○회사에 함께 근무하고 있습니다. 같은 직장에서 많은 동료들과 함께 일하면서 경쟁과 감시의 눈길을 피해 연애를 하고 결혼으로 골인할 정도이면, 그 치밀한 기획력과 과감한 결단력을 평가하기에 어려움은 없습니다. 그것도 세계경제에서 큰 비중을 차지하고 있는 한국경제, 그중에서도 최일선 첨단인 증권 분야에서 일으킨

사랑의 거사이니 재치와 돌파력 또한 요즘 유행하는 표현으로 하면 글로벌 수준입니다.

이런 사랑은 아무나 할 수 있는 사랑이 아닐 것입니다. 이 모든 것들은 주위의 눈과 귀와 입을 감당하고 충족시킬 수 있는 공수에서 수준 높은 커뮤니케이션 기술을 겸비해야 가능합니다. 그리고 무엇보다도 신랑과 신부가 서로에 대한 불확실성을 제로로 감소시킬 수 있는 커뮤니케이션의 귀재라야 할 수 있는 사랑일 것입니다. …… 이에 걸맞게 신랑과 신부는 '무슨 일이든지 서로 인내하고 상의하며 사는 것이 중요하다'고 했습니다.

다음은 부부간에서 진솔한 대화의 중요성입니다. 진솔한 대화는 상투적이고 의례적인 의사소통을 뜻하는 것이 아닙니다. 아내와 신랑이 자신의 생각과 판단 그리고 느낌을 함께 나누고 공유하는 것을 의미합니다. 좋은 일이나 궂은일이나 침묵하지 않고 대화함으로써 자기 위주의 울타리를 허물고 당신과 내가 하나 되어 우리의 세상을 만들어 가자는 의지를 표현해야 합니다.

상대방의 입장이 되어 보려고 노력하며 서로를 알리고, 알게 할 때 상호 신뢰의 폭은 넓어지고 부부의 신뢰는 단단해진다는 사실을 마음에 새겨주시기를 부탁드립니다. …… 그리하면 신랑과 신부는 서로에게 새로운 시작이자 끝이 되는 겁니다. 나는 너의 끝, 너는 나의 끝. 그렇게 서로의 끝이 되어 신랑과 신부로, 부부로 새로운 시작을 하는 것입니다.

소통하는 인간, 호모 커뮤니쿠스

세상의 모든 만남은 초면상황을 거친다

신혼부부만 로망이 있는 것은 아니다. 지금은 다소 아련해졌을지라도 참 괜찮았던 시절의 아내와 남편을 기억해보자. 어떤 과정을 거쳐 지금과 같은 부부 관계로 진전돼 왔는가를 생각해보면 창피하되 재미있고, 이상하되 싫지 않은 복합적인 에피소드가 수없이 눈에 아롱거릴 것이다.

전혀 다른 생활환경에서 서로 다르게 자란 사람들이 처음 만나서 인간관계의 최후이자 최고의 성취 단계인 결혼으로 골인한 것을 '운명이었다'고 짧게 단칼성 표현을 하면 너무 건조하고 상투적이고 시시하다. 그런 공식적인 만찬사를 외우지 말고 한 사건, 한 장면, 한 순간, 한 고비마다 수놓인 이야기를 더듬어보라. 어찌 그런 일이 가능할 수 있었는지.

부부 관계만이 아니다. 친구, 동료, 이웃, 동호회, 팀, 회사, 단체, 조직 등 복수의 사람들이 어울리며 맺는 관계의 과정과 결과는 단순치 않다. 서양음악으로 치면 현악기, 타악기, 금관악기, 목관악기들이 독특한 방식으로 어울려 실내악곡, 협주곡, 교향곡과 같은 결과물을 저마다 만들어내는 과정이다. 다양한 악기들 사이에 협조가 이루어지지 않으면 매력적인 음악은 탄생하지 못한다. 적절한 관계를 획득하고 조화를 이루어야 아름다운 음악이 탄생하는 것이다.

사람의 만남도 마찬가지다. 적절한 관계를 이루어야 향기로운 음악이 울려 퍼질 수 있다. 특히 처음 만나는 초면상황에서 관계의 형성이 중요하다. 왜냐하면 사람들의 관계는 제각기 천차만별이지만 한 가지 공통점

모든 인간관계는 상대와 처음 만나는 초면상황의 커뮤니케이션을 거쳐야 한다.

은 상대와 처음 만나는 초면상황을 거친다는 점이다. 모든 관계는 초면상황이라는 공통의 관문에서 시작되는 것이다. 이런 이유에서 초면상황에서 사람들의 커뮤니케이션 행위를 이해하는 것은 사람들의 관계 형성과 발전 그리고 해체의 과정을 이해하는 데 기본이 된다.

입장, 심화, 출구의 3단계

커뮤니케이션학 연구에서 사람들이 서로 처음 만나는 초면상황을 대상으로 한 연구 중에서 유명한 것은 불확실성 감소 이론(uncertainty red-uction theory)이다. 이 이론은 서로 모르고 지내던 타인들이 처음으로 만난 상황에서는 서로의 불확실성을 줄이기 위해 커뮤니케이션 행위를

소통하는 인간, 호모 커뮤니쿠스

한다는 주장이다. 초면상황에서 커뮤니케이션 행위에 대한 이해와 예측을 높이려고 버거와 캘러브리즈(Berger & Calabrese)에 의해 1975년에 제안되었다.[1]

불확실성 감소 이론은 태생적으로 순수 커뮤니케이션학 혈통을 지닌 이론이다. 무슨 뜻인가 하면 1900년대 들어 기존의 학문분야와 비교해 늦게 출발한 후발 학문인 커뮤니케이션학은 심리학, 정치학, 사회학, 사회심리학, 인류학 등의 분야에서 연구되고 개발된 성과들을 이용하고 활용하는 특성을 지녔다. 그런 상황에서 불확실성 감소이론은 다른 학문분야에서 개발되지 않고 커뮤니케이션학 분야에서 개발된 최초의 커뮤니케이션 이론이라는 명성을 얻었다.

불확실성 감소 이론은 초면상황에서 사람들의 커뮤니케이션 행위는 세 단계를 거친다고 설명한다. 첫째 단계는 상대와 커뮤니케이션 행위를 시작하는 입장(入場) 단계이다. 사적인 질문이나 심리적 부담을 주는 정보 요청은 피하고 일상적인 규범이나 기초적인 예절을 지키는 선에서 커뮤니케이션이 이루어진다. 입장 단계에서는 상대의 외모에서 풍기는 첫인상을 통해 정보를 얻고, 초보적인 질문 등을 주고받는다. 교육, 취미, 직장, 고향, 음식, 가족관계 같은 외부적으로 이미 분명한 사회학적인 정보습득을 통해 상대에 대한 불확실성을 감소하려고 애쓴다.

두 번째 단계는 상대방에 대한 보다 심층적인 정보를 얻고자 하는 심화 단계이다. 특정한 사안에 대해 서로의 의견을 교환하며 상대방의 성향이나, 가치관, 신념, 종교, 개인적 정보를 얻으려고 한다. 입장 단계에 비해 정해진 관습에 덜 얽매이는 보다 자유로운 커뮤니케이션이 이루어지는 단계이다. 어떤 사안이나 현상에 대해 구체적인 입장이나 태도, 긍정/부정/중립의 개인 성향을 파악할 수 있는 정보를 교환한다.

세 번째는 출구 단계로 상대방과의 관계를 앞으로 지속할 것인지 아니면 그만둘 것인지를 결정하는 단계이다. 따라서 상대와 관계를 유지할 것인지, 종료할 것인지를 결정하는 판단에 도움이 되는 정보를 수집한다. 의견 교환과 비교 대조, 토론 등의 커뮤니케이션 행위가 활발해지는 단계이다.

불확실성 감소 이론에 따른 초면상황을 살펴보자. 물으나마나 처음 만난 사람과 나눈 커뮤니케이션 행위의 압권은 뭐니뭐니해도 이성과의 소개팅이다. 지금 생각해도 가슴 뛰는 그리운 추억을 통해 초면 커뮤니케이션의 3단계를 살펴보자.

'혹시나 했지만 역시나'라든가 혹은 '귀인이 동쪽에서 온다'는 신문의 주말 운수를 마음에 헤아리는 복잡한 심경으로 만난 상대방. 서로 간의 불확실성을 감소시키기 위한 작업을 시도하는 것이 입장 단계의 표준 코드이다. 전문적인 사냥꾼들은 좀 다르겠지만 보통의 경우에는 회사, 직업, 학력에 대한 귀띔 정보 외에는 아는 것이 별로 없다. 궁금하긴 하지만 상대방의 적진(?) 깊숙이 들어가는 것은 금물이다. 재수 없는 인간으로 치부되어 심리적으로 거부감을 일으키고 추방되기 때문이다.

그래서 사적인 정보나 심층적인 정보라고 생각되는 것은 피하고 신상, 취미, 일상생활 패턴 등에 관한 정보를 수집하면서 상대를 사회학적으로 탐색한다. 작금의 인터넷에서 쉽게 발견되는 초기 단계의 질문 목록도 필자의 젊은 시절과 다를 바 없다. 주로 상대방에 대한 인구통계학적

·사회학적 불확실성을 감소하려는 정보들이 여전히 입장 단계의 주류임을 알 수 있다.

"어떤 일을 하세요? …… 영화 좋아하세요? 최근에 본 영화는? 좋아하는 음식, 가수, 노래, 연예인은? …… 시간 남을 때는 뭐하세요? 취미는 무엇인가요? 형제 관계는 어떻게 되세요? 댁은 어디세요? 주량은 어느 정도세요? …… 화제가 되고 있는 TV 프로그램에 대한 견해는?" 등등. 대답하기 곤란하지 않은 사실 탐색형 정보를 대상으로 하는 질문들이다.

두 번째인 심화 단계는 상대에 대한 다양하고 사적인 정보 공유를 통해 보다 심층적으로 불확실성을 감소시키려는 노력을 시도한다. 개인의 태도, 가치관에 대한 질문, 서로 간의 유사성과 차별성에 대한 비교 등 입장 단계보다는 깊숙한 질문과 정보를 교환한다.

"근무하는 PR 회사는 무엇을 하는가요? 회사에서 주로 하는 업무는 어떤 건가요? 보너스와 인센티브 제도는? …… 조승우가 주연으로 나오는 뮤지컬 닥터 지바고와, 오마샤리프가 주연한 영화 〈닥터 지바고〉 중에서 라라의 노래는 어느 쪽이 왜 더 좋은가요? 지바고가 피신해 있던 바리키의 외딴 집의 아침 창에 붙어 있던 성에의 아름다움은 제게는 전율이랍니다. 동감하시죠? …… 이성 간의 교제에서 중요한 것은 무엇이라고 생각하세요. 외모, 마음, 학력, 집안, 수입, 신장, 코, 눈, 입술? …… 〈감마선은 달무늬 얼룩진 금잔화에 어떤 영향을 미쳤는가〉라는 연극의 제목에서 어떤 느낌을 받는지요?" 자유분방한 질문과 답변이 오간다.

이처럼 심화 단계에서는 개성이 드러나는 보다 적극적인 대화를 통해 상대방에 대한 구체적인 정보와 심층적인 정보 공유를 통해 심리적인 불확실성을 감소하려는 노력을 기울인다.

그리고 이러한 단계를 거쳐 앞으로 계속 만날 것인지, 만나지 않을 것인지를 결정하는 출구 단계를 맞게 된다. 한두 번 정도 더 만나볼 것인지 아니면 이 정도에서 그칠 것인가를 결정한다. 또한 관계를 계속 진전시키려면 어떤 식으로 진행할 것인가를 고려한다. 즉 상대방과의 커뮤니케이션을 통해 불확실성을 감소시킨 결과를 놓고 자신이 중요하게 여기는 것들과의 관련성에 대해 신중하게 판단한다. 커뮤니케이션을 통해 인지한 상대의 정보가 자신의 태도, 입장, 감정, 상황과 조화를 이루는가를 판단하고 향후 관계의 진행에 대해 생각하는 것이다.

이 단계의 판단에 따라 상대방과의 관계 형성과 발전 유형에 대해 결정한다. 결과가 부정적이라는 판단이 서면 이 초면 관계는 더 이상 유지되지 못하고 해체된다. 물론 긍정적이면 관계가 유지된다. 초면상황의 커뮤니케이션이 사람들의 관계에 큰 영향을 미치는 것이다.

부실한 초면상황 커뮤니케이션으로 멍드는 국제결혼

초면상황에서 상대에 대한 불확실성을 감소시키는 커뮤니케이션이 잘 이루어지지 않으면 좋지 않은 결과가 생기는 것은 당연하다. 동남아 국가에서 국제결혼으로 한국으로 이주한 여성들이 한국인 남편으로부터 폭언과 폭력에 시달리다가 끔찍한 범죄에 희생되는 사건이 빈번하다. 특정한 시기나 장소가 아니라 아주 일상적이고 보편적인 사회문제가 되고 있다. 우리나라의 경우만이 아니고 다른 국가들에서도 문제가 되고 있는데, 초면상황에서 상대에 대한 불확실성을 줄여 나가는 과정이 매우 허술했기 때문일 것이다.

다음 글은 필자가 2010년 상반기에 〈중앙일보〉에 기고한 시평들 중에서 '우리 안의 아파르트헤이트'라는 제목의 칼럼 일부이다.

> ……대한민국 국민이라는 사실에 자괴감을 느껴야 했던 사건도 있다. 바로 지난달 한국 남성과 자국 여성들의 국제결혼을 당분간 중지시키겠다는 캄보디아 정부의 발표였다. 도착한 다음날 아침에 신붓감을 선택하고 오후에 건강검진을 받고 이튿날 저녁에 결혼식을 올리는 아연실색할 행태 때문이라니 캄보디아의 조치를 십분 이해하고도 남음이 있다.
>
> 노예문서를 연상시키는 여기저기 붙어 있는 '신부보증제' 광고나, 한꺼번에 수십 명 중 한 명을 고르는 인신매매성 맞선. 나라를 국제적으로 망신시키고 혐오하게 하는 낯 뜨거운 일이다.
>
> 그리고 정작 더 우울한 것은 그런 비인간적인 과정을 거쳐 한국에 이주한 여성들이 국내에서 당하는 부당한 차별과 그 자녀들에 대한 사회의 냉대이다. 가뜩이나 온갖 차별의식으로 갈등이 넘쳐나는 우리 사회에 어떤 이유로도 정당화할 수 없는 인종차별까지 어느새 뿌리를 깊게 내리기 시작한 것이다.……

이뿐만이 아니다. 결혼으로 이주한 여성들이 따돌림, 구타와 같은 물리적 학대와 문화의 차이에서 오는 심리적 학대를 견디다 못해 폐인이 되는 사례도 너무 많다. 심지어 남편의 무자비한 폭력으로 갈비뼈가 부러지고 온몸에 피멍이 들어 살해되는 사건도 여러 차례 발생하여 죽은 여성의 모국에서 분노의 항의를 받는 사례도 있었다. 이런 기막힌 문제를 야기한 중요한 원인의 하나는 초면상황의 커뮤니케이션이 부실하게 진행되었기 때문이다.(필자의 유학 시절에 만났던 분들로부터 들었던 얘기이다. 6·25 전쟁 이후 또 우리나라가 어렵게 살던 시절에 미군을 따라서 혹은 결혼하여 미국으로 이주한 상당수 한국 여성들도 말로 표현하기 어려운 차별을 받았다고 한다. 도시에서 떨어진 곳으로 간 분들은 한국 사람과 음식, 한국말과 한국 소식을 접하지 못하고 심리적 육체적 격리로 인해 창살 없는 감옥의 고통을 겪었다고 한다.)

외국 여성들은 여러 이유로 국제결혼의 맞선 자리에 서게 되었을 것이다. 하지만 그 열악한 상황에서라도 거짓 정보나 속성 진행이 아닌 초면상황의 3단계 커뮤니케이션이 제대로 이루어진다면 비극은 대폭 줄어들 것이다. 무조건 결혼을 성사시킨다는 예정된 코스 때문에 생략되는 두 번째, 세 번째 단계에 대한 제도적인 뒷받침이 이루어져야 한다. 그러면 다소나마 더 합리적인 판단을 하게 될 것이고 비극적인 결과는 줄어들 것이다.

혹자는 한국인과 국제결혼을 하는 동남아 여성들이 가난한 환경을 벗어나려는 기대와 결혼함으로써 얻게 되는 보상에 대한 생각이 앞에서

소통하는 인간, 호모 커뮤니쿠스

설명한 세 단계의 커뮤니케이션에 의한 판단을 압도한다고 생각할 것이다. 커뮤니케이션 학자 중에는 상대방에 대한 기대와 상대와의 관계에서 얻을 것으로 예상하는 보상이 관계 형성과 유지의 원동력이라고 주장하는 학자도 있다.[2]

그러나 이러한 기대와 보상도 커뮤니케이션을 통해서 불확실성을 감소한 결과로 보아야 할 것이다. 기대와 보상에 대한 예측이 작용하더라도 커뮤니케이션을 통해 상대와 관계에 대한 불확실성의 감소에 바탕 한다면 보다 정확한 판단이 이루어지고 불행한 경우는 적어질 것이다.

불확실성과 커뮤니케이션의 관계

초면상황에서 커뮤니케이션 행위와 불확실성의 상관관계에 대한 불확실성 감소이론의 주요한 내용을 간추리면 다음과 같다.[3]

① 서로 간에 정보의 교환이 증가할수록 불확실성은 감소한다. 상대와 교환하는 정보의 양이 많아질수록 상대방에 대한 지식이 많아진다. 이런 지식의 증가는 상대의 행동에 대한 예상과 반응에 대한 확실성을 높여주고 유용성이나 관련성과 같은 정보의 질에 대해 배려하게 한다.

② 상대의 배경, 태도, 외모 등에서 자신과 유사하다고 인식되는 정도가 증가하면 불확실성은 감소한다. 연령, 학력, 출신, 취미, 고향, 생활 관련 이슈, 사회문제 등에 대한 의견에서 두 사람이 일치하는 부분이 많으면 많을수록 서로 간의 불확실성은 줄어든다. 이러한 유사성은 상대에

게 매력을 느끼게 하는 역할을 한다.

③ 다른 사람은 알 수 없는 자신에 대한 비밀 정보의 노출은 친근감을 높여서 불확실성을 감소시킨다. 보통 타인에게 알려주지 않는 정보를 나에게만 알려줄 때 상대에 대해 친근한 감정을 가지게 된다. 우리도 살면서 그런 경험을 공유한다. 상대가 나를 특별하게 생각하고 있다고 생각하기 때문이다. 그런 상대에게는 나 역시 보다 심층적인 정보를 밝히게 된다. 상호 간의 비밀정보 교환은 서로에 대한 유대감을 높인다.

④ 불확실성이 감소하면 비언어적 커뮤니케이션 행위(눈 마주치기, 접촉하기, 가까이 다가서 앉기 등)가 증가한다. 상대에 대해 불확실성이 높으면 나의 행동이 상대와의 관계에 어떤 영향을 미칠 것인가에 대해 확신을 가지지 못한다. 따라서 커뮤니케이션 행위가 조심스러워지고 제약을 받게 된다. 하지만 불확실성이 감소하면 말을 통한 커뮤니케이션보다 더 솔직하고 자연스러운 비언어 행위는 증가한다. 말로는 하기 어려운 섬세한 감정들을 표현해 주는 비언어적 커뮤니케이션이 자연스럽게 늘어나는 것이다.

⑤ 불확실성이 감소하면 더 친밀한 메시지가 교환된다. 불확실성은 불안감을 야기하여 자유롭고 심층적인 커뮤니케이션 교류를 방해한다. 상대에 대한 불확실성이 감소하면 불안감이 감소하여 편안하고 자유로운 커뮤니케이션 상황이 조성되어 보다 심층적인 정보 교환이 가능해지고 정서적 유대감도 높아진다.

⑥ 불확실성이 줄어들면 상대를 더 많이 이해하게 되고 감정적인 느낌 또한 많아지기 때문에 서로 좋아하게 된다. 나아가 서로의 행동에 대

　　　　　　　　소통하는 인간, 호모 커뮤니쿠스

한 예측력이 높아진다. 즉 어떤 행동을 할 것인가와 그에 따른 반응이 어떨 것인지 예상할 수 있게 되므로 인지적 유연성을 높일 수 있다. 이런 유연성은 상대에 대한 이해력과 포용력을 높이고 서로에 대한 호감을 증가시킬 수 있다.

반면에 불확실성이 증가하면

⑦ 불확실성이 증가하면 토론하는 주제에 대한 친밀감이 감소하여, 충분한 토론이 이루어지지 않게 된다. 주제와 이슈를 다양한 측면에서 살펴보지 못하고 깊고 넓게 다루지 못함에 따라 정보가 부족하게 되고, 재미도 느끼지 못하므로 상대와의 커뮤니케이션 관계에 대해 친밀감이 떨어진다.

⑧ 불확실성이 높으면 서로의 커뮤니케이션이 줄어든다. 상대에 대해 아는 것이 없거나 모르는 사람일 때 정보 교환을 위한 시도가 매우 어렵기 때문이다. 상대가 관심을 가지고 있거나 좋아하는 토픽에 대해 지식이 없다면, 원만한 커뮤니케이션이 진행되기 어려운 것은 당연하다. 이미 시작된 커뮤니케이션도 중간마다 흐름이 끊겨 풍부하고 자유로운 정보 교환이 이루어지지 못한다.

물론 지금까지 말한 이런 불확실성과 커뮤니케이션의 관계도 상황과 조건에 따라 그 강도와 방향이 달라질 수 있다. 특히 기만, 속임수, 거짓말 같은 커뮤니케이션 행위가 개입되는 경우는 더욱 그렇다. 그런 조건에서는 불확실성이 감소할수록 악영향을 미치는 정반대의 현상을 초래하기도 한다.

예를 들어 직업의 정년이 보장되는 직장일수록 이런 사례가 많은데 필자가 속한 교수사회에서도 자주 발견되는 사례이다. 교수직에 임명되기 전과 임명된 후의, 주위 사람과 학생들을 대하는 커뮤니케이션 행위가 매우 달라지는 경우가 많다. 이런 경우에는 앞에서 살펴본 내용과는 다르게 그 사람에 대한 불확실성이 감소될수록 오히려 소통이 어려워지는 부정적인 커뮤니케이션 결과들이 증가한다.

불확실성 감소를 위한 3가지 전략

불확실성을 감소하기 위한 커뮤니케이션 전략으로는 3가지 유형이 있다.[4]

첫째는 소극적인 전략으로 상대방과 직접적인 커뮤니케이션을 하지 않고 상대를 관찰하는 방법이다. 회사, 미팅, 운동 장소, 교실, 카페, 기숙사 등에서 누군가와 얘기하고 있는 상대방을 지켜보고 정보를 수집하는 유형이다.

관찰의 대상이 되는 상대에게 노출되지 않는다면, 관찰하는 측에서 주도권을 갖고 여러 상황과 조건에서 다양한 방법으로 상대에 대한 불확실성을 줄이는 정보를 수집할 수 있다. 직접 대면하고 커뮤니케이션하기 곤란할 때, 상대가 자신을 의식하지 못하는 상황에서 상대를 알고 싶을 때 유용한 방법이다.

필자도 이 전략에 송두리째 노출되었던 경험이 있다. 우여곡절과 점입가경을 겪으며 연애를 한 끝에 결혼하기로 둘이서 만장일치로 합의하고 양가 부모님을 우선 뵙기로 했다. 나중에 장인이 된 분을 광화문 어느 커피숍에서 만났다. 결혼 후에 알았지만 장인은 혜안(?)을 지닌 직장 동료 두 분을 시켜 다른 자리에서 필자를 관찰하게 했다. 그 두 분은 필자를 적극 추천했다고 하는데, 아마도 그 추천이 결혼 성사에 크게 기여했으리라 믿는다.(필자는 그때 음주와 가창을 단연 즐겼기에 독실한 크리스천 공동체인 처가의 멤버십 가입 허가를 얻기에는 부적격이었다.)

두 번째는 적극적인 전략으로 본인이 직접 나서서 접촉하지는 않지만 제3자를 통하여 알고 싶은 정보를 획득하는 방법이다. 자신의 인적 네트워크를 활용하여 알고자 하는 상대와 친분이 있거나, 필요한 정보에 대한 전문성이 높은 사람을 통하여 불확실성을 감소할 수 있는 정보를 얻는 전략이다.

보다 신중하게 접근해야 하는 경우나, 미리 얻은 정보와 관련하여 사전 이해나 확인이 필요한 경우에, 제3자가 가치 있는 정보를 제공할 수 있는 상황에서 활용하는 방법이다. 상대방이 평상시 주위로부터 어떤 평판을 받고 있는가에 대한 정보를 얻는 데도 유용하다.

세 번째는 상호작용 전략으로 상대에게 직접 질문하거나 자신의 개인 정보를 제공하는 '기브 앤드 테이크(give and take)'의 상호작용 방법이다. 상대에게 자신을 드러내고 얼굴을 대면하는 상황에서 상호 간에 필요한 정보를 주고받는다. 간접적인 방법을 배제함으로써 자신이 얻고 싶은 정보를 최대한으로 얻을 수 있는 전략이다. 상호작용 전략에서 사용되는 사람들의 커뮤니케이션 행위는 상대방 칭찬하기, 신상에 관한 정보, 호기심을 충족시키는 정보, 상황을 알려주는 정보 등을 주고받는 것을 포

제5장 — 모든 관계는 초면상황에서 시작된다

함한다. 비언어적 커뮤니케이션 행위로 가장 빈번하게 사용되는 것은 고개를 끄덕이는 등의 머리 동작이나, 상호 응시, 미소, 자신의 옷차림을 꾸미는 행위였다.

이 같은 3가지 불확실성 감소 전략은 주로 연인 관계처럼 두 사람 관계에서 적용되고 활용되는 것으로 간주되어 왔지만 가족, 직장, 사회 등 보다 범위가 넓은 상황에서도 적용할 수 있다.

예를 들어 직장에서 나의 근무 평가를 담당하는 사람을 알아보기 위하여 말없이 지켜보는 소극적 전략, 그를 잘 알 것 같은 사람을 통해 정보를 얻는 적극적인 전략을 사용할 수 있다. 그리고 두 전략으로부터 얻는 불확실성의 감소가 미흡하여 충분한 정보를 얻지 못했다고 판단하면 직접 커뮤니케이션을 시도하는 상호작용 전략을 구사할 수 있다.

불확실성을 감소하기 위한 3가지 전략은 눈에 확 띄는 이성을 발견한 경우에도 잘 구사할 수 있다. 좋아하게 된 사람을 비밀로 가슴에 담고 냉탕과 온탕을 오가며, 안으로 문을 잠근 욕실에서 물을 틀고 울어본 경험자들은 알 것이다. 함부로 쳐들어가서 고백할 수도 없고, 말을 걸 수 없고 안 걸 수도 없어서 가슴 쿵쿵거리던 진퇴유곡의 슬픈 사연들! 그리하여 대부분의 연인들이 마침내 도달하는 것은 어느 전문가도 가르쳐 준 것은 아니지만 그/그녀에 대한 관찰을 통한 정보 수집이다. 가장 성스럽고 절박한 바람이기에 비밀스럽게 조용히 들키지 않기를 중하게 여기는 상황에서 상대에 대한 이해를 높여간다.

그런 다음에는 그/그녀를 잘 알 만한 주위의 사람들을 총동원하여 정보를 수집하는 것이다. 공약, 정책, 회유, 인센티브, 장담, 과장, 왜곡, 확

소통하는 인간, 호모 커뮤니쿠스

대, 축소 그리고 진실 등의 자신이 생각해도 굉장한 저인망 방식의 과정을 거쳐 목표물의 주변 인물을 통해서 정보를 늘려 간다. 주변 인물의 선정은 직접 관련이 있을 가능성 큰 사람이 첫째 순위이다. 그러나 가능성도 관련성도 없는 사람에게라도 기대를 가지고 찾아 헤매는, 왕성하지만 어이없는 수고도 마다하지 않는다. 친한 동지들을 동원하여 쌍끌이 등의 동시다발적 접근도 흔하다. 인적 네트워크의 빈곤을 새삼 깨닫고 앞으로 좋은 인간관계를 맺을 수 있는 사람으로 성장하자는 늦은 후회 현상이 일어나기도 한다.

첫 번째와 두 번째의 전략을 거친 후에는 세 번째 전략인 직접 대화를 통해 불확실성을 감소하는 정보를 시추한다. 물론 전심전력을 다해 두 개의 전략을 진지하고 확실하게 사용한 경우엔 웬만하면 지쳐서 멈출 수도 있지만, 불굴의 투지로 이겨낸 이들이 당도하는 전략 지점이다. 이 세 번째 전략의 실행과 상황 설명은 조석변개의 사연, 별의별 사연이 점철되고 누적되고 침전된 과정이다. 사람들은 아무런 일도 아니었다는 듯이 덤덤하게 살아가지만 〈나는 지난여름에 네가 한 일을 다 알고 있다〉는 영화 제목처럼 다 알 수 있지만 얘기하지 않는 것이다.

인터넷과 페이스북의 불확실성 감소

근래 들어 사람들은 직접적으로 만나는 것 못지않게 디지털 미디어를 이용하여 타인과 접촉한다. 컴퓨터가 사람들의 일상생활에 동행자가 되면서 생긴 현상이다. 전혀 얼굴을 모르는 사람을 포함하여 다양한 조건과 상황에서 타인을 만난다. 때로는 사회적인 문제를 야기하지만 이러한 만남은 더욱 보편화되는 추세다. 많은 초면 만남이 인터넷, 카페, 스마트폰과 같은 다양한 디지털 서비스 안으로 이동하고 있는 것이다.

이런 변화에 따라서 컴퓨터를 통해 이루어지는 사람들 사이의 커뮤니케이션, 즉 '컴퓨터 매개 커뮤니케이션(computer mediated communication)' 상황에서 앞의 3가지 불확실성 감소 전략이 어떻게 적용되는가를 살펴보는 연구가 이루어졌다. 결과는 컴퓨터를 통해서 접촉하는 초면상황에서는 상호작용 전략이 유효하다.[5] 소극적 전략과 적극적 전략은 모두 불확실성을 감소하는 데 효율적이지 않았다.

상대방이 모르는 상태에서 눈에 띄지 않게 관찰을 통해 상대방의 정보를 수집하는 소극적 전략은 컴퓨터를 이용하는 상황에서는 상대의 커뮤니케이션 행위를 적절하게 지켜볼 수 없기 때문에 활용할 수 없다. 또한 제3자로부터 상대방에 대한 정보를 얻어내는 적극적 전략 역시 컴퓨터 커뮤니케이션에서는 처음으로 관계를 시작하는 두 사람에게 공통으로 네트워크를 소유한 제3자를 찾기 어려웠다. 두 방법은 인터넷을 이용하는 커뮤니케이션 상황에서는 효용성이 낮고 또 확신할 수 없는 방법으로 판명된 것이다. 따라서 컴퓨터 매개 커뮤니케이션 상황에서 사람들이 주로 사용하는 전략은 상호작용 전략이라고 결론지었다.

컴퓨터를 이용하는 커뮤니케이션은 직접 글이나 텍스트를 통해 구체적으로 표현되지 않으면 상대방의 정보를 얻기 어려운 특성이 있다. 따라서 상대에게 직접 질문을 하거나 먼저 선제적으로 자신의 정보를 밝히는 자기 노출을 통해 상대방의 정보노출을 유도한다. 얼굴을 마주하는 면대면 상황에서는 묻기 어려운 사적인 문제도 컴퓨터상에서는 자유롭게 질문할 수 있어서 상대방에 대한 이해를 높일 수 있다. 즉 단도직입적인 질문이 자신이 원하는 정보를 얻는 데 더 효과적인 방식이었고, 질문이 윤리적으로 적절한지 고려하지 않는 경향이 높았다.

한편 근래 들어 급속하게 보급되고 있는 소셜미디어의 대표격인 페이스북에서 이 3가지 전략이 어떻게 작동될까에 대한 조사도 이루어졌다. 결과는 인터넷과는 다른 양상을 보여준다. 즉 페이스북에서는 불확실성의 감소를 통한 관계 맺기에서 상호작용 전략과 함께 소극적 전략과 적극적 전략을 모두 사용할 수 있다는 것이다.

소극적 전략은 친구 관계 맺기를 원하는 상대의 요청이 있으면 그 상대에 대한 정보에 접근하여 다양하게 상대방을 관찰할 수 있다. 이 관찰을 통해 상대에 대한 불확실성을 감소시키는 다양한 요인들에 대한 정보를 얻을 수 있기 때문이다.

적극적 전략 또한 자신과 상대가 함께 알고 있는 제3의 친구를 통해 관계를 맺는 대상인 상대에 대한 정보를 얻을 수 있다. 한 다리 건너서 다른 사람을 통해 알아보는 방식으로 서로 공유하는 인물이 상대 인물과 관계를 맺은 기간, 커뮤니케이션의 양과 질, 유사한 특성, 성별, 관계에 긍정적인 요인, 외모, 매력감 등 여러 요인들에 대한 정보를 얻을 가능성이 열려 있는 것이다.

인터넷을 통한 카페나 커뮤니티 커뮤니케이션 상황에서 관계 맺기와 페이스북 같은 소셜미디어 커뮤니케이션 상황에서 관계 맺기의 커뮤니케이션이 차이점을 지니는 것은 시사하는 점이 많다. 디지털 커뮤니케이션 양식이라는 공통점을 지닐지라도 불확실성을 감소하는 전략은 매체별로 다른 서비스 환경에 매우 민감하게 영향을 받는다는 점을 일러주기 때문이다. 그러므로 관계를 맺고 발전시키기 위한 커뮤니케이션 전략은 관계를 둘러싸고 있는 요인들에 매우 구체적이고 차별적으로 대응하는 전략을 세워야 효율적으로 불확실성을 감소할 수 있다.

초면상황이 없는 인간관계는 없다

황량할 수도 냉정할 수도 있는 세상을 살면서 나와 타인의 관계는 삶에 대한 나의 만족도를 높인다. 타인과의 관계는 세상에서 나의 역할에 대한 가치를 높인다. 근래 사람과 사람의 관계인 네트워크를 사회적 자본(social capital)의 시각에서 살펴보는 연구가 활발하다. 싫든 좋든 다른 사람과의 관계가 한 개인의 삶의 질을 결정하는 데 막중한 영향력을 지니는 것은 경험적으로도 사실이다. 또한 인간관계가 개인의 사회적 성공이나 실패에 결정적인 영향을 미치는 요인이라는 점은 우리나라를 포함하여 세계 여러 나라의 공통적인 특성이다.

어떤 경우든 모든 인간관계는 상대와 처음 만나는 초면의 상호 커뮤니케이션 상황에서 시작한다. 그래서 초기 커뮤니케이션이 이루어지는 초면상황은 오래전부터 중요하게 인식되어 왔다. 이런 점에서 초면상황에서 불확실성 감소와 관련하여 커뮤니케이션의 역할이 무엇인가를 살피는 연구가 어떤 다른 분야보다 먼저 시도되었다. 현대사회에서 사람과 사람의 관계가 아주 중요하고, 그 관계에 미치는 커뮤니케이션의 영향력이 아주 중요하다는 점에 대한 재인식에 따른 결과이다.

두 사람 사이에 존재하는 '인지적 불확실성'과 특정한 대화에서 느껴지는 언어적·행동적 차원의 '언어적 불확실성'과 같은 요인에 따라 차이가 있지만[6] 이 초면상황에서 커뮤니케이션의 역할은 상대에 대한 매력과 호감을 높여서 관계의 형성 유지 발전에 큰 영향을 미치는 중요한 요인이다. 모든 관계는 초면상황에서 시작되고 초면상황의 형성과 발전은 나와 상대의 커뮤니케이션의 양과 질에 따라 좌우된다는 점을 강조한다.

chapter 6

나를 좋아하게 하는 커뮤니케이션

'나비처럼 날아서 벌처럼 쏜다'는 알리의 명언은 그의 복싱 기술뿐만 아니라 탁월한 커뮤니케이션 능력을 웅변한다. 사각의 링 안에서는 최고의 복서로, 링 밖에서는 사회의 불공정한 차별에 도전하고 흑인과 같은 소수자의 아픔을 변호하는 내부 고발자 역할을 했다. 백인들의 질시 속에서도 뭇 대중들의 호감을 잃지 않은 것은 복서로서의 위대함을 넘어서는, 시대의 모순을 정곡으로 찌르는 그의 간결한 커뮤니케이션 능력, 이야기꾼으로서의 자질 때문이었다.

○

나를 좋아하게 하는
커뮤니케이션

— 호감 추구 커뮤니케이션

●

　사람은 혼자서 살 수 없다. 다양한 신분과 역할로 다른 사람들과 어울려야 하는 사회생활을 하며 살아간다. 사회생활은 타인과 관계를 맺는 과정이며, 이 과정에서 타인의 호감을 얻기 위해 노력한다. 누구나 상대방에게 자신에 대한 좋은 인상을 심고 자신이 긍정적인 가치를 지니고 있음을 전하려 한다. 극단의 비정상적인 상황을 제외하고 자신을 형편없는 사람이라고 남에게 알리려는 사람은 없다. 나는 의미 있는 무엇이라는 긍정적 메시지를 전하려고 애쓴다. 세상을 사는 사람들이 공유하는 욕구이다. 김춘수의 유명한 〈꽃〉이라는 시에서처럼 우리는 그 누구의 무엇이 되려고 한다.

　　내가 그의 이름을 불러 주기 전에는

그는 다만

하나의 몸짓에 지나지 않았다.

내가 그의 이름을 불러 주었을 때

그는 나에게로 와서

꽃이 되었다.

내가 그의 이름을 불러준 것처럼

나의 이 빛깔과 향기에 알맞는

누가 나의 이름을 불러다오

그에게로 가서 나도 그의 꽃이 되고 싶다.

우리들은 모두

무엇이 되고 싶다.

나는 너에게 너는 나에게

잊혀지지 않는 하나의 의미가 되고 싶다.

호감 추구는 모든 인간의 욕구

인간은 커뮤니케이션을 통하여 호감을 형성하여 '나는 너에게 너는 나에게' 그렇게 서로에게 '잊히지 않는 하나의 의미'가 된다. 내 옆 짝과, 새로 만난 학급 동료와, 직장 상사나 부하와, 또는 마음에 드는 이성과 호감을 느끼고 좋아하려고 한다. 그래서 '어떻게 하면 타인이 나를 좋아하게 할 수 있을까?'라는 질문은 변할 수 없는 관계를 대변하는 핵심 화두이다. 어떤 방법으로 상대방이 나를 좋아하게 할 수 있을까? 누구나 원하지만 쉬운 일이 아니다. 그래서 우리는 누군가를 그리워하며 좋아하는가 하면, 누군가 나를 좋아해 주기를 바라는 꿈을 꾼다. 그 꿈을 실현하기 위해 노력하고 또 기다린다.

호감 추구는 타인이 자신을 좋아하게 하고 자신에 대하여 긍정적이고 호의적인 감정을 가지게 하려는 노력이다.[1] 사람들은 세상을 살면서 다른 사람이 자기를 좋아하고 자기에 대하여 좋게 평가할 수 있도록 자기자신의 에너지의 많은 부분을 사용한다. 호감을 추구하는 목적은 매우 다양하다. 다정하고 로맨틱한 애정을 얻기 위해, 진정한 친구 관계를 맺기 위해, 직장의 상급자로부터 긍정적인 평가를 받기 위해, 다른 사람들로부터 인정을 받거나 리더가 되기 위해서 호감을 얻으려 한다. 또한 경제 활동이나, 선출직 출마를 위한 목적 등 사회적인 동물로서 살아가는데 피할 수 없는 과정이 호감 추구이다.

호감을 얻으려는 시도는 인간이 함께 모인 곳이면 언제 어디서든 발생하는 인간의 욕구를 충족하려는 기본 행위이다. 밀폐된 침실, 유쾌한 식사 자리, 눈을 번뜩이는 이성들의 미팅, 시장에서 벌어지는 호객 행위, 마케팅의 전쟁터, 거짓말도 사자후로 후려치는 정치 유세장, 손자손녀에게 잘 보이려는 가족들, 요양병원에서 함께 생활하는 환자들, 심지어 나치의 죽음의 수용소에서 갇혀서 독가스실로 가는 운명을 직감한 사람들에게서도 호감 추구 행위는 일어난다. 호감 추구는 인간의 본능적인 욕구이고, 호감은 다른 사람을 평가하는 데 강력한 영향력을 지닌 요인으로 작동한다.

강력한 후광효과의 전령사

마음에 드는 사람과 호감을 형성하고 그 감정과 관계를 발전시키려는 것은 한결같은 바람이다. 호감이 있다면 어떤 난관에도 무한도전을 불사한다. 호감을 얻으려는 본능은 호감 자체가 기분을 즐겁게 하고, 무엇보다도 매우 좋은 결과들과 연결되는 출발점임을 알기 때문이다. 좋은 만남, 좋은 관계, 좋은 결실 등 긍정적인 가치가 기다리고 있을 확률이 매우 높은 것이다.

호감은 다른 사람과의 인간관계에서 긍정적인 일들이 일어나게 하는 요인이라는 점에서 강력한 후광효과(halo effect)의 전령사로 볼 수 있다. 후광효과는 어떤 사람에 대한 호의적/비호의적 인상이 그 사람에 대한 다른 요소들을 호의적/비호의적으로 평가하게 하는 영향력을 가진다는 의미이다.

외국의 연구들은 외모에 호감을 가지면 그 사람의 지능, 리더십, 성격, 협동심, 사회성, 정직성 등 여러 개인적 특성에 대해 좋은 평가를 하고, 반대로 비호감을 느끼면 부정적으로 평가한다는 것을 보여준다.[2] 한국에서 제작된 영화 〈미녀는 괴로워〉(김용환 감독, 2006년)도 그런 경우에 해당한다. 주인공인 여자 가수는 노래 실력은 변함없이 빼어나지만 그 평가는 외모에 따라 달라진다. 뚱뚱하고 미모가 아니었던 때와 전신성형 수술을 받은 후의 날씬한 미인이 된 주인공에 대한 사람들의 평가와 태도가 부정에서 긍정으로 완전히 달라진다.

따라서 상대로부터 호감을 얻을 수 있다면 인간관계는 성공의 문을 일단 여는 것이다. 누군가를 좋다고 느끼고, 누군가가 나를 좋다고 느끼면 서로를 좋아하게 되는 것이다. 반대로 비호감을 느껴서 싫은 경우에는 부정적인 관계가 형성되고, 관계가 끊어지는 것은 시간문제일 뿐이다. 그래서 누구나 호감을 얻으려고 애쓰는 것이다.

　호감 얻기는 어려운 일이다. 나이 직업 교육 계층 소득에 관계없이 호감을 잘 얻는 이들은 스포츠나 연예인 스타 들이다. 피겨 경기 사상 최고의 점수를 획득하며 일본 선수를 압도적인 점수 차이로 이긴 김연아 선수를 누가 좋아하지 않을 수 있겠는가! 온 나라 온 국토가 들썩이며 김 선수에 열광했다. 울고 웃으며 어찌 그리 멋있느냐면서. 대표 지성인 최재천 교수가 EBS의 〈공감의 시대〉라는 연속 강의를 하면서 슬라이드에 담아온 김연아 선수의 사진을 향해 제일 존경한다며 90도로 절하는 것을 본 적도 있다.

　필자도 김 선수에 대해 어느 일간신문에 이렇게 쓴 바 있다. "밴쿠버 올림픽에서 김연아 선수의 눈물은 감동이었다. 이 세상에 그렇게 예쁜 눈물의 표정이 있을 줄 누가 알았겠는가. 자신이 자신에게 바라던 끝에 도달한 무애의 환희, 인고의 시간과 노력에 대한 경외감…… 스포츠 경기에서 온몸으로 사력을 다하는 선수들과 그것에 희로애락하는 사람들을 보며 놀이(play)하는 존재로서의 인간(호모 루덴스)을 실감한다. 그녀야말로 놀이의 장인이었다. 빙판 경기의 승부사를 넘어서 놀이를 통해 예술을 빚어냈고, 놀이로써 대한민국과 세계를 즐겁게 도취시켰다."

　근래에는 축구의 손흥민, 이강인 선수가 이 반열에 오른 것 같다. 축

소통하는 인간, 호모 커뮤니쿠스

구라는 분야에 뛰어난 전문성을 지니고, 그 실력에 대하여 우리나라뿐만이 아니라 세계의 축구 전문가들이 이구동성으로 칭찬을 하는 지경이니 국민스타로 떠오르는 건 당연하다. 대한민국 축구의 현실에서 브라질이나 아르헨티나의 유명 선수의 축구 기술을 만나는 현실이 국민을 행복하게 한 것이다. 이제 두 사람은 (무슨 큰 난리가 나지 않는 한, 과학적 용어로 비호감의 참사가 벌어지지 않는 한) 국민의 호감을 얻은 것이다.

나비처럼 날아서 벌처럼 쏜다

필자가 청소년 시절에 좋아하던 스포츠 스타가 한 명 있었다. 미국의 흑인 헤비급 복서 무하마드 알리였다.(원래 이름은 캐시어스 클레이였는데 이슬람으로 개종하면서 개명을 했다.) 알리를 좋아하지 않은 인류가 당신에 생존했었는지 불분명할 정도였다. 오늘날로 비유하면 1패는 했지만 지상의 최고 복서로 꼽히는 겐나디 골로프킨도 비교할 수 없을 정도로 큰 주목을 받았던 복서다. 권투나 격투 종목뿐 아니라 1970~80년대의 모든 스포츠 분야를 통틀어 단연 최고의 세계적 인기를 누리던 전설적인 스타였다.

요즘이야 텔레비전, 라디오, 인터넷, 페이스북, 트위터 등이 세계를 단숨에 연결하는 디지털 미디어 시대라서 스포츠 대스타의 경기나 동정이 신속하게 세계로 퍼져 나간다. 그러나 그 당시는 뉴스 전파속도가 매우 느렸다.

그런데 알리는 예외였다. 슈퍼 인기스타답게 그의 경기가 있으면 전세

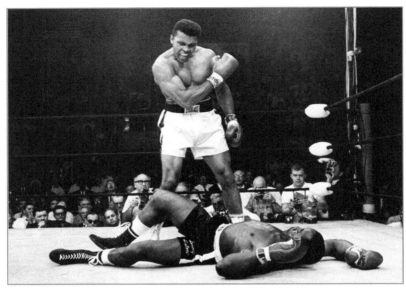

전설의 복서 무하마드 알리(1942~2016). 탁월한 커뮤니케이션을 구사하여 전 세계인의 호감을 얻었다. ⓒ연합뉴스.

계 사람들의 오감을 자극했다. 그의 복싱 경기는 시차 때문에 우리나라에서는 주로 낮 시간에 중계되었다. 중계가 있는 날이면 수업 시간임에도 선생님의 눈과 귀를 피해 도둑 청취를 하는 용감무쌍한 중고생들이 등장했다. 쉬는 시간이면 라디오 청취에 짧게라도 성공한 용사는 동료 학생들에 에워싸이는 영웅으로 급조되던 광경이 눈에 선하다. 알리는 그 당시 소련이 쌓아올린 철의 장막이나 중국이 둘러친 죽의 장막이라는 정치적 철옹성도 그에 대한 소통은 제지할 수 없었던 초국적 거인이었다.

이 위대한 복서는 흑인에 대한 차별이 심하던 시기에 백인을 포함하는 많은 미국인과 전 세계인들로부터 호감을 얻는 묘한 매력이 있었다.

소통하는 인간, 호모 커뮤니쿠스

그때까지 체중이 제일 무거운 헤비급 체급에서는 누구도 시도하지 못했던, 나비처럼 경쾌한 몸놀림을 하면서 상대에게 벌처럼 전광석화의 펀치를 날리는 경이로움 때문이었다. 그러나 복서의 자질만으로 그의 인기가 설명되지는 않는다. 그것은 복서로서 뛰어난 펀치력이나 기술 못지않게 촌철살인의 뛰어난 커뮤니케이션 능력이 그의 위대함을 가능케 하고 또 그의 신화를 확장해 갔다.

우리나라 식으로 얘기하면 내세울 만한 학벌이 있는 것도 아니었는데 그의 커뮤니케이션 능력은 타의 추종을 불허했다. 교도소로부터 권투에 입문하여 가공할 펀치력을 지녔던 소니 리스튼과 같은, 난공불락으로 여겨지던 헤비급 상대를 몇 회에 케이오(KO) 시키겠다고 예언하고, 그 예언을 달성하는 그의 모습은 한 시대를 견인하는 역사 속의 예언자를 연상케 했다.

그뿐만이 아니다. 무모하고 명분도 없던 베트남 전쟁에 참여하여 미국 젊은이들이 머나먼 아시아의 이국땅에서 목숨을 잃게 하는 미국 정부의 정책에 대해 과감한 비판, 대통령과 정치 지도자들의 냉전적인 리더십에 대한 과감한 질타는 기성 정치인들에 대한 민중의 불신과 혐오를 대변하고 해소하는 역할을 하였다. 인종차별에 대한 알리의 예리한 비판은 '말만 많은 떠버리'라고 비난하는 백인과 미국 주류 사회의 냉소를 넘어서서 대중의 공감과 환호를 받았다.

그의 촌철살인의 어록은 "나비처럼 날아서 벌처럼 쏜다(float like a butterfly, sting like a bee)"는 말에서 잘 나타난다. 이 말은 그의 복싱 기술뿐만이 아니라 탁월한 커뮤니케이션 능력을 웅변한다. 사각의 링 안에서는 최고의 복서로, 링 밖에서는 사회의 불공정한 차별에 도전하고 소수자(마이너리티)의 아픔을 변호하는 내부 고발자 역할을 하였다. 남의 잘난 점을 시기하고 이노베이션을 외면하는 고리타분한 기득권 백인들의 질시 속에서도 뭇 대중들의 호감을 잃지 않은 것은 복서로서의 위대함과 함께 시대의 모순을 정곡으로 찌르는 그의 간결한 커뮤니케이션 능력, 정치의 위선과 불의를 풍자하는 이야기꾼으로서의 자질 때문이었다.

호감은 긍정적인 감정의 결과

커뮤니케이션 연구에서 호감을 추구하고 얻으려는 욕구는 사람들이 타인과 커뮤니케이션을 하는 주요 이유로 이해되어 왔다. 호감 추구는 다른 사람이 자신을 좋아하게 하고 긍정적인 감정을 가지게 하려는 목적에서 자신의 행동 조절을 통해 상대에게 좋은 감정을 유발하는 전략을 구사하는 것을 의미한다. 자신이 실행할 수 있는 커뮤니케이션 레퍼토리 중에서 상대방의 특성과 커뮤니케이션이 일어나는 상황을 고려하여 적절한 커뮤니케이션 전략을 선택하고 활용하는 것이다.

사람들이 자신의 말을 어떻게 생각하고, 어떻게 행동할 것인가를 결정할 때 작동하는 것은 사회적 인지체계 과정(social cognition process)이다. 이 과정은 자신이 취할 행동에 대한 선택 방안과 상황에 따른 대안을 자신이 지니고 있는 조직화된 생각 체계 중에서 선택하기 위해 노력하는 과정이다. 특정 상황에서 선택할 수 있는 여러 방안과 여러 대안들이 있음을 인식하고 가장 적절한 방안을 찾는 것이다. 학자들은 이 과정을 입장에 따라 제각각 다르게 설명한다. 하지만 커뮤니케이션 행동을 선택할 수 있는 가능성이 많으면 많을수록 실제 상황에 적용할 수 있는 전략을 훨씬 자유롭게 선택할 수 있다는 점에는 일치한다.[3]

선택의 구체적인 방법은 ① 단기적 혹은 장기적 결과를 염두에 두고 ② 자신의 능력을 고려하고 ③ 다양한 정보들을 구별하고 ④ 소요되는 비용(시간, 경제 등)을 감안하여 결정하게 된다. 자신이 생각할 때 상대로부터 호감을 높이는 데 가장 효율적인 방안을 자신의 커뮤니케이션 행위 레퍼토리 중에서 선택하는 것이다.

따라서 호감을 형성할 수 있는 효과적인 커뮤니케이션 전략이 어떤 것인지를 알고 선택한다면 사회생활에 큰 도움이 될 것은 자명하다. 구직을 위한 인터뷰, 비즈니스를 위한 세일즈, 직장 상사와 부하들과의 관계, 선생과 학생, 결혼을 위해 맞선을 보는 자리, 선남선녀들의 미팅, 자기소개 등 다른 사람과 처음으로 대면하는 관계에서 긍정적인 인상 형성은 치명적으로 중요하다.

사람들이 살아가는 환경과 관계는 고정적이지 않고 다양하게 변화하기 때문에 수학 공식과 같은 해답이 있는 것은 아니다. 그러나 '어떻게 하면 다른 사람이 나를 좋아하게 할 수 있을까?'를 염두에 두고 스스로 변화하는 노력을 기울이면 즐거운 인간관계를 맺을 가능성은 커진다. 덩달아 타인과 어울려 사는 것도 더 즐거워질 것이다.

예를 들어 젊은 남성이 처음으로 젊은 여성에게 데이트를 신청하고 진행할 때는 몇 가지 한정된 방법만 활용할 수 있을 뿐이다. 그러나 자신이 데이트를 하면서 얻는 경험과 다른 사람들이 데이트에서 사용한 작업(?)에 대한 경험담과 조언을 통해 효율적인 방법을 배우며 성장한다. 촌닭처럼 비리비리하던 젊은이가 프로급 선수(?)가 되는 것이다. 이 능력은 자신이 본래부터 소유하고 있는 레퍼토리에만 적용되는 건 아니다. 더 적절한 효과를 얻기 위하여 상황에 맞추어 기존의 전략을 융통성 있게 구사하는 것이다.

우리가 식당에서 음식을 선택하고 주문하는 과정을 생각해 보자. 우선 메뉴를 요청하여 여러 음식 목록을 살펴보면서 서로 비교하고 가격을 고려한다. 그리고 종업원에게 물어도 보고 또 같이 간 사람과 의논도 하는 과정을 거쳐 음식을 주문한다. 맛있는 식사를 하기 위하여 종업원에게 필요한 서비스를 요청하면서 음식을 먹고 대금을 지불한다.

이와 마찬가지로 사람들은 자신이 처한 상황을 분석하고 메뉴에 있는 음식 목록처럼 자신이 활용할 수 있는 커뮤니케이션 행위 목록 중에서 가장 적절하고 효율적인 전략을 선택한다. 이런 경험은 일과성으로 지나쳐 버리지 않고 다음에 음식점을 선택하고 메뉴를 고르고 종업원에게 서비스를 요청할 때 구체적인 가이드로 활용된다.

호감을 얻기 위한 커뮤니케이션도 외식을 할 때처럼 최선의 선택을 위해 자신의 커뮤니케이션 성향이나 특성, 이전의 성공과 실패 경험, 목표하는 상대방의 예상되는 반응과 수용 태도 등을 고려해야 한다. 언뜻 생각하면 복잡한 듯 보이지만 거의 습관적으로 이루어지는 과정이므로 큰 어려움을 수반하는 것은 아니다

호감을 얻는 커뮤니케이션 전략

타인에게 나에 대한 호감을 형성할 수 있는 무슨 좋은 방법은 없을까? 커뮤니케이션 학자들도 다른 사람에게 좋은 인상을 주고 친밀한 감정을 형성하여 좋아하게 할 수 있는 커뮤니케이션에 대하여 연구를 해왔다.

(한국인의 전통적인 가족공동체 사고를 이해하는) 필자의 친구 마틴 (Martin) 교수는 커뮤니케이션 과목을 수강하는 314명의 대학생을 대상으로(여성 196명, 남성 118명. 연령은 18세에서 48세) 호감을 얻을 수 있는 커뮤니케이션 전략에 대해서 조사하였다.[4] 이 연구의 참여자들은 개인적인 커뮤니케이션 행위에 대한 질문에 응답하는 1차 조사를 마치고, 2주일 뒤에 동일한 번호를 뽑은 서로 모르는 참가자끼리 두 명씩 짝을 이루어 처음으로 만나는 상황에서 20분간 대화하였다. 이 대화에서 참가자들이 경험한 자료를 바탕으로 호감 획득 전략과 메시지, 커뮤니케이션 행위의 특징, 친밀감 정도 등을 조사했다.

우선 마틴 박사는 상대방의 호감 획득을 위한 커뮤니케이션 전략을 기존의 관련 연구들[5]로부터 종합하여 아래의 25개 전략으로 제시했다.

① 다른 사람을 돕는 커뮤니케이션 행위
② 커뮤니케이션 상황에서 통제력이 있음을 알리는 행위
③ 상대방과 동등하다는 인상 주기
④ 함께 있는 상황에 대한 편안함 표시
⑤ 통제력을 (상대에게) 양보하는 행위

⑥ 친절하고 협조적인 성격을 강조

⑦ 자신이 능동적이고 열정적임을 표현

⑧ 상대방에게 개인적인 정보를 노출하도록 유도하는 능력

⑨ 대화의 긍정적인 가치를 최대화하는 행위

⑩ 상대방을 자신의 그룹에 끼워주는 행위

⑪ 친밀한 느낌 주기

⑫ 상대방의 말을 경청하는 태도

⑬ (웃음, 얼굴 표정, 터치 등) 비언어적 친근감 표시

⑭ 정보의 개방성

⑮ 낙관적 자세

⑯ 독립적이고 자유로운 사고

⑰ 매력적인 치장과 복장

⑱ 재미있는 사람으로 묘사

⑲ 상대에게 어떤 보상을 줄 수 있다는 능력 표시

⑳ 상대방에 대한 존중

㉑ 자주 접촉할 수 있는 가능성

㉒ 따뜻한 감정 교류

㉓ 상대방과의 공통점 강조

㉔ 상대방의 의견에 대한 지지 행위

㉕ 정직함과 신뢰성

마틴 교수는 이 25개 전략들을 보다 명료하게 분석하기 위해 심층적

소통하는 인간, 호모 커뮤니쿠스

인 조사과정을 거쳐 25개 전략이 3개의 큰 차원으로 귀결되는 결과를 발견하였다. 첫째 차원은 '다른 사람의 입장을 배려하는 전략'이었다. 이 차원의 전략은 상대방의 말을 경청하고, 대화에 참여하도록 북돋우고, 다른 사람이 즐기는 활동에 참여하는 행위 등이 포함된다. 타인으로부터 좋은 감정을 얻으려면 타인을 배려하는 커뮤니케이션 행위를 해야 한다는 의미다.

두 번째 차원은 '다른 사람에게 보상을 주는 전략'으로 상대에게 선물을 주고, 의견에 동의를 표하며, 서로 커뮤니케이션을 하는 순간이 보람 있는 시간임을 느끼게 하고, 예의를 차리고 상대방을 칭찬하는 말을 하는 것이다. 자신과의 커뮤니케이션이 쓸데없는 것이 아니고 당신에게 도움이 된다는 믿음을 심어주고, 상대에게 정성을 기울이는 모습을 보이면서 상대의 단점보다는 장점을 돋보이게 하는 전략을 뜻한다.

세 번째 차원은 '긍정적인 자신의 이미지를 전하는 전략'으로 자신의 특성을 정직하고 공손하며 낙관적인 것으로 부각하는 전략이다. 긍정적인 가치와 이미지를 전달하려고 노력하고, 사회의 규칙과 질서에 벗어나지 않는 자신의 반듯함을 알린다. 상대방에 대한 관심을 표현하고 자신을 믿을 만한 존재로 전달하는 것이 호감을 얻을 수 있는 전략이라는 것이다. 또한 신뢰성, 대화 규칙 지키기, 역동적으로 대화하기, 자유로운 입장 존중, 얼굴 표정과 몸짓 등 비언어적 표현을 통한 친근감, 상대방의 행위에 대한 적절한 배려, 긍정적이고 낙관적인 성향, 편안함, 평등함이 중요한 점으로 밝혀졌다.

사람들이 커뮤니케이션 상황에서 상대로부터 호감을 얻기 위하여 여

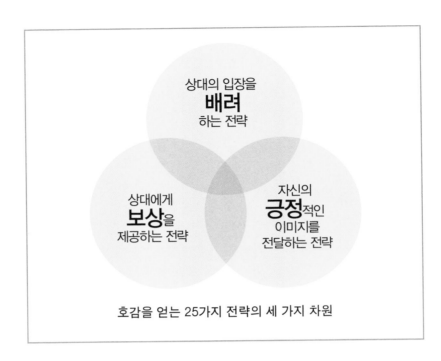

상대의 입장을
배려
하는 전략

상대에게
보상을
제공하는 전략

자신의
긍정적인
이미지를
전달하는 전략

호감을 얻는 25가지 전략의 세 가지 차원

러 전략을 사용하지만 실제로 호감을 얻는 커뮤니케이션 능력은 사람에 따라 차이가 난다. 어떤 사람은 다른 사람보다 뛰어나고, 어떤 사람은 떨어진다. 타인에게 자신을 매력적으로 보이게 하는 적절한 커뮤니케이션 행위를 통해 긍정적인 상호관계를 형성하는 능력은 커뮤니케이션과 관련된 다른 요인에 영향을 받기 때문이다.

이 요인들은 호감을 얻고 싶은 욕구의 정도, 호감을 얻으려는 개인의 이유, 타인과의 커뮤니케이션에 대한 불안감, 자신이 느끼고 있는 고독감 등 다양하다. 타인과 커뮤니케이션에 대한 불안감이 높고 개인적으로 고독함을 많이 느끼는 사람은 호감을 얻는 능력이 떨어진다는 점이 이를

소통하는 인간, 호모 커뮤니쿠스

반중한다. 호감을 형성하려는 욕구가 낮은 경우에도 호감을 얻지 못하는 부정적인 결과를 초래한다.

또한 사람들은 타인과 관계를 형성할 때 발생하는 이익(보상)과 비용을 고려한다. 타인과의 관계에 대한 자신의 목적과 기대를 고려하여 보다 발전된 관계로 진전시키는 커뮤니케이션 행위를 지속적으로 할 것인지, 아니면 하지 않을 것인지를 생각한다.

타인에게서 호감을 얻는 효율적인 전략으로 밝혀진 주요 요인의 하나는 상대에게 자신에 대한 정보를 밝히는 것이다. 상대방이 모르는 자신의 정보를 노출하면 친밀성을 높이게 되고 호감을 형성하게 된다. 호감도가 증가하면 자기정보 노출도 더 증가하고, 자기정보 노출의 정도가 증가하면 호감도 더 증가하는 선순환이 이루어진다.

호감 형성에 부적절한 전략

정보가 많다고 해서 항상 긍정적인 결과를 가져오고 호감도가 더 높은 단계로 진전되는 것은 아니다. 정보의 양과 깊이, 정직성, 의도, 매혹감 등의 정도에 따라 차이가 있을 수 있다. 대개는 양, 깊이, 정직성, 의도를 담은 정보가 증가할수록 호감도 커지지만 과도해지면 관계에 악영향을 미칠 수도 있다. 지나친 부담을 줄 수 있기 때문이다. 적절하게 긍정적으로 정보를 노출해야만 무난하게 호감을 형성할 수 있는 것으로 밝혀졌다.

마틴 교수는 호감을 얻기에 부적절한 전략 유형으로는 커뮤니케이션의 상황을 관장하는 통제권을 상대에게 (일방적으로) 부여하여 부담을 주거나, 자신이 (일방적으로) 통제하려는 행위, 대면하고 있는 두 사람과 관련이 없는 다른 사람을 대화에 끼워 넣고, 상대방의 개인적인 정보를 노출하게 하려고 의식적으로 시도하며, 의식적으로 서로 가깝다는 인식을 심어주려고 하는 행위 등을 꼽는다.

서둘러 통제권을 획득하려고 하거나 부여하려고 하는 것과 함께 서둘러 상대와 가깝다는 인식을 주려는 행위가 좋지 않은 전략이라는 점은 이해하기가 어렵지 않다. 사람들은 일반적으로 상대를 지배하거나 상대에게 복종하는 것으로 보이기를 꺼리는 경향이 있다. 더욱이 처음 만나는 상황은 가까운 사이의 만남과는 다른 것이다.

사적인 정보를 노출시키려는 전략을 사용하기 어려운 점도 이해된다. 초면 커뮤니케이션의 중요성에 대하여 살펴보았듯이, 처음 만나는 상황에서 커뮤니케이션은 구체적이거나 내부적인 정보를 교환하지는 않기 때문이다. 외면적으로 드러나는 가볍고 피상적인 정보를 주고받거나 공유하는 의례적인 커뮤니케이션 행위를 실행하는 것이다. 물론 두 사람 사이에 관계가 진전되고 불확실성이 감소될수록 점점 친밀하고 구체적인 정보를 교환하게 된다.

성별도 호감을 추구하는 사람들의 커뮤니케이션 전략에 영향을 미친다. 남성은 여성과 비교하여 통제, 보상, 협력과 관련된 전략을 더 사용한다. 이 점은 남성이 상황을 통제하고, 상황을 통제하고 있는 사람은 자신임을 분명히 하려는 경향이 더 강할 것이라는 고정관념과 다르지 않다.

이에 비해 여성은 역동성, 즐거움, 비언어적인 표현을 통한 친근감, 개인적인 자유로움, 상대방에 대한 감정적인 배려와 외모 등의 신체적 매력과 관련한 전략을 더 사용하는 경향이 있다. 이는 상대와 상황을 통제하는 권한 증대에 관심을 가지는 남성에 비해 여성은 다른 사람의 커뮤니케이션 행위에 반응하는 전략에 더 민감한 것으로 풀이할 수 있다.

자신의 속내가 복잡하듯이 다른 사람도 복잡한 존재이다. 이렇게 복합적인 존재인 사람들이 만나서 서로 다른 의도를 대변하는 행위로 커뮤니케이션하는 것이다. 따라서 천차만별의 복잡한 상황을 야기할 것은 불을 보듯 뻔하다. 커뮤니케이션 상황이 지니는 이러한 본질을 이해한다면 서점에 꽂혀 있는 '무슨 무슨 커뮤니케이션 성공법' 같은 일률적이고 공식 같은 대처 방법은 뜬구름 잡는 얘기일 수 있다. 자신에게 효율적인 방법을 숙고하여 선택하고, 지속적으로 실행해서 비효율적인 점을 수정하는 노력이 필요하다. 작은 인원의 소그룹 형태로 함께 실행하고 의견을 공유하고, 스스로 적용하며 문제점을 파악하고 다시 실행하면서 경험과 지혜를 쌓아가는 것이 중요하다.

호감 커뮤니케이션은 행복한 관계의 열쇠

사회적 동물인 사람이 살아가면서 다른 사람과 관계를 이루는 것은 불가피하다. 이때 상대방에게 호감을 느끼게 하고 상대와 긍정적인 관계를 형성하는 것은 자신의 가치를 발견한다는 점에서도 중요한 일이다. 긍정적인 관계 형성은 상대에게 무엇을 어떻게 말하는가 하는 커뮤니케이션 행위에 큰 영향을 받는다. 커뮤니케이션이 호감 형성에 가장 중요한 바탕인 것이다.

근래로 오면서 인생을 살아가는 데 가장 소중한 것으로 (친구 같은) 관계가 부상하고 있다. 전통적으로 상위를 차지해 오던 돈, 권력, 직업, 배우자, 자녀를 제치고 친구와 친구 관계가 행복의 일순위로 등극했다. 특히 나이가 들수록, 노년이 될수록 단연 친구 관계가 가장 중요한 요인으로 꼽힌다. 인생 여정에서 희로애락을 겪고 사람들과의 이합집산을 경험한 후에 느끼는 것이라면 더 신빙성이 있을 것이다.

이제 더 높아질 것도 더 낮아질 것도 없는 인생의 마무리에 당도한 노년 상황에서 친구 같은 관계는 사람의 소중함을 느끼게 해주고 자신의 속마음을 흉금 없이 털어놓을 수 있는 존재로 느끼기 때문일 것이다. 하고 싶은 얘기를 쏟아내도 부작용(?)을 염려하지 않고, 또 자신에게 그렇게 할 수 있는 상대방이 있다는 사실에 위안과 감동을 얻는 것이다. 젊은 사람들에게도 친구 같은 관계는 앞으로 쌓아갈 인생길이 구만리라는 점에서 중요하다.

상대로부터 호감을 얻는 것은 좋은 관계가 형성되어 발전하고 유지되어 자신의 삶과 동행하는 동반자를 얻고 인생의 충족감을 높이는 길이다. 관계는 복수의 사람들과 함께 살아가야 하는 사회적 동물로서 인간의 숙명이다. 사람은 차별적인 목표를 지니고 다양하게 생각하는 존재이므로 일방적으로 지배하고 통제하고 동의를 얻는 것은 불가능하다. 호감을 통해서만 자신과 타인의 좋은 관계를 만들 수 있다.

호감을 얻는 것, 다른 사람이 나를 좋아하게 하는 것은 어려운 일이지만 다른 사람과의 좋은 관계 형성을 위해 반드시 통과해야 할 관문이다. 인간관계를 자신의 바람대로 형성하고 인생을 풍성하게 하고 삶을 행복하게 하는 열쇠가 호감 얻기라고 할 수 있다.

배려, 보상, 긍정이 만드는 호감

커뮤니케이션 행위를 통해 항상 자신이 생각하는 것, 의도하는 것, 설득하고 싶은 것을 완벽하게 전달하고 전달받을 수는 없다. 그러나 상대에게 진정으로 자신을 전달하고 상대방을 진정으로 받아들이는 커뮤니케이션 노력은 중요하다.(자신이 원하는 결과로 마음대로 되지 않는) 비즈니스, 회사, 학교, 사람, 시험 등에 들이는 엄청난 노력에 비하면 적은 노력으로도 큰 결실을 얻을 수 있는 것이 커뮤니케이션이다.

앞서 예로 든 위대한 헤비급 복서 무하마드 알리는 복싱에서도 커뮤니케이션에서도 '나비처럼 날아서 벌처럼 쏘면서' 세계인의 호감을 얻어 한 시대를 풍미했다. 자신을 좋아하게 하는 커뮤니케이션은 어떤 것일까. 목표를 정확하게 찾아서 노력하되 상대방을 편하게 해주는 '벌처럼 날아서 나비처럼 쏘는 것'인가! 마틴 교수의 연구에 포함된 배려, 보상, 긍정의 좋은 관계를 형성하는 차원과 호감 획득을 위한 25개 전략의 적절한 활용에서 도움을 받아 보자.

호감을 얻는 커뮤니케이션은 전문가들만의 전유물은 아니다. 유전적으로 타고난 특성을 가진 사람들에게만 해당되는 것도 아니다. 물론 사람의 호감을 얻는 요인을 사회적·심리적 유사성, 신뢰도, 외모와 같은 신체적인 요소들로 살펴본 연구도 있고, 짧은 기간 동안에 영향력이 있음을 밝히기도 했다.[6] 그러나 필자는 호감의 요인을 이런 특정 요인에 의한 고정적인 결과로 보는 시각은 더 이상 유효하지 않은 옛이야기로 생각한다. 인간은 외모가 매력적이지 않더라도 호감을 가지며, 유사성을 공유하지 않더라도 서로 호감을 가지고 관계를 발전시켜 나간다. 호감 형성 과정은 수동적이지 않고 매우 능동적이며 다양한 요인들이 개입하는 단순하지 않은 복합적인 과정이다.

누구나 호감 추구에 관심을 가지고 의식적인 노력을 기울인다면 이번에는 다소 미흡하더라도 다음에는, 오늘은 모자라더라도 내일은 나아질 수 있다. 특히 단기적으로는 부족함이 있더라도 끈기 있게 지속적으로 장기적으로 호감을 얻기 위한 노력을 기울인다면 확실하게 성취할 수 있다고 믿는다. 효율적인 호감 추구 커뮤니케이션의 기술과 운용은 얼마든지 습득하고 개선할 수 있다.

chapter 7

어떻게 말하는 것이
좋을까

'같은 말을 해도 어 다르고 아 다르다'는 스타일의 중요성에 대해서, '참 싸가지 없게 말한다'는 비평은 부정적 영향력에 대해서 알려주는 사례이다. 이에 비해 '같은 말을 해도 그 사람처럼 하면 믿게 된다'는 것은 긍정적인 영향력이 증명되는 경우이다. 옳은 말이라도 표현에 품위가 없다면 신뢰하기 어렵고, 다소 공감하기 어려운 사실이라 해도 진지하고 호소력이 강한 커뮤니케이션 스타일을 동원한다면 설득력을 발휘할 수 있다.

제7장

○

어떻게 말하는 것이 좋을까

— 커뮤니케이션 스타일

●

　우리 속담에 같은 말을 해도 '아' 다르고 '어' 다르다는 말이 있다. 똑같은 말을 해도 어떻게 하는가에 따라 그 말의 의미는 달라지고, 그 말을 받아들이는 사람의 감정에도 큰 차이가 난다는 뜻이다. 말만 잘하면 어려운 일이나 불가능해 보이는 일도 해결할 수 있다는 뜻으로 사용하는 '말 한 마디로 천 냥 빚을 갚는다'는 속담도 있다. 예로부터 말의 표현 방식, 즉 커뮤니케이션 스타일을 매우 중요하게 여겼다는 것을 알 수 있다. 두 사람이 같은 내용의 말을 해도 한 사람은 좋게 받아들여지고 다른 한 사람은 싸가지가 없다고 부정적으로 받아들여지는 경우가 바로 스타일의 차이가 지니는 영향 때문이다.

소통하는 인간, 호모 커뮤니쿠스

아리스토텔레스도 강조한 스타일

커뮤니케이터의 말하는 스타일에 대한 관심은 그 역사가 오래다. 여러 분야에서 천재적인 탁월함을 발휘한 아리스토텔레스는 커뮤니케이션 스타일과 관련해서는 명료함을 강조했다.[1] 명료함은 자신이 말하려는 아이디어나 내용을 분명하게 표현하는 것을 의미한다. 다른 해석의 여지가 없도록 확실하게 내용을 전달하는 것이 스타일의 핵심이라는 것이다.(설득 스피치를 다루는 수사학(rhetoric) 분야에서도 아리스토텔레스의 접근은 오늘날까지 가장 기본으로 인용된다). 따라서 내용을 적절하게 표현하는 것과 생생하게 표현하는 것이 중요하다고 했다. 적절하게 표현한다는 것은 자신이 전달하려는 생각이나 내용을 제대로 메시지에 담는가의 문제이다. 해야 할 말은 여기인데 정작 들려주는 말은 저기인 경우로 오늘날 사회과학에서 설명하는 타당도의 문제로 보면 된다.

예를 들어 사람의 얼굴을 표현한다고 하면서 얼굴을 구성하는 눈, 귀, 코, 입, 입술, 눈썹을 함께 설명하지 않고 눈이나 코 하나만 설명하고 얼굴을 얘기했다고 하면 적절하지 않은 것이다. 생생하게 설명한다는 것은 사람들이 생활에서 경험할 수 있는 표현이 필요하다는 의미이다. 사변적이고 개념적인 표현에 머무르지 말라는 의미이다. 그래야 동감과 공감을 얻을 수 있는 것이다.

이렇게 스타일은 그리스시대부터 아리스토텔레스와 소피스트들에게 중요한 주제였다. 스타일에 대한 관심은 이후 로마시대. 중세시대, 르네상스시대, 현대까지 변함없이 지속되고 있다. 명료함을 강조한 아리스토텔레스, 필요조건과 기교를 강조한 소피스트들, 신의 위대함과 목소리를 전달하는 경이로운 감동의 수단을 강조한 중세시대 학자들과 같이 차별성은 있었지만, 스타일은 수사학 체계의 원천인 다섯 가지 기본 원칙의 하나로 대접받고 있다. 그리스시대 이래로 수사학의 다섯 가지 핵심 요소는 invention(아이디어, 주제, 내용), disposition(내용의 조직, 배치), style(멋지게 표현하기), memory(효율적인 내용의 기억), delivery(전달과 연설의 실행)이다.

이렇게 오랜 세월 동안 스타일이 학자들과 전문가들을 사로잡은 이유는 말하는 사람의 차별적 독창성과 개인적 특성이 커뮤니케이션 스타일에서 나타나기 때문일 것이다. 달리 표현하면 말하는 사람의 정체성, 말을 교환하는 사람들의 관계적 특성에 대한 정보, 커뮤니케이션을 하는 의도, 상호 행위에 대한 정보 등 말과 말 하는 사람의 특성이 그대로 스타일을 통해 드러난다는 것이다.

이런 이유로 서양에서 말은 전통적으로 사람의 품격(character)과 동일한 것으로 평가하고 사람에 대한 신뢰성(credibility)을 판단하는 핵심 기준이었다. 또한 커뮤니케이션이 사람의 됨됨이를 대변하고 다른 사람과의 관계 형성에 기본이 된다는 인식은 사람 사이의 커뮤니케이션이 공동체를 형성하고 사회 발전의 기본 토대가 된다는 점을 자각하게 하여 교육의 주요 대상으로 삼는 전통을 낳았다.

말은 맞는데 싸가지가 없다

한때 어느 정치인을 두고 '말은 맞는데 참 싸가지 없이 한다'는 평이

돌았다. 하는 말의 내용이 옳긴 하지만 참 모질고 무례하게 말한다는 뜻이다.

국민들이 위임한 대의 정치의 첨병으로서 합리적인 대화는 하지 않고 자기 뜻과 다르다고 회의용 탁자에 올라가 공중부양을 하고, 톱과 해머를 동원하여 문을 부수고 최루탄을 터트리는 식으로 난장판이 일어나는 곳이 대한민국 국회의사당이다. 여야 가릴 것 없이 만인에 대한 만인의 투쟁이 적나라하게 펼쳐지는 이런 아수라장의 싸움터에서 그나마 '말은 맞다'고 인정받는 것은 쉽지 않은 일이다. 논리력이 그만큼 수준급이라는 의미이다.

정치인이든 보통 사람이든 지적 능력에도 불구하고 싸가지가 없다는 비판을 받는다면 그건 커뮤니케이션 스타일에 문제가 많기 때문이다. 인간의 커뮤니케이션이 말의 콘텐츠 못지않게 콘텐츠를 전달하는 방식이 적절해야 의도하는 목적을 달성할 수 있음을 여실히 보여주는 사례이다.

또한 현대를 사는 사람들은 대부분 학교 교육과 아침에 눈을 뜨면 만나는 수 없이 많은 미디어가 전달하는 정보를 통해 웬만한 토픽에 대해서는 상당한 지식과 정보를 갖춘 상태이다. 그러므로 정보 자체 이상으로 상대방에게 그 정보를 적절하게 표현한다는 느낌을 줄 수 있게 전달하는 하는 것이 커뮤니케이션의 성패에 큰 영향력을 발휘하는 추세이다.

'어떻게 말하는가'라는 문제는 어떤 현상을 묘사할 때 자주 마주쳐 온 문제이다. 예를 들어 우리가 어떤 사건에 대하여 설명을 하는 경우, 오래 전부터 근거해온 육하원칙에 포함되어 있는 요인이다. 육하원칙은 5W 1H(Who, When, Where, What, How, Why), 즉 '누가 언제 어디서 무엇을 왜 어떻게'라는 6가지 기본요소를 말한다. 이 육하원칙의 요소에 부합하는 메시지를 만들어 전달하면 뜻하는 바가 명료해지고 상대방도 분명하게 전달받을 수 있어서 커뮤니케이션에 효율적이다.

육하원칙은 신문이나 방송의 보도에서 부동의 기사 작성 원칙으로 받아들여져 왔다. 기사로 다루어야 할 대상의 성격, 기사의 목적, 기사의 종류에 따라 육하원칙 이외에 여러 다른 요소를 기사 쓰기에 추가하고 있지만 육하원칙이 기본 골격이라는 점은 변함없는 진리다. 먼저 육하원칙에 근거해서 메시지 내용을 만들어야 다른 부차적인 노력을 통해 메시지의 멋도 부리고 맛도 가미할 수 있다. 육하원칙을 무시하면 메시지는 의미가 희미해지고 체계도 없는 사상누각이 되고 만다는 것이 통설이다. 이야기 구성의 핵심요소인 것이다.

절대적인 이데올로기, 육하원칙

필자도 대학 재학 시절, 일주일에 한 번 발행되는 학교신문을 만드는 데 전력투구하던 때에 육하원칙의 절대성을 반복해서 경험했다. 그때는 지금처럼 인터넷 홈페이지나 카카오톡, 카페, 페이스북, 트위터, 유튜브 같은 다양한 미디어나 플랫폼이 없었다. 일주일에 한 번 발간되는 주간신문, 라디오 방송, 한 달에 한 번 발행되는 영자신문, 일 년에 한 번 나오는 교지, 학생들 동아리가 자체적으로 펴내는 등사출판물 정도가 학생들이 접할 수 있는 공적인 소통의 전부였다. 커뮤니케이션 측면에서는 열악한 시기였다.

국가적으로도 1972년 유신 이후 독재정권의 억압적인 검열과 위수령 선포로 우리 사회와 언론과 대학에 침묵을 강요하던 무거운 시기였으므로 어떤 형태로든 공적 커뮤니케이션과 관련된 일은 그 자체로 의미를 지니는 시기였다. 정권의 언론통제에 저항하던 〈동아일보〉는 정부권력의 입김으로 광고가 사라지는 이른바 동아광고사태 속에서 큰 어려움을 겪고 있었다. 한국의 언론이 고통당하고 사회적 커뮤니케이션은 실종되었다. 뜻있는 개인이나 모임이 겨우 동아를 격려하는 가난한 광고를 실어 주던 속상한 그 시기는 동아 너마저 굴복하면 이민을 가겠다던 대학 동창 모임의 광고가 잘 대변한다.

그런 시기였으니 대학의 미디어와 교지 등의 출판물 등에서 글을 쓰고 싶은 학생의 숫자에 비해 운영하는 미디어와 출판물의 숫자는 형편 없이 적었다. 그러니 대학의 신문이나 방송에서 학생기자로 일하는 것은 요즘에는 상상할 수 없을 정도로 인기가 있었다. 요행으로 신문이나 방송에서 일할 기회를 얻게 된 학생들은 열정적으로 신문과 방송을 만드느라 몸부림을 쳤다. 몸부림이라는 표현은 대학 신문사에 찾아와 좀 제대로 쓰라는 이름 모르는 학생들의 진정성을 배려한 표현이다.(근래 대학 신문은 3D 업종이 되었고, 구인난에 시달리고 있다. 인터넷 도입 이후 디지털 미디어에 밀리고 밀려서 고사 직전이다. 애석한 일이다.)

필자 역시 인간을 겸손하게 하고, 인생을 소생케 하며, 만물을 풍성케 하는 여대생들과의 미팅을 4년 동안 한 번 반밖에 못했을 정도로 신문 제작에 매달려 살았다.(한 번 반이라는 횟수는 이제와 생각하면 너무 아쉬움이 남는 분한 수치이다. 반 번은 미팅 장소에 도착은 했는데 빨리 학교 신문사로 오라는 잘난(?) 선배 때문에 '작업 커뮤니케이션'을 못해 보고 철수했던 애절한 사건을 의미한다.)

그때는 기사를 잘 써서 선배 데스크의 격려를 받고 신문에 자신이 쓴 기사가 가위질 없이 실리는 것이 최상의 바람이었다. 때때로 차별화된 기사를 써서 돋보이고자, 절대적 이데올로기인 육하원칙의 답답한 틀을 깨는 혁명적인 원고를 만들기도 했다. 그리고 내 딴에 특별한 노력을 기울인 기사에 대해 신선하다는 칭찬을 받을 기대로 미리 흥분했었다.

그러나 그럴 때마다 기다리고 있는 건 오히려 담당 지면 선배의 예외 없는 비판 세례였다. 필자가 쓴 원고지는 붉은 색연필로 벌겋게 물든 채, 퇴짜를 맞고 쓰레기통을 향하여 직구로 날아갔다. 이걸 글이라고 썼느냐며 묵사발 내는 선배의 주된 나무람은 육하원칙의 실종과 내용에 너무 힘이 들어가 잘 읽히지 않는다는 것. 엉뚱한 방향으로 이야기가 흘러 버렸지만, 어쨌든 육하원칙은 내 젊은 날에 잘 터득되지 않던 요지부동의 원칙이었다는 사실이다.

그리스 수사학에서도 육하원칙은 말하는 사람이 자신의 주장을 입증하기 위해 유용한 아이디어를 찾아갈 때 활용하는 주요 방법이었다. 뜻을 전하는 데 혼돈스러우면 기본으로 돌아가라고 한다. 돌아가서 다시 생각하고 재정비하라는 것인데 그것은 찬찬히 육하원칙에 따라 점검하고 그 바탕 위에서 다시 그대의 꿈을 그려보라는 것이다. 육하원칙이 그냥 멋으로 있는 것이 아님은 분명하다.

설득의 열쇠 'How'

　육하원칙 중에서 유일하게 W로 시작하지 않는 요소인 How는 커뮤니케이션 행위를 할 때 전달하려는 메시지의 내용을 상대에게 어떻게 전달할 것인가의 문제이다. 보통 다른 사람과 커뮤니케이션하는 상황은 특정 상대방과 직접 만나서 말을 나누는 경우이다. 그러므로 '누가, 언제, 어디서, 무엇을, 왜'라는 원칙과 관련한 정보는 대략 예측이 가능하다. 이들 정보는 사실성에 기초를 더 두는 정보여서, 커뮤니케이션이 이루어지는 현장에서 급작스럽게 자의적으로 아이디어나 메시지의 내용에 변화를 주기 어려운 요소이다. 말하는 사람의 커뮤니케이션 실력이 끼어들 소지가 적은 편이다.

　그러나 커뮤니케이션 스타일은 좀 다른 특성을 지닌다. 자신의 노력에 따라서 큰 변화를 줄 수 있다. 그런 점에서 말하는 사람에 대한 인상을 형성하고 신뢰감을 평가하는 데 큰 영향을 미친다. 제대로 인식하지 못해 왔지만, 커뮤니케이션 스타일은 콘텐츠의 설득력을 결정하는 데 큰 비중을 차지하므로 상대방과 상황에 따라 적절한 커뮤니케이션 스타일을 구사하는 일은 매우 중요하다. 이제부터라도 커뮤니케이션에 파괴력을 지니는 스타일에 대한 인식을 새롭게 해야 한다.

　어떻게 말하는 것이 좋은가? 이 질문은 스타일에 대한 관심을 대변한다. 커뮤니케이션 스타일은 타인에게 무엇을, 무슨 내용을 전달하느냐가 아니라 어떻게 전달하는 것이 좋은가 하는 표현 방식을 문제 삼는다.

　커뮤니케이션의 스타일은 메시지의 내용에 형식을 입히고, 말하는 사람의 '커뮤니케이션 능력과 적절함에 대한 인상'을 형성한다. 그래서 동일한 내용일지라도 커뮤니케이션 스타일에 따라서 사람들의 평가가 달라질 수 있다. '같은 말을 해도 어 다르고 아 다르다'는 스타일의 중요성에 대해서, '참 싸가지 없게 말한다'는 비평은 부정적 영향력에 대해서 알려주는 사례이다. 이에 비해 '같은 말을 해도 그 사람처럼 하면 믿게 된다'는 것은 긍정적인 영향력이 증명되는 경우이다.

옳은 말이라도 표현에 품위가 없다면 신뢰하기 어렵고, 다소 공감하기 어려운 사실이라 해도 진지하고 호소력이 강한 방법을 동원한다면 설득력을 발휘할 수 있다. 이렇게 스타일은 단지 말하는 방법으로 머물지 않고, 말하는 사람의 이미지를 형성하고 정보의 사실성과 정확성, 사람에 대한 신뢰성이나 인격을 판단하는 데 결정적 요소로 작용한다.

스타일의 유형

커뮤니케이션 스타일 연구의 대표적인 학자는 노턴(Norton)이다.[2] 미시간 대학에서부터 본격적으로 시작한 연구를 통해 노턴 교수는 커뮤니케이션 스타일은 인간의 커뮤니케이션 특성을 대변하는 한 속성으로 보았다. 그가 정리한 대표적인 10가지 스타일 유형은 논쟁적, 개방적, 극적(劇的, dramatic), 지배적, 꼼꼼한, 편안한, 친근한, 배려하는, 생동적, 인상 남기기 스타일이다.

논쟁적 스타일은 다른 사람과 의견이 다를 때 도전하고 다투는 것을 의미한다. 자신의 주장을 강하게 내세우거나, 감정이 수반되는 표현이다.

또 품위 있게 주장하려는 의지가 부족하거나, 끝까지 논쟁을 추구한다는 점 때문에 부정적 결과를 야기하기 쉽다.

개방적 스타일은 자신의 감정, 생각, 사적인 정보를 밝히는 것으로 다른 사람과의 대화에서 정직하며 숨기지 않는 점을 강점으로 인정받는다. 말을 모호하지 않게 분명하게 하고, 대상에 대하여 설명을 제대로 해주기 때문에 자신의 정체성을 언어로 표시해 준다. 다른 사람과의 대화에서 개방성은 긍정적인 결과를 가져온다는 연구 결과가 많다.

극적 스타일은 자신이 전달하려는 메시지의 요점을 실제 사례들을 활용하여 가시적으로 보여주려고 다양한 농담과 이야기들을 사용한다. 생생하고 감정적으로 의미를 표현하며, 자신의 의도를 입체적으로 강조하기 위해 변화를 주고 호들갑을 떨며 과장된 행위를 한다는 인상을 풍기는 스타일이다.

지배적 스타일은 매우 빈번하게 말을 하며 리더로서 권위를 드러내려고 한다. 상대방에게 자신의 강력한 리더십, 강인한 인상을 남겨 자신이 커뮤니케이션 상황을 주도하는 리더라는 점을 부각하려고 애쓴다. 횟수에 관계없이 반복적인 말을 통해 자신의 뜻대로 상황을 만들어가려는 스타일이다.

꼼꼼한 스타일은 커뮤니케이션의 내용을 자세히 따지고 대화에 등장하는 모든 내용에 대하여 명확한 의미를 추구한다. 따라서 내용과 정보의 정확성과 일관성 등을 매우 엄격하게 지키는 편이다.

편안한 스타일은 보통 사람들이 말하는 상황에서 흔하게 느끼는 긴장감에 사로잡히지 않고 이완된 기분으로 커뮤니케이션에 임한다. 커뮤니케이션 상황이 주는 스트레스에 아랑곳하지 않고 자유롭고 느긋하게 상대방과 기분 전환을 꾀한다.

친근한 스타일은 대화의 상대에게 긍정적인 표현을 하고 그에 부응하는 제스처를 즐긴다. 상대방이 한 일에 대하여 인정과 칭찬을 아끼지 않으며, 격려와 호감을 표시하여 친절한 대화가 되도록 노력한다.

배려하는 스타일은 다른 사람의 말을 진중하게 경청하는 자세를 취하고 상대방의 의도에 따라 반응한다. 상대방의 커뮤니케이션 행위에 대하

커뮤니케이션 스타일이 만들어내는 다양한 결합.
나의 커뮤니케이션 스타일은 어떤 유형인가? 대개는 여러 개의 스타일이 복합적으로 어울려서 개인의 스타일을 형성한다.

소통하는 인간, 호모 커뮤니쿠스

여 사려 깊게 대응하고 메시지의 내용에 주목하며 피드백을 주는 태도를 견지한다. 이러한 스타일은 상대가 하는 말을 제대로 경청하고 있다는 인상을 주어 긍정적으로 커뮤니케이션 상황에 참여하고 있다는 판단을 하게 한다.

생동적 스타일은 자신의 의미를 전달하기 위하여 눈, 얼굴 표정, 제스처 등 비언어적 행위를 광범위하게 사용한다. 말을 할 때 눈 동작을 통해 자신의 감정을 전달하고 신체의 부위를 활용하여 의미를 강화한다. 얼굴 동작이나 몸짓을 포함하여 여러 비언어적 수단을 동원하면서 커뮤니케이션 상황에 임한다. 상대와의 커뮤니케이션 관계에서 자신을 표현하는 데 적극적이다.

인상 남기기 스타일은 상대의 마음에 자신에 대한 이미지를 남기고 또 지속시키려는 표현을 담는다. 상대가 자신을 기억하는 데 도움이 되는 말과 표현을 던진다. 상대와 연관되거나, 현재의 상황과 관련되거나, 자신의 가치를 과거, 현재, 미래와 상관시키고 상호관련성의 불가피함에 초점을 맞춘다.

지금까지 설명한 스타일들 중에서 여러분의 커뮤니케이션 스타일은 주로 어떤 유형에 속한다고 생각이 되는가? 논쟁적인가 아니면 상대를 배려하는 진지한 경청 스타일인가? 자신의 스타일을 어느 한 유형에만 고정시켜 생각할 수 없는 경우가 많을 것이다. 왜냐하면 커뮤니케이션 스타일은 각각의 스타일이 한 개인의 커뮤니케이션 행위를 표현할 수도 있지만, 2개 혹은 3개 또는 그 이상의 스타일이 복합적으로 어울려서 다양한 스타일로 나타날 수도 있기 때문이다.

예를 들어 논쟁적이고 극적인 스타일의 커뮤니케이션 행위를 주로 하는 사람은 매우 요란하고 과장된 언어와 상대방의 말에 대하여 집요하게 따지는 행위로 부정적인 이미지를 낳을 수 있다. 여기에 생동적인 스타일이 더해지는 경우에는 언어적 커뮤니케이션 행위에 더하여 비언어적 행위인 손, 눈, 얼굴 표정, 몸짓 등이 가세하여 부정적인 이미지를 더욱 강화할 가능성이 높다.

반면에 개방성과 친근성이 가미된 스타일로 커뮤니케이션하는 사람은 어떤 이슈에 대하여 토론을 하거나 대화를 하는 경우에 고집을 부리지 않고 상대의 말을 경청하고 부드럽고 온화한 용어로 자신의 의견을 피력함으로써 긍정적인 이미지를 쌓을 수 있다.

또한 논쟁적인 스타일이 줄 수 있는 부정적인 측면을 개방적이고 친근하며 꼼꼼한 스타일을 복합적으로 가미하여 완화할 수도 있을 것이다. 동시에 메시지에 대해 철저히 검토하고 그에 대한 의견은 적극적으로 표현하지만, 부드럽고 개방적으로 의견을 표시하고 철저한 논증과 증거를 제시함으로써 오히려 매우 설득력이 높은 사람으로 평가될 수 있다. 커뮤니케이션 주제에 따라서 적절한 스타일을 개별적 혹은 복합적으로 활용한다면 효과 면에서 큰 차이를 얻을 수 있을 것이다.

대화의 성격에 따라서도 다양한 결과를 예상할 수 있다. 가볍게 시간을 보내고 긴장을 완화하려는 상황에서 대화하는 경우에는 편안한 스타일과 친근한 스타일이 필요한 반면, 지배적이고 논쟁적인 스타일은 오히려 좋지 않은 결과를 낳을 수 있다. 만약 자극과 흥분을 포함하는 오락적인 상황이라면 극적인 스타일, 생동적인 스타일의 대화가 더 필요할 것이다. 하지만 어떤 정보를 전달하거나 교육을 목적으로 하는 상황에서는 상대를 배려하는 커뮤니케이션 스타일이 보다 생산적이고 기분 좋은 결과를 가져올 것이다.

정리하면 개인은 10개의 스타일 중에서 자신이 표현하는 스타일의 유형에 따라서 사람들에게 이미지를 형성하게 된다. 특정 유형의 스타일 요소를 가지고 있다면 그 요소로 표현되는 특성에 따른 이미지를 가지게 되는 것이다. 또한 이미 살펴보았듯이 이 열 가지 스타일은 다양하게 서로 결합하여 카뮤니케이션으로 표현될 수 있다. 그 결합의 조합은 개인이 처한 커뮤니케이션 상황도 고려해야 하므로 상상할 수 없을 정도로 아주 다양할 수 있다.

내용을 능가하는 스타일의 영향력

기업이나 직장 등의 조직은 사람들이 한평생을 살면서 결혼해서 꾸리는 가정 다음으로 많은 시간을 보내는 장소이다. 시간의 양과 관계를 맺는 사람의 수로 따지면 가정이나 가족 관계를 능가한다. 그럴만큼 직장은 개인의 삶의 질을 좌우하는 곳이다. 인생살이에서 이렇게 비중이 큰 조직에서 만나고 관계를 맺는 사람들의 커뮤니케이션 스타일은 개인의 삶의 질을 평가하는 데 매우 큰 영향력을 지닌다.

예컨대 직장에서 구성원들이 서로 간에 어떤 스타일로 커뮤니케이션을 하는가가 회사에 대해 느끼는 만족감 형성에 민감한 요인이라는 연구 결과가 지속적으로 보고되고 있다. 구성원 간의 커뮤니케이션이 직장에서 차지하고 있는 직책이나 위계질서 같은 제도보다 회사 구성원들 사이의 인간관계와 조직에 대한 태도와 만족감 형성에 막대한 영향을 미친다는 것이다.[3]

구체적으로 일반 사원과 같은 하급자들은 팀장이나 간부급과 같은 상급자들이 자신들과 유사한 커뮤니케이션 스타일을 구사하면 긍정적인 느낌을 가진다. 하급자들은 상급자가 농담이나 이야기를 잘 활용하고 행동적이고 활동적인 인상을 주는 극적 스타일로 커뮤니케이션하고, 눈 동작, 얼굴 표정, 제스처를 풍부하게 사용하는 생동적 스타일에서 자신들과 유사할 때 더 큰 만족감을 느꼈다.

이 결과는 직장의 상급자가 극적이고 비언어적 표현을 많이 하는 스타일이면 하급자들을 압도하는 지나친 에너지와 힘을 발휘하여 하급자들이 불편한 기분을 느낄 수 있기 때문인 것으로 풀이되었다. 다시 말해 하급자들은 자신들과 유사한 상급자의 커뮤니케이션 스타일로부터 편안한 만족감을 느끼는 것이다. 이처럼 커뮤니케이션 스타일은 하급자와 상급자라는 직급의 차이에서 발생할 수도 있는 직장에 대한 부정적인 태도를 감소시키고 긍정적인 만족감을 형성하게 하는 요인이었다.

커뮤니케이션 스타일은 직무수행에도 영향을 미쳤다. 기업에서 상급자가 편안한 스타일, 친근한 스타일, 배려하는 스타일의 커뮤니케이션을 하지 않을수록 간부들은 부서가 해야 하는 직무를 수행하기 위하여 일반 사원인 하급자에게 더 많은 커뮤니케이션 행위를 해야 하는 노력이 필요했다. 이런 행위는 상급자에 대한 하급자의 만족감을 감소시켰다. 달리 표현하면 상급자가 편안하고 친근하며 배려하는 스타일의 커뮤니케이션을 구사할 때 하급자들은 더 적은 설명으로도 상급자의 지시를 잘 따르고 직무에 대한 만족감도 높았다. 커뮤니케이션 스타일이 상급자들의 직무수행을 위해서도 중요한 요소임을 보여준다.

커뮤니케이션 스타일과 사람들의 패션과의 관계를 살펴본 재미있는 사례도 있다. 극적 스타일, 친근한 스타일, 생동적 스타일의 커뮤니케이션을 구사하는 사람들이 패션 유행을 더 잘 받아들이는 것을 발견한 경우이다. 패션 유행을 늦게 받아들이는 사람과 비교해서 유행 패션에 민감하게 반응하고 패션 변화를 빠르게 수용하는 사람이 보다 적극적이고 사람들과 소통이 원활하며 활동적이었다.

교육에 대한 커뮤니케이션 스타일의 영향력도 크다.[4] 초등학교의 경우, 선생님의 커뮤니케이션 스타일에 따라 학생들의 선생님에 대한 평가가 달라지고, 수업에서 얻는 학습 효과가 영향을 받았다. 가르치는 수업 내용 못지않게 어떻게 그 내용을 전달하는가 하는 전달 방법인 스타일이 초등학생들의 학습효과에 중요한 요소인 것이다.

학생들은 선생님이 상대를 배려하고, 친근하며, 지배적이지 않고, 편안하며, 꼼꼼한 스타일로 강의를 진행할 때 효율적으로 수업을 진행하는 선생님으로 느꼈다. 또한 극적인 스타일의 진행을 통해 학생들에게 즐거움을 주고, 이야기를 많이 포함하고, 웃음을 유도하고, 수업에 참여도를 높이는 수업을 진행할 때 긍정적으로 수업 진행을 하는 것으로 받아들였다.

대학생들도 유사한 태도를 보였다. 상대적으로 더 극적이고, 편안하며 개방적이고 친근한 스타일을 지닌 선생님에 대해 강의를 더 잘한다는 평가를 내렸다. 이런 스타일과 함께 배려하는 커뮤니케이션 행위가 곁들인 경우에 학생들은 강의실에서 선생과 학생 사이의 커뮤니케이션에 대하여 만족감을 표시했다. 대체로 친근하고, 배려하며, 편안한 스타일로 수업 내용을 전달하는 경우에 바람직한 수업으로 느꼈다. 반면에 지배적이고 잘 따지는 논쟁적인 스타일에 대해서는 비우호적으로 평가했다.

커뮤니케이션 스타일은 학생들의 학습효과에도 영향을 미치는 것으로 밝혀졌다. 편안하고 친근하며 개방적이고 배려하며 극적인 스타일로 진행하는 수업은 인지적 감정적 행동적으로 학생들에게 긍정적인 효과를 가져왔다. 수업 내용으로부터 유용한 정보를 얻는 것으로 인식하고, 수업에 대하여 호의적으로 평가하고, 수업에 적극적으로 참여하는 결과를 낳았다.

국내 교육환경에서도 교사의 커뮤니케이션 스타일의 영향력은 실증적 연구에서 확실하게 나타났다.[5] 자신의 생각, 의견. 입장을 강하게 표현하기 위해 적극적으로 행동하고, 특정 입장을 주장하고 옹호하며 자신의 목적위주로 강한 개성을 드러내는 '자기주장 스타일'은 학생들의 수업 주목도와 만족도에 유의한 관련성을 가지지 못하고, 학습효과형성에도 기여하지 못했다. 반면에 상대의 감정을 고려하고, 경청하며, 물리적 심리적으로 가까움을 표시하는 친근하고 온정적이며 따뜻한 '타인 배려 스타일'은 수업에 대한 학생들의 만족도에 긍정적인 관련성을 가지며, 학습효과를 형성하는 데에도 긍정적으로 기여한다. 교사의 커뮤니케이션 스타일이 학생들의 입장, 상황, 질문과 학생들과의 관계를 배려할 때 학생들은 수업에 대한 평가와 학습효과에 대한 평가를 긍정적으로 하였다.

소통하는 인간, 호모 커뮤니쿠스

스타일이 곧 나의 이미지

광의의 시각에서 보면 인간은 커뮤니케이션을 어떻게 하는가에 따라 자신의 정체성과 자신에 대한 이미지와 평가에 영향을 받는다. 자신에 대한 타인의 지각에 결정적인 영향력을 미치는 것이다. 달리 표현하면 내가 커뮤니케이션을 하는 방식이 내가 어떤 사람인지를 대변하고, 상대로부터 긍정적인 혹은 부정적인 반응과 보상을 받게 된다.

스타일은 메시지의 내용에 형식을 입히는 것으로 커뮤니케이션 행위나 말 자체를 상대가 어떻게 받아들이고 해석하고, 여과하고, 이해할 것인가에 대해 신호(암시)의 역할을 한다. 고도로 지적인 인간이 실행하는 모든 커뮤니케이션 행위는 말이든 메시지이든 기본적으로 다중적이고 복합적인 의미를 지닌다. 내용이 전달되는 형식과 방법으로서 스타일은 겉으로 표현되는 내용 뒤에 있는 목적과 가치에 대하여 알아차리게 하는 힘을 지닌다.

전통적으로는 스타일은 커뮤니케이션의 내용이 아니라 커뮤니케이션의 매너와 관련이 있는 것으로 생각하는 경향이 짙다. 그러나 내용이 말하는 사람의 커뮤니케이션 행위의 의도, 목적, 말하는 사람의 본성을 밝히는 정보를 담고 있는 것이라면 커뮤니케이션의 내용과 스타일을 각각 분리하는 것은 매우 어려운 측면이 있다. 다시 말해 스타일은 내용 자체가 아니고 어떻게 표현하느냐는 방식을 뜻하지만, 내용과 분리할 수 없을 정도로 중요한 영향력을 지니고 있는 것으로 볼 수 있다. 그래서 필자가 좋아하는 스타일에 대한 논의는 스타일을 '멋지게 표현하기'라고 정리한 것이다.[6] 진정으로 멋지게 표현하기 위해서는 우선 내용이 바탕이 되어야 할 것이기 때문이다. 멋이란 겉만 번지르르해서는 일구어내기 힘든 본질 같은 것 아니겠는가. 내용에 충실해야 깊은 멋이 발산될 수 있을 것이다.

커뮤니케이션 스타일은 사람들의 커뮤니케이션 행위에 대한 평가와 개인의 이미지에 큰 영향을 미친다. 의견 차이가 크든 작든, 논쟁의 대상이 되는 사안이든 아니든, 일상적인 평범한 상황이든 아니든 어떻게 말하는가에 따라 말하는 사람에 대한 인상과 평가가 달라진다. 상대에 대한 인상과 평가가 사람들 사이의 관계를 결정하는 요인이다. 사람 사이의 관계가 형성되고 발전되고 해체되는 것에 스타일이 작용한다.

같은 커뮤니케이션 행위, 같은 말이라도 어떻게 하느냐에 따라 받아들이는 상대에게 좋은 감정을 줄 수도 있고 나쁜 감정을 줄 수도 있다. 마음을 여는 봄바람이 되기도 하고, 비수가 되어 상처를 낼 수도 있다. 즐겁고 협력적인 커뮤니케이션을 위해서는 적절한 커뮤니케이션 스타일을 고려해야 한다. 상대와 상황에 따라 최적의 결합을 이룰 수 있게 스타일에 대한 안목을 높여가야 한다.

소통하는 인간, 호모 커뮤니쿠스

chapter 8

나의 비밀을 밝히면
관계는 진전된다

인간은 본능적으로 자기 자신에 대한 이야기를 하고 싶어 하는 존재이다. 내 이야기
를 글로 쓰면 책 열 권도 모자란다는 나이 드신 부모님 세대들의 넋두리에 사람들은
동감한다. 이 풍진 세상을 살면서 누구든 자신의 얘기를 속 시원하게 털어놓고 싶은
욕망이 절실함을 우리는 안다. 우리의 속내에는 밖으로 나가고 싶어 하는 사연이 빼
곡하다.

제8장

○

나의 비밀을 밝히면
관계는 진전된다

— 자기정보 노출 커뮤니케이션

●

내 속엔 내가 너무도 많아서

내 속엔 내가 너무도 많아

당신의 쉴 곳 없네

내 속엔 헛된 바램들로

당신의 편할 곳 없네

내 속엔 내가 어쩔 수 없는 어둠

당신의 쉴 자리를 뺏고

내 속엔 내가 이길 수 없는 슬픔

무성한 가시나무 숲 같네

……중략……

바람만 불면 외롭고

또 괴로워

슬픈 노래를 부르던

날이 많았는데

내 속엔 내가 너무도 많아서

당신의 쉴 곳 없네

　부르기가 좀 어렵고 분위가 가라앉는 면이 있지만 〈가시나무새〉는 필자가 다섯 번째쯤 좋아하는 노래다. 1980년대에 시인과 촌장이 불러서 히트하고, 조성모라는 가수가 리바이벌하여 수백만 장의 앨범 판매를 기록한 인기 가요이다. 내가 사랑하는 당신이지만 나도 어찌할 수 없는 나로 인해 마음에 편하게 담지 못한다는 노랫말은 애잔하다. 그래서 노래방에서 점수가 잘 나오지 않는 노래이지만 좋아한다.(점수로 무슨 내기를 할 때는 삼가야 한다. 음정이 너무 가라앉고 길게 끌어야 해서 점수가 틀림없이 잘 안 나온다.)

　헛된 바람, 어쩔 수 없는 어둠, 이길 수 없는 슬픔으로 대변되는 '내'가 너무 많아서 사랑하는 당신을 내 안에 쉬게 하지 못한다는 건 가슴을 저미는 아픔이다. 돌아가신 부모님의 묘비를 마주하는 애잔함이다. 사람에 따라 여러 느낌이 들 수 있지만 우리 인간이 하나가 아닌 복수 이상의 자아를 가지는 존재라는 사실을 새삼 상기하고, 그에 따른 비애가 촉촉이 배어 있는 노래다.

　　　　　제8장 — 나의 비밀을 밝히면 관계는 진전된다

복수의 자아가 존재하는 인간

인간에게 하나만이 아니라 여러 개의 자아가 있다는 점은 이미 심리학이나 정신의학에서 오래전부터 주장해 온 사실이다. 사람들에게는 외부로 드러나는 공적 자아와 내부에 자리하고 있는 내적 자아가 있으며, 프로이트 같은 사람은 개인의 진정한 정체성은 의식적인 자아에 대응하는 개념인 무의식 속의 자아(unconscious self)에 있다고 한다.

자아를 이상적인 자아(the ideal self-concept), 기대 자아(the ought self-concept), 실제 자아(actual self-concept)로 나누기도 한다. 이상적 자아는 사람들이 미래 어느 때에 성취하려고 하는 자기 이미지다. 기대 자아는 의무적으로 자신이 가져야 한다고 느끼는 자기 이미지를 의미한다. 실제 자아는 현재 상태에서 다른 사람들에게 표현하는 자기 이미지를 일컫는다.[1]

사람들은 자신이 잘 아는 진실하다고 느끼는 자아를 전달하고 싶어 한다. 그러나 사회생활을 하면서 여러 이유로 실재하는 자아를 있는 그대로, 사실 그대로 전달하지 못하는 경험을 하게 된다. 너 나 할 것 없이 대개의 사람들이 이렇게 밖으로 드러내지 못하는 내부에 있는 또 다른 자아의 존재를 느낀다. 그래서 정신의학에서는 이처럼 제대로 완전하게 전달하지 못하여 생기는 개인 내부의 응어리나, 자신의 진짜 자아를 제대로 알지 못한 데서 생기는 문제를 발견하여 자유롭게 표현하게 하는 것을 정신 치료의 목표로 삼는다.

인간에게는 자신의 비밀스러운 자아에 대한 정보를 다른 사람에게 말하고 싶은 욕구가 있다. 제한된 사람에게라도 자신을 개방하려 하고, 다른 사람에게는 절대로 얘기하지 말라는 조건을 붙이면서도 내밀한 자아를 밝히고 싶어 한다.(물론 얘기한 다음 날이면 전국적(?)으로 알려지는 경우도 많다.)

애틋한 그리움을 안고 있는 첫사랑, 가정, 직장, 단체. 연인, 친구, 동료, 선생님, 선배, 후배, 직장상사, 아랫사람, 부모, 가족 등과 관련하여 내면에는 무수한 자신만의 애환과 감정이 자리하고 있다. 평소에는 혼자만 알고 지내다가 편하게 느껴지는 어떤 상대를 만나면 자신이 간직하고 있는 것을 밝히고 싶고, 또 밝힌다.

이런 경험에 대한 기억은 멀리 갈 필요도 없다. 기차나 버스를 타고 모르는 사람과 옆 자리에 같이 앉아서 여행하는 경우를 돌이켜 보라. 무심결에 생면부지의 사람에게 평소 자주 만나거나 친하게 지내는 사람들에게 하지 않던 자신에 대한 이야기를 꺼낸 경험이 있을 것이다. 그러면 상대도 자기의 사적인 이야기를 꺼내게 되고, 더 많은 내면에 대한 이야기를 교환하게 된다. 다시 만나지 않을 확률이 거의 100%에 가깝다는 점이 작용한 것이다.

좋은 관계로 이끄는 자기정보 노출

커뮤니케이션 연구에서 개인 내부의 자아에 관하여 타인에게 밝히고 전달하는 것은 자기정보 노출(self-disclosure)이라고 한다.[2] 사람들은 보통 상대에 대한 특별한 감정 없이도 자신의 호오, 애증, 공포, 직업, 목표, 자랑, 자부심 등에 대하여 밝히고 싶은 공시욕구를 지닌다. 자신에 대한 비밀스러운 정보를 밝히는 자기정보 노출은 상대와 친밀한 관계를 형성하는 데 긍정적인 역할을 한다. 비밀스런 정보를 밝혀서 서로 믿게 되면 없던 진실이 개발되고, 기존의 존재하던 진실성은 강화된다. 상호 진실함의 기분을 공유하면 상대에게 자기정보를 노출하는 빈도와 강도 는 더욱 강화된다. 상대와 처음 만나는 초면상황에서 자기정보 노출은 두 사람이 서먹서먹한 단계를 벗어나 편안하고 친밀한 관계로 급속하게 발전하는 데 어떤 다른 요인보다도 큰 영향력을 발휘한다.[3]

친한 친구와 그렇지 않은 사람의 차이점은 무엇일까? 친한 친구 관계 는 어떻게 정의될 수 있을까? 골똘하게 인상을 쓰면서 고민하지 않아도 한 가지 이유는 누구나 쉽게 답할 수 있다. 그건 속마음을 얘기할 수 있 다는 거다. 자기정보를 밝히는 일이 동일한 상대를 대상으로 일회적이 아니라 반복적으로 이루어지면 두 사람 간의 관계는 친한 친구 관계로 진전되고 친밀감이 대폭 증대한다. 개인의 내부에 있는 자아에 대한 정 보를 밝히면서 대화를 나누면 유대감과 감정 공유의 소통이 일어난다. 친한 친구 관계나 사랑하는 관계는 서로 자아에 대한 정보 공개를 통해 상대에 대한 이해와 공감을 지속적으로 확인하고 발전시켜 가는 것이다.

이처럼 다른 사람은 잘 모르는 자신에 대한 정보를 상대에게 밝히는 자기정보 노출이 상대방과의 관계 진전에 매우 유용하다는 것은 일상의 경험에서 피부로 느끼는 현상이다. 어떤 목적에서든 자신에 대한 비밀스 러운 정보를 상대에게 공개하면 피상적인 정보나 사실적인 정보를 교환 할 때와는 다르게 친밀한 관계가 형성될 가능성이 높다.[4]

소통하는 인간, 호모 커뮤니쿠스

필자도 솔직한 사람, 인상이 순한 사람, 실력이 센 사람, 재미있게 이야기하는 사람, 독창성이 높은 사람, 열정을 가진 제자 등과 얘기할 때는 나 자신의 이야기를 털어놓으며 얘기하는 경향이 있다. 돌아가신 아버님이 항상 솔직하고 당당해야 한다고 강조하셔서 그런 성격이 생긴 것 같다. 나이가 들어가면서도 여전히 그 노선을 추구하다가 내 밑천을 미리 서둘러 내놓는 바람에 피(손해)를 본 경우가 많다. 그래도 솔직하고 싶은 욕구의 분출을 굳이 억제하지 않는 것은 자기정보 노출의 효용성을 강하게 믿기 때문일지도 모른다.(지나치게 솔직한 사람은 능력 이상으로 무엇이든 선두로 지출하는 미풍양속을 앞장서 실천하는 좋은 성향이 있다. 또 타인과의 관계에서 상대도 솔직하게 이실직고하겠거니 믿다가 후일 뒤통수를 맞고 가슴에 멍이 드는 슬픈 일을 경험하는 일이 잦다.)

너에게만 하는 이야기

인간은 본능적으로 자기 자신에 대한 이야기를 하고 싶어 하는 존재이다. 내 이야기를 글로 쓰면 책 열 권도 모자란다는 말은 나이 드신 부모님 세대들의 흔한 넋두리이지만 많은 사람들이 동감하는 얘기다. 왜 그렇지 않겠는가! 세상을 살아간다는 것은 희·로·애·락·애·오·욕의 과정이니 그렇고 말고다. 누구든 자신의 얘기를 속 시원하게 털어놓고 싶은 절실한 욕망을 지니고 있다. 우리의 속내에는 못다 한 이야기, 하고 싶은 사연이 빼곡하다.

그러나 타인에게 자신의 속내를 드러내어 얘기한다는 것은 쉽지 않다. 주저되는 일이다. 그래서 사람들은 '다른 사람에게는 못하고 너에게만 하는 얘기'라는 단서를 단다. '내 가족 같으니까' '너는 제일 친한 친구니깐' 식의 표현을 전제하고 자신의 비밀스러운 정보를 밝힌다.

달리 말하면 사람은 단서를 붙여야 하는 위험(?)을 감수하고서라도 정보의 공개를 통해 자신을 알림으로써 스스로 자기 역사의 증언자를 만들고 싶은 욕구가 충만하다. 그토록 이야기하고 싶어 하는 본능을 지닌 동물이기에 인생의 과거 현재 미래를 흥미롭게 연결하는 문학예술도 탄생한 것이 아니겠는가.

근래 사람들의 핵심적인 커뮤니케이션 수단으로 세계를 휩쓸고 있는 소셜미디어도 자기 자신에 대해 이야기하고 싶은 인간의 욕구를 충족하려는 동기 때문에 더 급속하게 보급되고 있다. 소셜미디어 인기의 든든한 배경은 사회적 차원에서 커뮤니케이션하고 싶은 인간의 욕구인 것이다.(이 책의 뒤에 있는 16장에서 이야기하고 싶은 욕구의 연장으로서 소셜미디어에 대한 논의가 있다.)

신중현의 커피 한 잔

필자는 나 자신의 오랜 비밀(?) 하나를 세상으로 끄집어내서 아내에게 밝혔다. 신중현 선생이 작곡하고 펄시스터즈가 노래한 〈커피 한 잔〉에 얽힌 에피소드였다. 이 노래는 남녀상열지사나 이루지 못한 것에 대한 회한, 부모님에 대한 그리움, 고향에 대한 수구지심, 현실의 구차함을 덮어주는 이상향에 대한 동경 등 눈물샘에 호소하는 노래 일색이었던

자기 안의 비밀을 노출하면 두 사람의 관계는 급속히 진전된다.

1970년 전후로서는 아방가르드의 기미가 물씬했다.

까까머리 학창 시절, 그 노래를 들으면 괜히 가슴이 울렁거리고 자유의 욕구를 주체할 수 없었다. 수없이 전축으로 듣고 또 들었다. 그때마다 먼 곳으로 떠나는 전날 밤의 기분처럼 들뜨기 일쑤였다. 어느 날 아침 중요한 곳으로 가다가 전파상에서 울려 퍼지던 그 노래가 또 너무 좋아서 괴로웠다. 우두커니 듣고 있다가 그냥 다른 곳으로 가고 말았다. 무쇠도 삼키던 젊은 청소년 시절의 정열이 백일하에 드러나는 자기정보 노출의 이야기였다.

꼭꼭 숨기고 있다가 무슨 중대 사안처럼 밝힌 것은 그 얘기를 하고 싶은 욕구가 강하게 남아 있었던 모양이다. 그래서 얘기한 후에 속이 매우 후련했다. 저항 끼가 현저했던 질풍노도의 시대를 추측하고 있던 아내는 조금 놀라는 기색 속에서도 호기심을 보이며 재밌어 했다. 그러나 〈커피 한 잔〉이라는 가요에 얽힌 나의 비밀 노출은 언젠가 있을 아내와의 설전에서 부메랑처럼 등장하여 필자를 자승자박하는 자해성 정보가 될 가능성을 감수해야 하는 일이다. 그래서 자기정보 노출은 후련하면서도 좀 불안한 기분이 들었을 것이다.

정보가 결정하는 4개의 자아

우리는 영구불변의 고정된 하나의 자아가 아니라 여러 자아를 가지고 세상을 살며 커뮤니케이션한다. 조셉 루프트(Joseph Luft)와 해리 잉햄(Harry Ingham)이라는 학자가 1984년에 제시한 '조하리 창(The Johari Window)'에 의하면 우리에게는 4개 유형의 자아가 있다.[5]

구체적으로 ① 자신과 다른 사람이 잘 아는 '공유하는 열린 자아(open self)' ② 다른 사람은 잘 알지만 자신은 모르는 '보이지 않는 자아(blind self)' ③ 자신은 잘 알지만 다른 사람은 알지 못하는 '숨겨진 자아(hidden self)' ④ 자신도 모르고 다른 사람도 '알지 못하는 자아(unknown self)'가 존재한다.

'공유하는 열린 자아'는 성명, 성별, 피부색, 종교처럼 객관적인 정보와 함께 상대방과 상황에 따라 유동적이지만 감정, 태도, 신념과 같은 주관적인 정보가 대변하는 자신을 의미한다.

'보이지 않는 자아'는 상대방의 말을 끝까지 경청하지 않고 중간에 자르고 나오는 행위, 특정 상황이나 사람 앞에서 심리적 불안감이 높아질 때 머리를 긁적이거나 코를 만지는 것과 같은 행동을 하는 자아이다. 자신은 모르나 다른 사람은 아는 자신을 뜻한다.

'숨겨진 자아'는 경제적인 문제, 애정 관계, 부끄러운 태도나 가치 등 자신은 알지만 남에게는 밝히지 않은 자신을 의미한다. 부끄럽거나 당당하지 못한 측면의 자아이다.

마지막으로 '알지 못하는 자아'는 다른 사람은 물론이고 스스로도 의식하지 못하고 알지 못하는 자신을 대변한다. 정신의학이나 프로이트 심리학의 주요 분석 대상인 자아로, 특별한 계기가 아니면 인식하지 못하는 개인의 심리 세계이다.

중요한 점은 이러한 4개 유형의 자아는 독자적으로 성립하는 것이 아니고 자신과 다른 사람의 관계에 근거하여 존재하는데, 이 관계를 판단하는 기준이 정보이다. 자기 자신과 다른 사람이 자신에 대한 정보를 알거나 모르는 것에 따라 구분된다. 자신만이 아는가? 타인만이 아는가? 혹은 어느 한쪽은 알고 다른 쪽은 모르는가와 같은 차이에 따라 분류되는 것이다.

이때의 정보는 자신과 타인의 커뮤니케이션을 통하여 결정된다. 그러니 커뮤니케이션이야말로 자신의 복합적인 속내(자아)를 세상으로 꺼내놓게 하는 유일한 수단이다. 그러나 커뮤니케이션 행위는 상대가 누구인지, 상황은 어떤 조건인지에 따라 달라진다. 커뮤니케이션에 담는 정보도 상황에 따라 매우 유동적이다. 이런 다양한 요인 속에서 자신에 대한 정보를 공개하는 것은 다양한 자아의 욕구를 충족시키는 것이고, 다른

제8장 — 나의 비밀을 밝히면 관계는 진전된다

사람과의 관계 형성, 유지, 발전에 긍정의 신호를 적극적으로 보내는 것
이라고 할 수 있다.

온라인상에서 더 쉽고 친밀한 자기고백

자기정보 노출은 각양각색으로 이루어진다. '나는 그대를 짝사랑해
왔다' '그 사실을 알린 것은 나였다'와 같은 평범한 고백 유형, '나는 게이
다' '나는 남녀 기능 분리론자이다'라는 형태의 커밍아웃, '나는 자살하
려고 한다' '그때 그런 행위로 당신에게 심각한 손해를 끼친 것은 실은 나
였다'처럼 극단적인 고백 선언 유형 등 다양하다. 유형이 차별적이더라도
사람들의 커뮤니케이션 과정에서 흔하게 발생하고 상대방과의 관계에 큰
영향을 미친다는 점은 동일하다.

자기정보 노출은 커뮤니케이션 상황과 상대에 따라 노출하는 정보의
양에 치중할 수도 있고, 정보의 질에 주력할 수도 있다. 정보의 양은 타
인과 주고받는 커뮤니케이션 정보 중에서 자신에 대한 정보가 차지하는
비율이다. 정보의 질은 심층성, 진정성, 의도성, 긍정성 등이 담겨 있는
정도를 의미한다.[6]

심층성은 노출하는 정보의 내용이 외면적인가, 내면적인가로 구분되
며, 진정성은 정보의 정확성과 정직성에 따라서 판단된다. 의도성은 자
신에 대한 정보의 노출에 대하여 인지하고 있는 정도, 긍정성은 정보가
자신에 대해 얼마나 긍정적 측면을 전달하는 가의 문제이다. 이들 요인
에 따라 자기정보 노출은 다양하게 구분되며 상대와의 관계 증진과 친밀

감 형성에 미치는 영향에도 차이를 낳는다.

자기정보 노출과 관련하여 일반적으로 내향적인 성격의 사람에 비해 외향적인 사람이, 비사교적인 사람보다는 사교적인 사람이 자신의 정보를 노출하는 정도가 높다. 또한 다른 사람들과 커뮤니케이션을 더 능숙하게 하고 자신감이 있는 사람이 자기정보를 노출하는 경향이 강하다.

자기정보 노출은 문화의 영향을 받는다. 일본 근로자들은 기업에서 자신의 개인적인 정보를 밝히는 것에 대해 부정적인 태도를 보인다. 그러나 미국 근로자들은 개인 정보를 밝히는 것에 대해 부정적이지 않다. 모슬렘 학생들은 유대인 학생들보다 자기정보 노출 행위를 더 많이 하는 것으로 알려졌다.

자기정보 노출은 상대를 좋아하거나 신뢰하는 경우에 발생하며, 여성이 남성보다 자신에 대한 정보를 더 밝히는 경향이 있다. 컴퓨터를 이용하는 커뮤니케이션 상황과 서로 얼굴을 마주보고 커뮤니케이션을 하는 면대면 상황을 비교한 연구는 면대면 상황에 비해서 서로 얼굴을 모르는 사람들끼리 컴퓨터를 이용하는 온라인 상황에서 자기정보 노출이 더 빨리 더 친밀하게 일어나는 것을 발견했다.[7]

한번 털어놓은 비밀은 주위 담을 수 없어

자기정보 노출은 양과 질에서 차이가 있지만 일반적으로 상대방에 대한 신뢰와 존중 그리고 배려를 의미한다. 상대와의 관계를 나는 중요하게 여긴다는 뜻을 전달한다. 따라서 상대방으로 하여금 자신의 정보를

제8장 — 나의 비밀을 밝히면 관계는 진전된다

노출하게 하고, 솔직함과 개방적인 자세를 촉진하여 보다 원만하고 깊은 관계로 진전시킨다.

그러나 자기정보 노출에 따른 부작용과 위험도 있다. 자신의 정보를 다른 사람에게 알림으로써 자신에 대한 공격을 자초할 가능성이 생긴다. 경쟁적인 상황에서 상대방이 나에 대해서 더 많이 알면 알수록 나와의 경쟁에서 유리한 고지를 차지하게 된다.

또한 매우 친밀하고 오래된 관계라고 할지라도 자신에 대한 정보의 노출은 문제를 야기하고 관계에 갈등을 초래하여 급기야 관계의 해체를 가져올 수 있다. 예컨대 지나친 솔직함으로 애정 문제, 가족 문제, 조직의 내부 문제, 재정 문제, 다른 종교를 믿는 문제, 상대방의 신념과 배치되는 문제, 상대방에게 부담감을 주는 문제 등이 발생할 수 있다. 자신의 직업과 관련한 위험성도 높아진다. 과거 일했던 조직에 대한 가치관, 과거 병력, 정치적 신념, 종교관 등에 관한 정보노출은 불이익을 초래할 수 있기 때문이다.

안타깝게도 상호 양해하기로 전제하고 자기정보 노출을 했는데 문제를 일으키는 경우도 아주 흔하다. 친한 친구 관계나 부부 관계에서도 자기정보 노출로 인한 혼란과 파탄에 이르는 경우도 증가 추세이다.

신혼부부가 신혼여행에서 지나친 자기정보 노출 행위로 인해 남남으로 돌아오는 경우도 있다. 신혼여행이라는 일생의 가장 화려한 특별 무대에서 지나친 자기정보 노출은 신중하게 처리해야 한다. 무대 객석의 부모님 친지, 친구들에게 깊은 상처를 주는 부정적인 영향을 미칠 수 있기 때문이다. 명절 때, 친족들이 모인 자리에서 가족의 질서를 무시하는 지나친 정보 노출도 가족 분위기를 썰렁하게 한다.

쓸데없는 정보노출이 심리적 거리를 멀어지게 할 수 있음에 주의해야한다. 한번 자기정보 노출을 하면 다시 주워 담을 수 없다는 사실을 명심하자. 이 세상의 누구도, 어떤 단서를 붙이더라도 뱉은 말을 다시 그이전으로 돌려놓을 수는 없다.

자기정보 노출은 고도의 선택 행위

사람들이 항상 자기정보 노출만 하고 싶어 하는 것은 아니다. 개인정보 관리이론이 설명하듯이 사람들은 자신의 사적인 정보를 한편으로는 밝히고 싶어 하고 다른 한편으로는 감추고도 싶어 한다.[8] 무심결에 하는 노출은 모르지만 보통 사람들은 노출하는 것과 노출하지 않는 것이 초래할 결과를 놓고 어느 쪽이 자신에게 좋은 결과를 가져올 것인가에 대해 고려한다. 그래서 그 시기를 기다리기도 하고 당기기도 하고, 양과 질을 저울질한다. 자신에게 불리한 결과를 예상하면 노출하지 않고 오히려 감추는 쪽을 선택한다. 이런 점에서 비밀정보 노출 행위는 상대와의 관계형성과 발전을 넘어서 보다 넓은 의미를 지닌다. 예를 들어 약물, 알콜, 도박과 관련한 가족사에 관한 비밀정보는 단지 개인의 노출 선택을 넘어 가족 전체의 비밀정보에 관한 것이다.

개인이 사적인 정보를 밝히는 행위와 관련해 언제, 어떻게 이루어지는가에 대해서는 여러 요인이 거론된다. 첫째는 사회적 가치, 민족적 특성과 같은 문화적 요인, 둘째는 자신의 비밀정보를 밝히는 이유와 같은 동기적 요인, 셋째는 정보노출을 촉진하거나 억제하는 상대방과의 관계가 지니는 상황 요인, 넷째는 사적인 비밀정보를 밝혔을 때 수반되는 이익과 불이익의 비율, 다섯째는 남성과 여성이 사적 정보를 밝히는 데 좀 다른 기준을 사용한다는 점에서 성별 요인이 작동한다.[9]

또한 사적인 정보노출은 일단 정보를 노출하게 되면 정보의 본래 특성은 달라진다는 점을 이해할 필요가 있다. 노출을 하는 즉시 그 정보에 대해 더 이상 독점적인 보유자는 아니라는 점이다. 노출은 자동적으로 다른 사람과 그 정보를 공동으로 소유하게 되는 것을 의미한다. 정보의 공동소유는 두 사람이 커뮤니케이션하는 차원, 그룹 커뮤니케이션 차원, 가족 차원, 조직 차원, 사회적 차원 등 거의 모든 커뮤니케이션 상황에서 발생할 수 있다.[10] 노출에 고도의 선택 및 판단 과정이 개입하는 것이다.

사적정보 노출은 만델라의 용서에도 기여

자기정보 노출이 자기의 범죄에 대해 자기고백의 방법으로 활용되어 전 인류의 주목을 받는 대상이 되고 도저히 가능하지 않던 용서와 화해의 수단이 된 경우도 있다. 남아프리카공화국이 340년에 걸친 지독한 아파르트헤이트(인종분리정책)의 압제에서 벗어나 새로운 나라로 출발하던 시기에 자기 정보의 노출이 인류에게 새로운 역사로 전진하게 하는 기여를 한 것이다. 나치의 홀로코스트와 함께 인간에 대해 인간이 저지른 가장 잔인한 반인륜 범죄체제이자 행위였던 아파르트헤이트 시기에 자신이 저질렀던 범죄에 대해 공개적으로 고백함으로써 공적 사면을 받을 수 있도록 하는 제도에 활용된 것이다.

1994년 4월 27일 총선에 의해 5월 10일 대통령에 취임한 넬슨 만델라는 흑인 원주민에게 박해를 가했던 기존의 백인 국민당과 험난한 협상을 거쳐 1995년 7월 '국민통합 및 화해촉진법'을 제정하고 위원회를 출범시키고 1996년 2월부터 활동을 시작했다. 이 위원회는 아파르트헤이트의 범죄를 청산하는 방법을 두고 격론을 벌인 결과였다. 흑인 원주민에 대한 말로 표현할 수 없는 범죄를 '우분투(Ubuntu)'라는 남아프리카 흑인 원주민의 형제애(brotherhood)로 용서하는 불가능한 일을 가능케 한 기적을 이루어낸 것이다.

우분투는 남아프리카 헌법에 다음과 같이 표현되어 있다. "이행할 필요가 있다. 그러나 복수해서는 안된다. 보상해야 한다. 그러나 보복해서는 안된다. '우분투'가 있어야 한다. 그러므로 희생자를 만들어서는 안된다."[11] 용서(사면)에 이르는 방법은 자신의 범죄에 대한 고백을 위원회에 출두하여 절차에 따라 공개적으로 밝히고 이 과정 또한 미디어로 공개하는 것이었다. 이처럼 사적인 비밀정보를 밝히는 것은 극히 개인적이면서도 동시에 사회적 차원에서도 큰 영향을 지니는 행위가 될 수 있다.

지혜로운 자기정보 노출

자기정보 노출은 상대방과의 관계를 파괴하려는 것이 아니고 상대방과의 관계를 진전하려는 행위이다. 그러므로 커뮤니케이션 상황에 관련된 모든 사람에게 유용하고 생산적인 기능을 할 수 있는 정보노출이 바람직하다. 무분별한 자기정보 노출은 상대방의 감정을 상하게 하고 서로의 관계에 부정적으로 작용하고 관계의 악화를 가져온다는 점을 명심하고 지혜로운 노출을 해야 한다.[12]

따라서 자신이 노출하는 정보가 상대방과의 커뮤니케이션 상황과 관계에 적절한가를 신중하게 판단해야 한다. 노출하려는 정보의 주제, 내용, 시간, 장소 등의 요인과 함께 적합한 정보인가도 고려해야 한다. 더 친밀한 정보가 노출될수록 더 가까운 관계가 형성되지만, 서로 친밀하지 않은 상대거나 처음 만나는 상대 또는 오래된 관계가 아닐 경우에는 자기정보 노출에 주의가 필요하다.

상대의 자기정보 노출 커뮤니케이션 행위에는 적극적으로 경청하는 태도를 보일 필요가 있다. 상대방과의 커뮤니케이션에 관심을 가지고 주목하고 있음을 표시하고 이해를 제대로 하고 있는지 점검할 수 있도록 때때로 질문을 하는 것도 바람직하다. 상대방이 노출하는 정보에 대하여 적극적으로 상호교류하는 반응을 보이고, 상대의 감정을 이해한다는 반응을 전달하는 게 바람직하다. 이런 상호소통 행위로 상대방은 자신의 감정을 조절하는 기회를 가질 수 있게 된다.

상호소통행위는 상대방과의 커뮤니케이션이 가치가 있다는 점을 인정하는 것이고, 이 커뮤니케이션을 계속 유지하겠다는 뜻을 피력하는 것이다. 또한 상대방의 자기정보 노출을 평가하기보다는 커뮤니케이션 도중이나 끝난 뒤에 상대방을 지지한다는 뜻을 분명하게 보내는 것이 중요하다. 눈을 통한 접촉 유지, 상대방 쪽으로 몸을 기울이거나, 연관성이 있는 질문을 하거나, 상대방의 생각과 감정에 동의를 표하는 소리를 내는

소통하는 인간, 호모 커뮤니쿠스

것은 상대와의 관계에 긍정적인 영향력을 미친다.

신뢰와 배려의 커뮤니케이션

자기정보 노출과 관련해 염두에 두어야 할 또 다른 점은 상대방에게 자기정보 노출을 압박하거나 강요하지 말아야 한다는 점이다. 자신이 노출하는 정보의 양이나 질과 동일한 정도로 상대방도 노출을 해야 한다는 기대를 가지고 커뮤니케이션을 한다면 서로 간에 만족을 이루기 어려워진다. 커뮤니케이션 상황에 진입하는 사람들이 모두 동일한 기대와 목적을 지니는 것은 아니다. 서로 차이점을 지니기 때문에 자신의 입장에서 기대하는 행동을 요구하거나, 상대방에게 자신과 같은 수준의 정보 노출을 요구하는 압박감을 주는 일은 피해야 한다.

상대가 자신의 정보를 노출한다는 것은 나를 믿고 하는 행위라는 점을 잊지 말아야 한다. 생각과 감정을 솔직하게 알리는 행위에 대하여 비밀을 지켜야 하는 건 물론이다. 다른 사람에게 누설한다면 피해가 발생할 수 있고, 정보노출을 한 사람과의 관계에 부정적인 결과가 생길 가능성이 높다. 상대방이 스스로 밝힌 비밀을 다른 사람이나 세상에 누설하는 것은 정당하지 못하다. 동의 없이 다른 사람의 정보를 노출하는 것은 인간관계를 훼손하는 결과를 낳을 뿐만이 아니라 비윤리적인 일이다.

이와 함께 상대방이 스스로 자신의 결점과 취약함을 밝힌 정보를 이용하여 당사자를 공격하거나 위해를 가하는 데 활용해서는 안 된다. 폭로하고 싶은 어떤 사정이 생기거나 유혹을 느끼더라도 당사자에게 피해를 주는 행위를 하는 것은 정당화될 수 없다. 친한 친구가 사적으로 밝힌 정보를 나중에 그를 놀리거나 바보로 취급하는 데 이용하는 것도 해서는 안 될 행위이다.

좋은 관계를 맺게 하는 강력한 소통 수단이 될 수 있는 자기정보 노출은 다른 사람들이 잘 모르는 자기 자신에 대하여 정보를 밝히는 행위이다. 자신만의 비밀을 타인과 세상에 공개하는 것이다. 스스로 자신에 대해 정보를 밝히는 행위는 일반적으로 상대방과의 친밀한 관계 형성과 발전에 긍정적인 역할을 한다. 그러나 남용하거나 적절한 수준을 유지하지 못하면 상대에게 큰 결례가 되고, 소중한 관계를 해친다는 점을 이해할 필요가 있다.

내가 그렇듯이 상대방도 다양한 욕구를 지닌 존재이다. 커뮤니케이션은 한 사람이 아닌 복수의 사람이, 하나의 자아가 아닌 복수의 자아가 서로 경합하고 조정하는 상황임을 인식해야 한다.

chapter 9

적극적으로 주장하고
논쟁을 즐겨보자

국가 교육의 방향, 경제정책의 방향, 남북의 긴장완화와 같은 무거운 주제만 논쟁의 대상이 되는 게 아니다. 점심이나 저녁을 어디에서 무엇을 먹을 것인가? 모임의 새로운 멤버 영입과 관련한 자격과 조건을 둘러싼 충돌, 명절날 시댁과 친정을 방문하는 횟수와 준비물을 둘러싼 논쟁, 가격이 비싼 자동차나 가전제품을 구입할 때 특정 회사 제품 선호에 대한 공방, 바다로 갈 것인가 산으로 갈 것인가를 결정하는 휴가 때의 즐거운 비명도 심각한 논쟁의 대상이 된다. 토픽이 가볍든 무겁든 논쟁은 가족, 친구, 동료들과의 관계에서 발생하는 흔한 일상사이다.

○

적극적으로 주장하고
논쟁을 즐겨보자

— 논쟁 커뮤니케이션

●

　한국사회에서 자기 생각을 강하게 주장하고 논쟁한다고 하면 좀 귀찮은 인간으로 취급받기 십상이다. 사회 이슈와 관련해 목소리를 내면 저절로 진보나 보수로 구분되고 꼴통이니 빨갱이니 하는 접두어, 접미어도 어느새 따라붙는다.

　직장에서도 상사나 사장이 하라면 그냥 해야지(원음으로 표기하면 '까라면 까야지'이다) 무슨 다른 대안을 얘기하고 대꾸하다가는 대개는 삐딱한 놈으로 찍힌다. 성공한 직장인이 되겠다는 꿈은 내내 어려움에 봉착하다 부도가 나고 만다. 자기의 입장을 주장하고 논쟁한다는 것은 이처럼 어려운 상황을 야기할 수 있다. 그러나 자신의 생각을 논리적으로 설득적으로 표현한다는 것은 매우 필요하고 중요한 일이다.

　자신의 생각과 의견을 논리정연하게 전개하고, 다른 사람의 주장과 치열하게 경쟁하여 품위 있는 논쟁으로 이끄는 일은 쉽지 않다. 그래서 그런가. 논리성, 설득력에 근거하여 우열과 합리성을 가리는 일은 우리 사회에서 가장 후진성을 면하지 못하는 분야이다. 우리가 사는 시대가 자유로운 커뮤니케이션의 가치에 대한 인식을 높이고 있는데도 가정, 직장, 학교 등에서 자기의 입장을 주장하고 다른 의견과 자유롭게 논쟁하는 것은 여전히 원활하지 못한 실정이다.

사회적 차원에서도 부적절한 논리와 감정 표출로 명료한 논쟁이 이루어지지 않는 경우가 허다하다. 물론 대표적인 경우는 국회의사당과 각종 언론에서 벌어지는 한심한 수준의 막말 싸움이다. 친절한 설명과 근거와 논리는 실종되고 이념적인 주장들이 난무하고 급기야 싸움을 위한 싸움이 된다. 안타까운 건 그 정도가 더욱 악화되고 있다는 점이다. 인터넷과 SNS에서 마녀사냥식의 감정 표출은 가슴을 섬뜩하게 하고 공동체로서 우리 사회를 분열시키고, 보통 사람들을 분노하게 하는 지경에 이르렀다.

외롭고도 험난한 길, 논쟁

자신의 생각을 논리정연하게 주장하고 논쟁하는 것은 어려운 일이다. 적절한 수준을 유지하지 못하면 알고 보니 빈껍데기에다 실력이 모자라는 사람이라는 저질 시비에 휩싸인다. 적극적이면 고집쟁이가 되어 상대 못 할 고약한 사람이 되고, 수동적이면 속도 없는 부화뇌동의 아첨꾼으로 치부된다. 내용이 부실하면 별 볼 일 없는 바보가 되기 십상이다. 논쟁에 익숙지 않은 사회이다 보니 참 어려운 일이다.

제9장 — 적극적으로 주장하고 논쟁을 즐겨보자

인간 커뮤니케이션은 첫째 정보를 상대에게 전달하는 행위, 둘째 정보를 전달하여 상대방과 이해하는 공통부분을 넓혀가는 행위, 셋째 자신의 의도를 담은 정보 전달을 통해 상대를 설득하는 행위 등 세 유형이 있다. 이 중 세 번째 유형인 의도적인 행위로서 커뮤니케이션은 자신의 아이디어와 입장을 커뮤니케이션 행위를 통해 상대방에게 전하고 상대의 생각, 의견, 태도, 행동을 자신이 뜻하는 방향으로 변화시키려는 행위이다. 그러므로 어떤 이슈와 문제에 대하여 자신의 주장과 상대방의 주장이 서로 충돌하고 갈등하는 과정이 예정되어 있는 행위이다.[1]

이런 의도적인 목적을 충족하기 위한 설득 커뮤니케이션 행위는 자신의 입장을 대변하는 주장과 상대의 입장과 주장이 다를 경우에는 논쟁의 형태를 띠는 전형적인 상황이 된다. 일상적인 생활에서 자주 맞닥뜨리는 상황임에도 지나고 나면 만족하기보다는 아쉬움이 클 때가 더 많다. 주위의 크고 작은 회의나 어떤 의사를 결정하기 위해 의견을 교환하는 경우를 예로 떠올려 보자.

사람들의 의도가 다를 수 있고, 각기 다른 인식과 해법을 지닐 수 있기 때문에 의견의 일치를 보기가 쉽지 않다. 목소리가 큰 사람은 자기 말만 제일이라고 우기는 일을 되풀이하고, 아이디어가 좋은 사람은 무슨 이유에선지 당차게 밀어붙이지 못하고 소극적으로 임한다. 자신의 생각이 불확실한 것 같고, 또 예의를 지키느라 적극적으로 주장하지 않는다.

결국 이런 아쉬움들이 어우러지면서 최선이 아님이 분명한 해법이 결론으로 채택된다. 그러면 왜 좀 더 제대로 의견을 표명하지 않았는가에 대해 후회한다. 사람들은 신분, 직위, 서열, 나이, 혈연, 지연, 학연, 개인

사정 등 다양한 관계 요인이나 상황 요인으로 얽혀 있기 때문에 합리적인 의견, 더 나은 생각도 일관성 있게 지속적으로 밀고 나가지 못하는일이 많다.

한목소리 내기의 집단사고(集團思考)

미국 예일대학의 재니스(Janis) 교수는 진보적 지식과 시각을 갖춘 최고 엘리트 멤버로 구성된 케네디 정권에서 쿠바를 침공하는 결정을 도출하고 실행에 옮겼다가 실패한 사례에 대해 분석했다. 그가 내린 결론은쿠바 피그만 침공을 결정한 회의에서 각 멤버들이 자신의 생각을 제대로 주장하지 못하고 결정 과정이 일방적이었기 때문이라는 것이다. 자유롭고 활발한 토론 대신 지위가 높은 멤버와 소수의 강경 의견에 떠밀린것으로 분석했다.

재니스 교수는 이런 잘못된 의사결정 과정을 '한목소리 내기 집단사고(groupthink)'로 이름을 붙였다. 개인의 의견을 제대로 전개하고 자유로운 논쟁 과정을 거치지 않음으로써 성급하게 내리게 되는 결정이 어떤재앙을 야기하는 가에 대한 귀중한 사례를 보여준 유명한 연구이다.[2]

필자가 본 영화 〈퍼펙트 게임〉에서도 '한목소리 내기 집단사고'의 아픔이 있었다. 최동원과 선동열이라는 불세출의 투수들이 벌이는 명승부를 통해 인간의 희로애락과 승리를 향한 의지와 비장미를 다룬 영화였다. 볼을 쥐는 손가락의 살이 갈라지고 터져서 피가 나오는데도 볼을 더던지기 위하여 본드로 터진 살을 붙이고 전심전력으로 경기에 헌신하는 초인간적인 드라마를 눈물을 흘리면서 혼자 보았다.(원래 찔끔찔끔 잘 우는 편인데, 점점 횟수가 늘어서 울보가 될까 봐 걱정이다.) 내가 좋아하던 최동원 선수의 불운도 떠올랐다.

그의 불운에 대해 속 시원하게 다룬 보도는 없었지만 최 선수가 선수 노조를 최초로 결성하여 야구선수들의 입장을 주장하는 대표로 앞장서지 않았다면 이 영화는 좀 더 나중에 나왔을 것이다. 노조운동을 하려는 운동선수였기에 다른 팀으로 트레이드를 당했고, 은퇴가 빨라졌고, 국내 야구계에서 지도자로 일할 기회마저 제한받았다는 것은 알려진 사실이다.

프로야구 선수의 열악한 운동 환경과 복지를 개선해야 한다는 당연한 목소리를 대변하는 그의 주장과 행동은 군사부일체의 일사불란이 강조되던 당시의 스포츠 세계에서는 부자연스럽고 눈꼴사나웠을 것이다. 시대의 응원을 받지 못한 앞서간 행동이어서 사회의 관심도 제대로 끌지 못한 불운이 따랐다. 이런 일들로 그는 선수 시절은 물론 은퇴 이후에도 견제당하고 왕따가 되었을 것이다. 그래서 안타깝게도 고인이 되어서야 고향 팀의 영구결번이라는 자리 없는 자리로 복귀한 것이다. 이렇게 우리 사회에서 자신의 주장을 개진하거나 사람들의 바람을 분명한 목소리와 행동으로 대변하는 일은 필요하지만 매우 어려운 일이다.

산으로 갈까 바다로 갈까, 어려운 합의

자신의 주장을 호기롭고 당당하게 논리적으로 펼치면서 상대방과 논

소통하는 인간, 호모 커뮤니쿠스

쟁하는 사람을 보면 경탄과 통쾌함을 느낀다. 특히 텔레비전 토론 프로 그램에서 이따금 자신의 의견을 시원하게 주장하는 토론자를 만날 수 있다. 여러 사례를 활용하여 체계적이고 현실감 있게 자신의 주장을 옹호하면서, 상대의 의견에 대해 조목조목 부족한 점과 잘못된 점을 지적하는 모습은 멋있고 지적으로 보인다. 참 스마트한 사람이라는 생각이 절로 일어난다.

자신이 뜻하는 바를 잘 설명하고 상대방의 의견도 잘 경청하여 합의를 도출하는 사람은 주위의 신뢰와 찬사를 받는다. 이런 사람은 의도하는 목표와 관련해서도 긍정적인 좋은 결과를 얻는다. 상대를 배려하는 논쟁은 생산적인 결과로 이어진다.

그러나 자신의 생각을 마음껏 주장하고 논쟁하는 상황에서 의견이 서로 다른 여러 주장이 합의에 이르는 일은 매우 어려운 일이다. 우리 자신의 상황을 돌이켜보자. 상대방과 커뮤니케이션이 잘 풀리고 의견에 서로 동의하고 막힘없이 화기애애하게 진행된 경우가 있는가 하면 그렇지 않은 경우도 허다하다. 의견이 충돌하거나 논쟁하다가 합의를 얻지 못해 다툴 때도 적지 않다. 겉으로는 평온하게 표정관리를 해서 얼굴을 붉힌다거나 노골적인 적대적 행위가 일어나지는 않더라도, 속으로는 부글부글 끓는 불편한 상황이 초래되는 일은 그리 특별한 경우도 아닌 보편적인 일이다.

국가의 정책, 경제정책의 성과, 남북의 긴장완화 같은 무거운 주제만 논쟁의 대상이 되는 것이 아니다. 점심이나 저녁을 어디에서 무엇을 먹을 것인가, 모임의 새로운 멤버 영입과 관련한 자격과 조건을 둘러싼 충돌, 남편이나 부인의 친구 또는 특정 모임에 대해 좋다, 나쁘다는 평가에 따른 이견, 명절날 시댁과 친정을 방문하는 횟수와 준비물을 둘러싼 논쟁, 자동차나 비싼 가전제품을 구입할 때 특정 회사 제품 선호에 대한 공방, 바다로 갈 것인가 산으로 갈 것인가를 결정하는 휴가 때의 즐거운 비명 등 토픽이 가볍든 무겁든 논쟁은 가족, 친구, 동료들과의 관계에서 늘 발생하는 흔한 일상사이다.

필자가 초등학교 시절에 대학생이었던 친척 형님과 벌인 공방은 지금도 생생하다. 사실 논쟁이라기보다는 나의 엉뚱한 궁금증에 대해 형님의 설명이 있었지만 납득하기가 어려워 보충 설명을 요구한 것이 발단이었다. 이 세상에서 유도를 제일 잘하는 사람과 권투를 잘하는 사람이 싸우면 누가 이기겠는가가 질문이었다.

반복되는 집요한 내 질문에 형님은 요즘 식으로 얘기하면 스토리를 준비한 거였다. 두 선수가 팽팽한 긴장 속에서 붙었는데 큰 기합소리와 함께 서로 스치는 순간 함께 쓰러졌다는 것이다. 모두 사망했는데, 그 눈 깜빡하는 찰나의 순간에 유도선수는 상대방을 던져서 뼈가 부러져 죽게 하고, 권투선수는 상대의 복부에 주먹을 가격하여 둘 다 동시에 간 거라고 설명했다. 연이은 나의 질문은 누가 조금이라도 먼저 행동했을 터인데 어떻게 두 사람이 함께 죽겠느냐, 그럴 수 없다는 것이었다. 하도 끈질기게 주장하여 끝내 합의를 이루지 못하고 말았다. 그로부터 50여 년이 지난 지금도 그 얘기가 나오면 박장대소를 할 뿐 합의에는 여전히 이르지 못하고 있다.

소통하는 인간, 호모 커뮤니쿠스

논쟁은 인간세상에서 바람직한 충돌

이른바 도가니 사건으로 불린 광주 인화학원의 장애어린이 성적학대에 대한 미숙한 재판으로 전 국민들의 분노와 비판이 끓었던 기억이나, 석궁 사건 재판을 다룬 영화 〈부러진 화살〉에 대한 논쟁은 세간의 뜨거운 감자였다. 곽노현 서울시 교육감의 후보자 매수를 둘러싼 찬반양론, 바람직한 정부 형태를 둘러싼 큰 정부 대 작은 정부 논쟁, 포퓰리즘의 정치적 의도에 대한 공방 등 온·오프 라인에서 벌어지는 온갖 논쟁이 발생할 때마다 우리 사회는 홍역을 치른다.(논쟁이 인간의 숫자보다 많이 존재하는 건 당연할 것이다.)

논쟁거리는 국내외를 가리지 않는다. 오래전에 필리핀의 독재자 마르코스가 권력을 연장하기 위해 양두구육 같은 이유의 하나로 내세웠던 핵전쟁의 위협으로부터 보호 같은 얼토당토않은 계엄령이 있었다. 그 당시 필리핀에 무슨 핵전쟁의 위협이 명백하게 현존한다는 말인가.(그의 독재와 부인 이멜다가 5천 켤레 구두와 명품과 보석 사재기를 한 행동들이 나라에 치명적인 독인 것을 몰랐던 것이다. 등잔 밑이 어두웠던 꼴이다.)

독재자들의 기본권 억압을 둘러싼 논쟁이 어디 이뿐이겠는가. 세계의 여러 국가에서 수많은 자국민을 살상하고 수탈하는 인간의 얼굴을 한 야수 같은 현직 최고 지도자들의 기본권 탄압과 살육은 비극적인 논쟁거리이다. 잘 살고 있던 고향을 떠나 유랑하는 국민은 얼마나 많은가. 지중해를 건너다 죽은 남녀노소는 또 얼마나 많은가. 평화를 지킨다는 이름으로 행해지는 온갖 형태의 살상, 그것을 방조하는 강대국들의 논리도 마찬가지다.

수많은 형이상학적·형이하학적 논쟁이 과거와 현재에 존재하고 미래에도 존재할 것이다. 예를 들어 서양사회에서 오랫동안 지속되어 온 창조론과 진화론, 사형제도에 대한 찬반과 같은 형이상학적 논쟁들은 여전히 뜨거운 화두이다. 낙태를 둘러싼 논란도 마찬가지다. 가톨릭 교단의 생명 존중과 산모의 안전을 중시하는 여성단체의 엇갈린 주장은 추구하는 진리에 대한 본질적인 차이에서 기인하는 충돌이다. 역사적 배경과 여성을 포함하는 생명의 존엄과 기본권에 대한 관점과 사회적 변화를 대변하는 이 논쟁은 좀처럼 해결의 실마리를 찾지 못하고 있다. 양자가 각각 지니는 존재의 이유로 인해 합의를 보는 것은 본질적으로 불가능할 것이다.

그러나 낙태를 둘러싼 양측의 입장이 지속적으로 주장되고 논쟁으로 대결하면서 인간의 양식과 지성을 자극하고 인간의 사유와 행동에 대한 의미와 가치를 확장해 왔다. 인간이라는 존재와 생명에 대한 이해를 촉진하는 데 기여한 것이다.

마틴 루서 킹의 '나에게는 꿈이 있다'

미국의 흑백차별 정책과 문화에 대해 도전하고 변화를 이끌어 낸 마틴 루서 킹 목사의 인권운동도 주장과 논쟁이 공동체의 건전한 발전을 위해 얼마나 소중한가를 말해준다.

1963년 8월 28일 킹 목사는 필자가 인류사의 가장 감동적인 스피치의 하나로 평가하는 〈나에게는 꿈이 있다(I have a dream)〉는 연설을 했다.

소통하는 인간, 호모 커뮤니쿠스

열정적으로 미국사회의 흑백차별 폐지와 평등권 운동을 이끌었던 마틴 루서 킹(1929~1968). 그는 암살을 당하는 비극적 최후를 맞고 말았다. ⓒ연합뉴스.

워싱턴의 링컨 기념관 앞에서 미국 역사상 드물게 많이 모인 20만여 명의 청중을 앞에 두고 미국 사회와 세계의 시민을 대상으로 사자후를 토했다.[3]

　물질적 풍요와 번영의 바다인 미국 사회에서 흑인은 외로이 떠 있는 빈곤의 섬에 살고 있다는 것, '백인 외 출입금지'라는 팻말 때문에 여행 도중에 잠잘 곳과 먹을 곳을 찾는 데 어려움을 경험한 흑인 어린이들이 자긍심을 갈취당하고 존엄성을 약탈당하고 있다는 것, 미시시피 주의 흑인들에게는 투표권이 없고 뉴욕 주의 흑인들은 투표할 대상이 없는 상황이라는 것, 일부 흑인들의 출세는 작은 가난한 곳에서 넓고 큰 가난한 곳으로 옮기는 것일 뿐이라는 것을 역설했다.

　　　　　　　　　　　제9장 — 적극적으로 주장하고 논쟁을 즐겨보자

킹의 꿈은 이러했다. 어느 날 조지아의 붉은 동산 위에 전 노예의 아들과 전 주인의 아들이 형제애의 테이블에 같이 앉는 꿈, 자신의 네 아이들이 피부색에 의해서가 아니라 인격에 의해 평가되는 나라에서 살게 되는 꿈이었다. 킹 목사의 꿈은 미국의 법과 제도가 흑백차별을 철폐하고 흑인 등 소수민족에 대한 배려를 이끌어내는 데 큰 기여를 하였다.

주장과 논쟁은 기본적으로 표현의 자유가 지니는 가치를 인정하고 권장하는 것이다. 표현의 자유는 역사적으로 박해 속에서도 인간의 자유, 존엄, 공동체의 민주적 발전을 위한 필요조건인 공공선(公共善)으로 인식되어 왔다. 표현의 자유와 관련해 자주 인용되는 사람은 존 밀턴과 존 스튜어트 밀이다.[4]

존 밀턴은 1644년 그의 에세이 〈아레오파지티카(Areopagtica)〉에서 표현에 대해 어떤 형식의 사전검열도 해서는 안된다고 주장했다. 주장의 핵심 이유는 검열제도를 사회의 개혁에 대한 반대론자들이 만들었고, 다양한 논의를 제한하여 신뢰를 쌓아가는 데 방해가 되고, 검열을 해도 아이디어는 결국에 알려지게 되므로 현실성이 없는 제도이고, 진리 추구와 학습에 찬물을 끼얹기 때문이라고 했다.

표현의 자유를 옹호한 주장 중에서 가장 권위를 인정받는 존 스튜어트 밀은 1859년 〈자유에 관하여(On Liberty)〉라는 에세이에서 "어떤 아이디어도 표현이 허용되어야 한다"고 주장했다. 그는 3가지 이유를 제시했다. 첫째는 표현이 허용되지 않는 아이디어라고 해도 진리일 수 있으며, 수용되고 있는 아이디어라고 해도 진리가 아닐 수 있다는 점. 두 번째로 설사 진리라도 해도 검증을 받아야 한다는 점. 제한 없이 자주 검증해야

소통하는 인간, 호모 커뮤니쿠스

독단적인 주장이나 신조와 같은 죽은 도그마가 되지 않고 살아 있는 진리가 된다는 것이다. 셋째는 모든 형태의 의견은 진리를 포함할 수 있다는 점. 서로 다른 주장이나 논쟁은 한쪽이 일방 진리이고 다른 쪽은 일방 거짓이기보다는 서로의 주장 사이에 일정 수준의 진리를 공유할 수 있다는 점. 이 3가지 점에서 표현의 자유는 절대적으로 보호되어야 한다고 했다.

노회찬의 '6411번 버스가 있습니다'

고 노회찬 의원은 자신의 명쾌한 주장을 감정에 호소하면서도 논리적이고 논쟁적으로 이끌어 감동을 주었다. 2012년 10월 21일 노 의원의 당대표 수락 연설, 일명 '6411번 버스' 연설은 우리를 울렸다.[5]

6411번 버스가 있습니다. 서울시 구로구 가로수공원에서 출발해서 강남을 거쳐 개포동 주공 2단지까지 대략 2시간 정도 걸리는 노선버스입니다. 6411번 버스는 매일 새벽 4시 정각에 출발합니다. 새벽 4시에 출발하는 첫 버스와 4시 5분경에 출발하는 두 번째 버스는 출발한지 15분쯤 지나 신도림과 구로시장을 거칠 무렵이면 좌석은 만석이 되고 버스 안 복도까지 사람들이 한 명 한 명 바닥에 다 앉는 진풍경이 매일 벌어집니다.

새로운 사람이 타는 일은 거의 없습니다. 6411번 버스는 매일 새벽 같은 시각 같은 정류소에서 같은 사람이 탑니다. 그래서 시내버스인데도 마치 고정석이 있는 것처럼 어느 정류소에서 누가 타고 강남 어느 정류소에서 누가 내리는지 거의 다 알고 있는 매우 특이한 버스입니다.

이 버스 타시는 분들은 새벽 3시에 일어나서 새벽 5시 반이면 직장인 강남의 빌딩에 출근해야 하는 분들입니다. 지하철이 다니지 않는 시각이기 때문에 매일 이 버스를 탑니다. 어쩌다 누가 결근이라도 하게 되면 누가 어디서 안 탔는지 모두가 다 알고 있습니다. 그러나 시간이 좀 흘러서 아침 출근시간이 되고 낮에도 이 버스를 이용하는 사람들이 있고 퇴근길에도 이용하는 사람이 있지만, 그 누구도 새벽 4시와 4시 5분에 출발하는 6411번 버스가 출발점부터 거의 만석이 되어 강남의 여러 정류장에서 5, 60대 아주머니들을 다 내려준 후에 종점으로 향하는지를 아는 사람은 거의 없습니다.

이분들이 아침에 출근하는 직장도 마찬가지입니다. 아들딸과 같은 수많은 직장인들이 그 빌딩을 드나들지만, 그 빌딩이 새벽 5시 반에 출근하는 아주머니들에 의해서 청소되고 정비되는 것을 의식하는 사람들은 거의 없습니다. 이분들은 태어날 때부터 이름이 있었지만 그 이름으로 불리지 않습니다. 그냥 아주머니입니다. 그냥 청소하는 미화원일 뿐입니다. 한 달에 85만 원 받는 이분들이야말로 투명인간입니다. 존재하되 그 존재를 우리가 느끼지 못하고 함께 살아가는 분들입니다.(……중략……)

저는 스스로에게 묻습니다. 이들은 아홉 시 뉴스도 보지 못하고 일찍 잠자리에 들어야 하는 분들입니다. 그래서 이분들이 유시민을 모르고 심상정을 모르고 이 노회찬을 모를 수 있습니다. 그러나 그렇

소통하는 인간, 호모 커뮤니쿠스

다고 이분들의 삶이 고단하지 않았던 순간이 있었겠습니까. 이분들이 그 어려움 속에서 우리 같은 사람들을 찾을 때 우리는 어디 있었습니까? 그들 눈앞에 있었습니까? 그들의 손이 닿는 곳에 있었습니까? 그들의 목소리가 들리는 곳에 과연 있었습니까? 그 누구 탓도 하지 않겠습니다.

오늘 우리가 함께 만들어가는 이 정당이 대한민국을 실제로 움직여온 수많은 투명인간들을 위해 존재할 때 그 일말의 의의를 우리는 확인할 수 있을 것입니다. 사실상 그동안 이런 분들에게 우리는 투명정당이나 다름없었습니다. 정치한다고 목소리 높여 외치지만 이분들이 필요로 할 때 이분들이 손에 닿는 거리에 우리는 없었습니다. 존재했지만 보이지 않는 정당, 투명정당. 그것이 이제까지 대한민국 진보정당의 모습이었습니다. 저는 이제 이분들이 냄새 맡을 수 있고 손에 잡을 수 있는 곳으로 이 당을 여러분과 함께 가져가고자 합니다. 여러분 준비되셨습니까?

이 연설은 특정 계층, 정당, 정책에 대한 구체적인 비판을 하는 대신 자신들이 해야 할 일에 대해 실제 현장의 사례에 초점을 맞춘다. 구체적인 정책 주장을 하지 않으면서도 어떤 정책보다도 더 설득력이 있다. 특히 정당과 정치인들을 위시하여 사람들 사이에 존재하는 이념과 가치의 장막을 걷어 올리고 실상을 드러내 보여줌으로써 청중의 심금을 울리는 소통을 한다. 자신과 정당의 정체성을 각인시키는 데 압도적인 힘을 발휘한다.

논쟁은 좋은 것이라는 믿음

논쟁적인 주장을 개진하는 것에 대해 껄끄럽게 여기거나 부정적으로 인식하는 경향은 정도에 차이가 있을 뿐 보편적인 현상이다. 논쟁을 자신에 대한 도전으로 보고, 신속한 의사결정을 내리는 데 방해가 되고, 없어도 될 진통 과정을 겪는다고 생각하기 때문이다. 논쟁은 또한 논쟁의 당사자들에게 부정적인 이미지를 초래할 수 있다는 믿음도 강하다.

그러나 이러한 부정적인 인식은 자신의 의견과 주장을 논리적이고 합리적으로 주장하는 논쟁과, 상대방을 거친 말과 적절하지 않은 논리와 감정으로 공격하는 언어적 공격행위를 혼동하는 데서 기인한다.

논쟁하는 행위와 언어적 공격행위는 공격하는 대상이 서로 다르다. 논쟁에서 공격 대상은 논쟁거리가 되고 있는 이슈에 대해 상대방이 취하고 있는 입장이나 의견이다. 반면에 언어적 공격으로서 커뮤니케이션 행위는 상대방의 의견이나 주장이 아니라 자존심, 이미지, 자아 등 개인의 가치에 대해 공격한다. 이 차이에 대한 구분을 명료하게 인식하지 못하는 데서 논쟁적인 주장을 부정적으로 여기고, 가능하면 하지 말아야 할 커뮤니케이션 행위로 생각하는 고정관념이 생기는 것이다.

자신의 의도와 의견을 적절하게 주장할 수 있는 사람은 자신의 입장에 대해 확신을 보여주고, 토론에 열의를 가진 것으로 인식된다. 내용을 전하는 데 역동적이며 다른 사람을 설득하는 기술이 뛰어난 것으로 판단된다. 또한 상대의 주장을 경청하고 격려하는 데도 적극성을 띠는 전문적인 소통 능력을 갖춘 사람으로 평가되어 타인과의 관계에서 유리하고 우호적인 분위기를 만들어 낸다. 주장과 논쟁을 적절하게 할 수 있는 능력은 그래서 매우 중요하다.

물론 주장과 논쟁 행위를 적절하게 한다는 것은 쉬운 일이 아니다. 자기주장을 효율적으로 잘하려고 하는 사람은 토론에서 실실 웃거나 분노하는 표정을 지어서는 안 된다. 목소리와 몸짓에서 상대방을 경멸하는 모습도 삼가야 한다. 상대의 주장에 대해 강점과 약점을 분석하고, 논리의 타당성, 실용 가능성 등을 따져 심층적이고 비판적인 이해를 도모해야 한다. 그런 이해에 바탕해 정연한 논리적 사고와 주장을 뒷받침하는 내용으로 논쟁을 해야 한다.

논쟁은 개인적 수준에서부터 사회적·국제적 차원에 걸쳐 존재한다. 커뮤니케이션 행위는 상대가 있는 조건에서 이루어지기 때문에 자신과 상대의 서로 다른 입장의 차이로 인해 갈등과 논쟁의 가능성이 항상 존재할 수 있다. 친구 관계, 데이트, 학교, 가정, 직장과 사회, 정치, 경제 등 인간이 살아가는 모든 상황과 관계에서 발생한다. 그리고 이들 갈등과 논쟁에 대한 해결 방법과 결과에 따라 개인은 물론이고 사회도 큰 영향을 받는다. 개인의 만족도나 사회의 통합의 관례가 달라진다.

논쟁성향의 네 가지 유형

커뮤니케이션학에 연구에서 어떤 이슈에 대하여 자신의 의견을 적극적으로 주장하고 동시에 상대방의 주장도 잘 경청하여 그 이슈에 대한 논의를 긍정적인 결과로 이끄는 커뮤니케이션 특성을 논쟁성향(argumentativeness)이라고 한다. 즉 '논쟁적인 이슈에 대하여 다른 사람의 주장이나 입장을 반박하고 자신의 입장이나 주장을 변호'하는 것을 의미한다.[6]

구체적으로 이슈에 대하여 상대방의 주장을 경청하면서 자신의 입장을 분명히 하고, 논쟁의 핵심적인 내용들을 부각하고, 자신의 주장에 대한 근거와 증거들을 풍부하게 제시하면서 상대방의 주장이 지니는 문제점들을 지적하는 것이 논쟁성향이다. 자신의 주장과 비교 대조를 통해 논리적·실용적 측면에서 상대방에 비해 자신의 주장이 일리가 있음을 설득하고 납득시키는 커뮤니케이션 능력인 것이다.

사람이 논쟁 상황에 처하면 그 상황에 개입하려는 성향과 개입하지 않고 피하려는 성향이 있으며, 두 성향은 서로 경쟁한다. 따라서 개인의 논쟁성향을 결정짓는 것은 논쟁 개입 성향과 논쟁 회피 성향의 차이이며, 이에 따라 논쟁성향은 아래의 표처럼 4가지 유형으로 나눌 수 있다.

〈표〉 논쟁성향의 4유형

	논쟁 개입 성향	논쟁 회피 성향
적극형	높음	낮음
소극형	낮음	높음
온건형	높음	높음
냉담형	낮음	낮음

소통하는 인간, 호모 커뮤니쿠스

첫 번째는 '적극형'이다. 이 부류는 논쟁성향이 높은 유형으로 논쟁 개입 성향은 높고 반면에 논쟁 회피 성향은 낮다. 다른 사람과의 논쟁에 흥미를 느끼고 논쟁을 지적인 도전으로 여기며, 논쟁하는 상황에서 논리적으로 승리하는 것에 큰 의의를 둔다. 자신의 주장을 개진하는 행위에서 활력을 얻고 만족감과 성취감을 느낀다. 이기지 못하더라도 논쟁에서 자극을 받고 긍정적인 결과에 대한 기대감이 크다. 논쟁 상황과 과정에 참여하는 자체에서 즐거움을 얻는다.

두 번째는 '소극형'으로 논쟁 상황에 개입하려는 정도가 낮고 회피하려는 성향은 높다. 따라서 전체적으로 논쟁성향이 낮은 유형이다. 이 부류는 논쟁에 참여하는 것보다 회피할 때 편안한 감정을 느끼고 자신의 주장을 내세우지 않고 억제하는 특성을 지닌다. 불가피하게 논쟁에 참여하더라도 결과에 큰 의미를 두지 않고 결과에 관계없이 논쟁 상황 자체에 불편함을 느낀다.

돌아가신 (아아! 보고 싶은) 필자의 어머니 같은 분들이 이 유형에 속한다고 볼 수 있다. 남편과 자식들에게 큰 소리를 내지 않고 봉사하고, 남성 위주의 사회제도와 문화에 인내와 헌신으로 견디면서 자신을 주장하는 목소리를 높이지 않은 분들이 보이는 특성이다.(이러한 필자의 어머니 같은 여성을 계속 찾으며 방황하거나 미련이나 향수를 느끼다가는 큰코다치는 수가 있다. 사실 흠모하지만 요즘 시대에서 바람직한 커뮤니케이션 모델로 제안하기에는 현실성이 떨어진다.)

세 번째는 '온건형'이다. 이 유형은 논쟁 상황에 대한 접근 성향과 회피 성향이 모두 높은 경우로 결과적으로 온건한 논쟁성향을 대변한다.

제9장 — 적극적으로 주장하고 논쟁을 즐겨보자

의견과 주장을 개진하려는 욕구는 있지만, 논쟁이라는 상황과 과정에 대해 좋아하는 감정과 두려워하는 감정을 함께 가진다. 따라서 논쟁으로부터 얻는 이익보다는 논쟁에서 이길 가능성이 있는지/없는지에 기준하여 논쟁 참여를 결정한다.

네 번째는 '냉담형'으로 논쟁 접근 성향과 회피 성향이 모두 낮은 사람들로 논쟁 상황 자체와 이슈에 무관심한 유형이다. 논쟁을 좋아하지도 싫어하지도 않는 사람들이다. 자신과 관련한 중대한 문제의 경우에만 논쟁에 마지못해 참여하는 특징을 지닌다.

대학에 몸담은 교수들 중에 이 4번째 유형에 속하는 사람들이 많은 것으로 생각된다. 아마 사회의 이슈에 입장을 밝히고 목청을 높이는 교수들이 꽤 많기 때문에 이런 해석에 의아해할지도 모르겠다. 그러나 교수들 대부분은 자기중심적이고 이기적인 성향이 농후하다. 자신의 이해와 관련된 문제에는 매우 민감하지만 그 외의 문제에는 형이상학적으로만 적극적이고, 실제에서는 소극적이다. 직접 관련이 없으면 논쟁적인 이슈에 참여하지 않으려는 성향이 상당히 강하다. 다른 직업에 비해 여러 면에서 안정이 보장되는 환경과, 연구실이라는 독립된 공간에서 전공에만 몰두하는 환경이 그런 측면을 점점 강화해온 것 같다.

개인과 사회의 즐거운 진화

어떤 상황에서든 자신의 의도를 적절하게 전달하는 커뮤니케이션 행위는 매우 중요하다. 서로 의견이 다른 상황에서 주장을 합리적으로 개

소통하는 인간, 호모 커뮤니쿠스

진하고 차이에 대해 논쟁하는 것은 생산적 행위이다. 논쟁은 장려되어야 할 바람직한 커뮤니케이션 행위이다.

개인의 권리나 인권의 신장, 단체나 기업의 회의, 조직의 효율적인 의사결정, 행정부서나 기관의 합리적인 정책결정, 설득력을 지니는 판결 등을 위해 자유로운 주장과 논쟁은 필요조건이다. 개인의 생각, 입장, 주장을 막힘없이 펼치는 것은 공정한 경쟁을 보장하여 결과에 대한 수용과 만족감을 높인다. 논쟁이 보장되지 않으면 수용도 보장되지 않는다. 논쟁을 통해 건전한 사회적 합의과정을 이룰 때 개인과 사회는 즐겁게 진화한다.

커뮤니케이션 연구에 의하면 자신의 주장을 제대로 했다고 느낄 때 긍정적인 결과를 낳는다.[7] 예를 들어 남편과 아내가 논쟁에 대해 인식이 다르면 부부 관계가 행복하지 않고 불행하다고 평가할 가능성이 높아진다. 배우자가 논쟁적인 상황에서 상대의 주장 개진을 허용하지 않으려 하면 대화가 이루어지지 못하기 때문이다. 각자의 주장을 교환하고 서로 대화할 수 있는 상대인가 아닌가 하는 문제는 부부간의 관계에 대한 만족감과 행복감 평가에 중요한 요소인 것이다.

또한 부부 관계에 대해 불행하다고 느끼는 부부들은 파괴적인 양태로 자신의 주장을 내세우고, 반면에 행복하다고 느끼는 부부들은 건전하게 자신의 입장을 주장하였다. 파괴적으로 주장하는 커뮤니케이션 행위는 논쟁의 원인을 상대방에게 돌리고 거친 용어들을 사용하였다. 그러나 건전하게 주장하는 경우는 상대방에게 말할 기회를 주고 경청하며 상대방의 주장과 직접적으로 관련되는 것에 대해서 자신의 의견을 표현했다.

결혼생활에서 자신의 의견을 효율적으로 주장하는 행위는 의사소통을 잘한다는 능력을 인정받고, 높은 신뢰감을 얻고, 더 믿을 수 있는 사람으로 평가되었다. 또한 배우자에 대하여 공격적인 커뮤니케이션 행위를 시도하지 않고, 결혼생활에 대한 만족감을 높이고 가정폭력의 발생을 감소시켰다.

기업 내에서도 논쟁은 여러 장점을 낳는 것이 많은 실증적 연구에서 확인되었다. 예를 들어 직장의 상사가 논쟁성향이 낮은 경우보다 논쟁성향이 높은 경우에 부하 직원들은 자신의 직업과 상급자에 대해 만족도가 높았다. 논쟁성향이 높은 사람은 자신이 받고 있는 월급과 현재 하고 있는 업무에 대해서도 높은 만족도를 보였다.

건전한 공동체를 위한 논쟁 교육

우리나라도 공교육에 합리적인 의사소통을 위해 필요한 자신의 생각을 주장하고 논쟁하는 교육이 포함되었으면 한다. 언어적 공격행위에 대한 적절한 대처 방법과 함께 논쟁적인 상황에서의 효율적인 커뮤니케이션 행위에 대해 이해력을 키울 필요가 있다. 자신의 의도와 의견을 효율적으로 주장할 수 있는 아이디어를 개발하고, 방법을 체계화할 수 있는 훈련을 하는 것이다. 이런 교육은 상호이해와 합의를 지향하는 의사소통에 필요한 소양과 능력을 높일 것이다.

다른 사람의 권리를 부정하지 않으면서 자신의 주장을 통해 자신의 권리를 변호하는 의사표현인 논쟁은 우리 사회의 민주적인 발전을 위해서도 필요하다. 비합리적인 요구와 권위주의적 결정을 부정하고 공정한 의사결정을 요구하는 주장과 논쟁 커뮤니케이션 행위만큼 개인의 기본권을 신장하고 공동체의 발전에 큰 의의를 지니는 것도 많지 않다.

자신의 의견을 제대로 주장할 수 있는 커뮤니케이션 능력이 뛰어난 사람은 논쟁과 같은 커뮤니케이션 행위에서 즐거움을 얻고, 자신의 이미지를 높이고, 다른 사람들과 사회적 관계를 맺는 데 효율적일 것은 자명하다. 상대의 자존심이나 품격을 해치는 공격적인 커뮤니케이션 행위를 하지 않기 때문이다. 교육과 훈련을 통해 주장이 불가피하게 수반하는 갈등을 이해하고 합리적인 논쟁 커뮤니케이션을 통한 의사소통을 할 수 있는 개인과 사회의 능력을 키워가야 한다.

적극적이고 효율적으로 자신의 의사를 주장할 수 있게 하는 논쟁 교육은 사람들의 커뮤니케이션 행위에 긍정적인 영향을 미친다. 상대방의 주장을 반박하고 자신의 주장을 옹호하기 위해 학습욕구를 증대시키고, 효율적인 커뮤니케이션 능력을 크게 향상시킬 것이다.

또한 논쟁 행위는 사람들 사이의 커뮤니케이션이 한쪽에서 다른 쪽으로 전달하고 다른 쪽은 수용만하는 일방향의 의사전달이 아니라 자신과 상대방이 함께 주고받는 쌍방향 커뮤니케이션이라는 점을 체험케 할 것이다. 일방적인 주장으로는 아무것도 이룰 수 없으며, 주장의 교환을 통해 갈등과 이견을 조절하여 합리적인 일체감을 이루어 가는 과정이 얼마나 중요한가에 대해 깨우침을 줄 것이다.

이와 함께 자기중심으로 사고하는 편향성에서 벗어나 상대방 입장이 지니는 가치에 대해서도 숙고하게 하는 소통에 대한 지혜를 높일 것이다. 시간이 걸리더라도 논쟁을 통할 때 나와 너의 주장이 동의할 수 있는 부분은 많아지고, 합의의 과정을 인정할 가능성이 높아진다. 설사 자신의 주장이 상대적으로 덜 반영되더라도 수용할 수 있는 가능성을 높이는 최선의 방법일 것이다.

논쟁은 치열한 주장이 경쟁하고 찬성과 반대, 옹호와 반박이 교환되는 상황이다. 따라서 논쟁은 다양한 지적 자극을 통해 사람들에게 창의적으로 소통하는 길을 제시할 것이다. 자유롭고 적극적인 논쟁 커뮤니케이션은 표현의 자유, 커뮤니케이션의 가치와 함께 설득과 수용 및 공감을 통해 건전한 공동체로 발전할 수 있는 매우 효율적인 방법임을 잊지 말아야 한다. 논쟁은 개인과 사회 모두에 생산적인 좋은 커뮤니케이션 행위이다.

여의도에 토론을 허하라

유교 전통을 지닌 우리나라는 합리적인 논쟁의 조건을 충족하는 공적 논쟁이 드문 편이다. 특히 정치적 이해가 개입된 경우에는 논쟁은 실종되고 눈치를 살피는 침묵만이 흐른다. 대한민국의 미래, 한국이라는 공동체의 발전과 관련된 중대사도 예외는 아니다. 필자는 '세종시에 어떤 역할을 부여할 때 우리나라를 위해 가장 적절한가'와 같은 중대한 의제에 마땅히 주장하고 논쟁하라고 뽑아놓은 국회의원들이 침묵하는 것에 대해 비판하는 〈여의도에 토론을 허하라〉는 시평을 쓴 적이 있다. 전문

을 소개한다.[8]

　　우리는 이제 서울에 '딴스홀'을 허하여 주십사고 연명으로 각하에게 청하옵나이다. ……각하는 댄스를 한갓 유한계급의 오락이요, 또한 사회를 부란시키는 세기말적 악취미라고 보십니까. 그런 생각을 가지고 사교댄스조차 막는 것이라면 그것은 분명히 각하의 잘못 인식함이로소이다. ……하루속히 서울에 딴스홀을 허락하여, ……유쾌한 기분을 60만 서울 시민으로 하여 맛보게 하여 주소서."(김진송, 《서울에 딴스홀을 허하라》)

　　일제 강점기에 발행되던 잡지 《삼천리》 1937년 1월호에 실린 내용이다. 권번(券番) 기생을 포함하는 남녀 8명이 경무국장에게 보내는 공개서한이었다.

　　70년도 더 지난 2010년 세종시 논란을 보며 청한다. 보스라고 지칭되는 정치인들이여, 부디 '여의도에 토론(debate)을 허하라'. 딴스홀은 정지용의 시처럼 "옛이야기 지즐대는 실개천이 휘돌아 나가고" "사철 발 벗은 아내가 이삭 줍던 곳"과는 전혀 다른 모던 도시 경성 지역만의 일이지만 세종시는 대한민국 전체가 관련된 일이니 절실함은 비교할 수 없을 것이다. 수도 이전은 안 된다는 헌법재판소의 판결을 포함해 오랜 공방에 이제 지칠 만도 하련만 여전히 대한민국을 카오스 상태로 몰고 있다. 그럼에도 찬성과 반대 이외의 의견은 설 공간이 없다.

　　지금껏 몇 의원(원희룡, 김무성, 여상규, 정진석)을 제외하고는 정책적 제안도 소신도 없는 여의도 의사당이 국민을 대변하는 곳이라니 부끄러울 뿐이다. 정치 리더들의 협량함과 국회의원의 눈치 보기 합작이 지겹기만 하다. 세계 10위권의 경제력을 일군 대한민국 국민의 피와 땀, 밴쿠버에 애국가를 울려 퍼지게 하면서 세계를 놀라게 하는 대한민국 청년들의 품격을 더 이상 배신하지 말아야 한다.

지난 17일 신문에는 두 사람이 멱살잡이를 하며 날 선 말싸움과 몸싸움을 하는 사진이 게재됐다. 방송에서도 고성과 욕설의 대치를 생생하게 보도했다. 안양시 국토연구원에서 열린 세종시 발전안 및 법률 개정 방향 공청회에서 일어난 해프닝이었다. 평화롭게 살던 주민들이 언어적·물리적 폭력 상태에 이르기까지 국회의원들은 도대체 어디서 무엇을 하고 있는 것인가. 분통이 터질 일이다. 이제는 국회의원들이 제대로 된 토론으로 모든 싸움의 주연을 맡을 것을 주문한다. 친이계든, 친박계든, 야당이든 무조건 찬성과 반대가 아니라 입법 주체로서 실력을 보여주는 공개적인 논쟁을 통해 세종시에 대한 방안을 마련해야 한다.

그러기 위해 정치 보스의 의견에 국회의원이라는 이들이 100% 찬성하는 일은 지양해야 한다. 그건 북한식 만장일치를 흉내 내는 일이다. 그 100이라는 숫자는 공포의 음지에서 피어나는 신기루일 뿐이다. 그곳에도 주민을 대표한다는 사람들이 있지만 교조적인 집단 레토릭을 앵무새처럼 되풀이하며 주민들을 외면해 오지 않았는가. 그 결과는 기아로 인한 사망, 대규모 탈북, 꽃제비로 불리는 어린아이들의 유랑과 걸식이 아니던가. 남쪽이든 북쪽이든 무조건 따르기만 하면 토론은 사라지고, 토론이 없으면 해결책도 나올 수 없고 잘못되는 건 불문가지다.

제대로 된 토론은 개인별로 공적인 사명감을 지니는 국회의원들이 세종시에 대한 아이디어와 소신을 구체적인 내용물로 국민에게 선보이는 것이다. 주장을 뒷받침하는 논리와 예측도 있어야 한다. 보스나 당의 입장을 그대로 복창하는 교조주의적인 말로는 국민이 납득할 수 있는 건전한 사회적 합의에 도달할 수 없다. 서로 다른 생각이 경쟁하게 해야 한다. 생각이 다르다고 마녀사냥을 하고 이단으로 모는 것은 중세 암흑시대에서나 있었던 일이다. 인간에게 봉사해야 할 말과 토론을 허용치 않고 오직 신과 교직자를 미화하는 레토릭만이 지배하던 중세로 돌아가서는 안 된다.

서로 다른 생각들이 대화하고 타협하는 것을 거부해서는 안 된다. 이른바 원안과 수정안의 양자택일을 전제하지 말고 토론을 통해 공정하게 경쟁하고 타당성과 신뢰성을 인정받아 설득력을 높임으로써 지배적인 여론으로 동의를 얻는 방식으로 해결책을 삼아야 한다.

계파의 리더나 당의 입장은 무오류인 듯 감싸는 정객(politician)이 아니라 대한민국의 미래를 생각하는 정치가(statesman)의 레토릭으로 대결하기 바란다. 하여 다시 간청하노니, "여의도에 토론을 허하라".

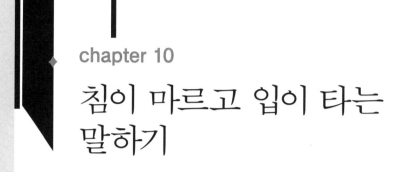

chapter 10

침이 마르고 입이 타는 말하기

필자의 학창시절에는 짝사랑하던 연인이나 헤어지면 죽을 것 같은 애인에게서 퇴짜를 맞고도 한마디 못하고 돌아서는 슬픈 이들이 많았다. "운다고 옛 사랑이 오리요마는/ 눈물로 달래보는 구슬픈 이 밤……" 하는 〈애수의 소야곡〉 같은 애잔한 족속들이었다. 이 안쓰러운 청춘들이 이구동성으로 하소연하는 공통점은 '그대 앞에만 서면 한 마디도 나오지 않는다'이다. 타인과 말하기에 공포증을 가진 사람도 마찬가지다. 말을 해야 할 상황에서 불안감 때문에 말을 제대로 하지 못한다. 좌절감이 얼마나 클지 상상하는 것은 어렵지 않다.

제10장

○

침이 마르고 입이 타는
말하기

― 커뮤니케이션 불안감

●

    2011년 우리나라에서 상영되었던 영화 〈킹스 스피치(King's speech)〉는 2010년에 개최된 83회 아카데미 영화상 시상식에서 남우주연상, 작품상, 감독상 등을 석권하며 최고의 영화로 떠올랐다. 이 영화에서 영국 왕 조지 6세 역을 맡은 남자 주인공인 영국 배우 콜린 퍼스는 1939년 9월 3일 영국 국민과 세계를 대상으로 독일과 맞서 싸울 것임을 천명하는 라디오 연설을 가슴 뭉클하게 잘해내서 영화를 보는 사람들을 감동적인 클라이맥스로 이끌었다. 그는 평생을 커뮤니케이션 불안감에 시달리던 조지 6세가 자신을 콘트롤하며 연설하는 극적인 장면을 특히 인상적으로 연기하여 관객을 압도한 것이다.

그래도 말은 해야 한다

　지금 이 순간 역사상 가장 운명적인 날을 맞아 저는 국내와 해외에 있는 모든 국민들의 가정에 직접 찾아가 문턱을 넘어 대화하는 심정으로 국민 한 분 한 분 모두에게 이 말을 전합니다. 우리는 생애 두 번째의 전쟁을 맞이합니다. 우리는 수차례 노력하여 적국과의 갈등을 평화적으로 해결하기 위해 모든 방법을 다 동원해 보았지만 실패로 돌아갔습니다. 결국 충돌을 피할 수 없게 되었습니다. 우리에게 주어진 소명은 전 세계 문명국가에 위협이 될 사상과 맞서는 것입니다.

　저들의 사상은 겉은 그럴듯하지만 힘이 곧 정의라는 미개하고 야만적인 정치논리일 뿐입니다. 우리가 숭상하는 모든 가치를 지키기 위해서라도 이 전쟁은 더 이상 피할 수 없습니다. 이에 저는 이 고결한 목적과 행복한 미래를 위해 모든 국민이 한뜻으로 동참하기를 요청하는 바입니다. 모두가 마음을 합쳐 이 시련을 이겨내길 기원합니다. 고된 여정입니다. 앞길이 험할 수도 있고 전쟁에 마음속까지 질식할 수도 있습니다.

　그러나 우린 오직 정의를 위해서 싸울 것이고 경건한 마음으로 우리의 결의를 신께 맹세합니다. 모두가 하나가 되어 그 맹세를 지킨다면 우리는 주께서 보호하사 반드시 승리할 것입니다.

1939년 9월 1일 독일이 폴란드의 서쪽 국경을 침공하면서 시작된 제2차 세계대전에 영국의 단호한 참전을 선전포고하는 연설은 조지 6세에게는 참으로 어려운 임무였다. 왜냐하면 조지 6세는 어려서부터 말을 더듬고 자신의 의도를 제대로 표현하지 못하는 장애가 있었기 때문이다. 어려서는 물론이고 즉위하고도 수차례의 대중연설에서 실패하여 스피치를 제대로 하지 못하는 사람이라는 낙인이 찍혀 있었다. 그런 왕이 선전 포고 연설을 제대로 마쳤으니 더욱 국민의 마음을 움직였다.

히틀러가 유럽을 유린하던 당시 연합국의 중심국가로서 영국 국왕이 독일의 침략에 대항하는 전쟁을 선포하는 라디오 연설을 제대로 할 수 있을 것인가에 대한 염려는 왕 개인이나 왕실의 체면을 넘어서는 절박한 상황이었다. 인류 역사상 가장 그로테스크하고 야만적인 괴물의 대표 격인 히틀러의 무자비한 만행에 대하여 공식적으로 전쟁을 선언하는 순간이었기 때문이다. 라디오 연설에서 몇 차례 고비를 넘기고 성공적으로 스피치를 마치는 콜린 퍼스의 연기는 관객들로 하여금 화면에 몰입하게 하고 눈물을 흘리게 하는 감동을 주었다.

특히 이 역사적인 스피치를 해내기까지 주인공의 눈물겨운 노력과 주위의 지극한 배려는 이 영화의 압권이었다. 조급해하지 않으며 인내심을 발휘한 호주 출신의 언어치료사 라이오넬 로그의 헌신과 왕비의 애정 어린 협조는 왕의 성공적인 스피치에 대한 바람과 불안 심리를 잘 드러냈고 커뮤니케이션 불안감이 높은 사람을 어떻게 도와야 하는지 잘 묘사했다. 그뿐만이 아니다. 불안감을 멋지게 극복한 스피치는 모든 사람에게 신념과 열정을 불러일으키며 큰 감동을 선사한다는 사실을 여실히 증명하였다.

(현재 영국 여왕인 엘리자베스 2세의 아버지인 조지 6세는 1936년 12월 11

소통하는 인간, 호모 커뮤니쿠스

영국 왕 조지 6세(콜린 퍼스 분)가 영국 국민과 세계에 독일과 맞서 싸울 것임을 천명하는
2차 세계대전 참전 선언 라디오 연설(1939.9.3): ─〈킹스 스피치(King's Speech)〉

일 밤에 퇴위한 에드워드 8세의 동생이었다. 미국 출신 유부녀 심프슨 부인을
아내로 맞이하기 위해 '국왕의 지위를 버리고 사랑을 택한' 자유분방한 형으로
인해 갑자기 왕위에 올랐다. 해가 지지 않는 대영제국이 서서히 저물어 가는 때
이고, 나치에 의해 유럽에 전운이 감도는 어려운 때였다. "사랑하는 여인의 도움
없이는 무거운 책임을 이행해 나가기 어렵다는 것을 깨달았습니다. 왕위를 버릴
수 밖에 없는 이유입니다"라는 1936년 12월 1일 영국 BBC 방송을 통해 울려 퍼
진 에드워드의 8세의 발표에 영국 국민은 경악과 우려가 컸다고 한다. 심프슨
부인의 사생활에 문제가 많고, 동시에 히틀러 때문에 국제 정세가 매우 혼탁했
기 때문이다.) (참, 궁금할 것 같아 부기한다. 세계의 주목을 끈 두 사람은 프랑
스에서 노년까지 함께 보냈다고 한다.)

스피치 공포는 보편적 증상

우리 보통 사람들도 조지 6세 못지않게 살아가면서 대면하는 여러 커뮤니케이션 상황에서 다양한 유형의 불안감에 시달린다. 친한 사람들과 대화하는 데 전혀 문제가 없고, 와자지껄하게 떠드는 데 둘째가라면 서러운 사람도 공식적인 성격을 띠는 자리에서 말할 기회가 주어지면 손사래를 치며 사양하는 경우가 많다.

격식을 차리는 자리에서 자신을 소개하거나 스피치를 해야 하는 전날에는 밤잠을 설치는 사람이 의외로 많다. 정도의 차이가 있지만 거의 모두 이런 불안감, 두려움에서 벗어날 수 없다. 그래서 크고 작은 스피치를 마치고 나면 제대로 하지 못했다는 생각으로 뭔가 아쉬운 구석이 많이 남는다.

공식적인 자리가 아니어도 커뮤니케이션 공포는 다양하게 존재한다. 필자의 학창 시절에는 짝사랑하던 연인이나 헤어지면 죽을 것 같았던 애인에게서 퇴짜를 맞고도 한마디 못하고 돌아서는 슬픈 이들이 많았다. "운다고 옛 사랑이 오리요마는, 눈물로 달래보는 구슬픈 이 밤, 고요히 창을 열고 별 빛을 보면……" 하는 〈애수의 소야곡〉 같은 애잔한 족속들이었다. 아파서 터질 것 같다던 가슴이 실제로 터진 이들은 없어서 그나마 다행이지만, 이 안쓰러운 청춘들이 이구동성으로 하소연하는 공통점은 '그대 앞에만 서면 한마디도 나오지 않는다'는 것이다.

청승맞은 사랑의 실패자들이든 대중연설 공포증에 시달리는 사람들이든, 하고 싶은 말이나 말을 해야 할 상황에서 두려움 때문에 하고 싶은 말을 제대로 하지 못하는 것이 얼마나 좌절하게 하는가를 상상하는 것은 어렵지 않다.

커뮤니케이션 불안감의 4가지 유형

심리적 공포감 때문에 다른 사람에게 말을 제대로 못 하는 증상은 커뮤니케이션 불안감(communication apprehension)이라고 분류되는 개념이다. 맥크로스키(McCroskey)라는 커뮤니케이션 학자가 1970년에 타인과 커뮤니케이션할 때 효율적인 소통을 방해하는 개인 성향을 대변하는 개념으로 처음 제안한 이후로 여러 학자들이 연구해 왔다.[1]

커뮤니케이션 불안감은 다른 사람과 말을 나누거나 어떤 자리에서 공식적인 성격의 스피치나 인사말을 해야 하는 상황에서 느끼는 두려움을 일컫는다. 범위를 좀 더 넓히면 타인과 실제로 커뮤니케이션을 하거나 커뮤니케이션을 하기로 예정된 상황에서 느끼는 공포감을 의미한다.

커뮤니케이션 불안감은 커뮤니케이션 연구 역사상 가장 광범위하고 철저하게 조사되어 왔는데, 가장 많은 논문이 이 개념과 관련하여 발표되었다. 이는 사람들이 다른 사람과 커뮤니케이션을 해야 하는 다양한 상황에서 느끼는 불안감과 공포감이 양의 동서를 막론하고 흔하게 존재하는 보편적 현상이라는 사실을 알려준다. 불안감 증상은 민족, 국경, 문화, 나이, 직업, 교육 수준, 수입에 관계없이 세상 사람들에게 매우 보편적인 것이다.

커뮤니케이션 불안감은 4가지 유형으로 구분된다.[2] 첫째 유형은 사람들 내부에 내재해 있는 '성향 불안감'으로 어떤 특정한 상황이나 특정한 청중에 국한하지 않고 언제 어디서나 일관되게 지속되는 불안감이다. 공식적인 장소나 회의석상의 연설이든 비공식적인 자리의 간단한 스피치든, 사람이 많든 적든 특정 조건에 관계없이 발생하는 공포감을 뜻한다. 다른 사람과 얘기하는 것 자체에 신경이 과민하게 되고 안절부절못하며 그 상황에서 도피하려는 성향을 일컫는다.

두 번째는 '상황 불안감'이다. 이 유형은 자신이 관련하는 커뮤니케이션의 분위기와 상황에 따라 변화하는 불안감이다. 불안감이 항상 지속되는 것은 아니어서 많은 사람들 앞에서 얘기할 때에 불안감을 느끼지만 소수 사람들 앞에서 얘기할 때는 불안감을 느끼지 않는 경우이다. 반대의 경우도 마찬가지다. 커뮤니케이션 상황에 따라서 불안감의 발생과 정도가 달라지는 것이다. 대중연설에서는 별다른 공포감을 느끼지 못하나, 얼굴을 마주하는 가까운 상황에서는 얼굴이 붉어지고 가슴이 답답해지면서 말을 못하는 불안정한 특성이 나타날 수도 있다.

세 번째는 '청중 불안감'으로 커뮤니케이션 상황이나 형식에 관계없이 자신의 말을 듣는 청중의 유형에 따라 느끼는 공포감이다. 예를 들어 아버지나 학교 선생님에게 커뮤니케이션 불안감을 느끼는 사람은 평소 대중연설이나 공공커뮤니케이션에 문제가 없더라도 청중으로 아버지나 선생님이 앉아 있으면 큰 공포감을 느껴서 제대로 이야기를 못하는 경우이다. 자유롭게 대화를 나누는 상황에서도 특정한 사람이 커뮤니케이션 상황에 포함되면 불안감이 생기고 커뮤니케이션을 원활하게 진행하지 못한다.

네 번째 유형은 '특정 불안감'이다. 특정 상황에서 특정한 사람에게 커뮤니케이션 행위를 할 때 느끼는 불안감으로 구체적인 이유가 있을 때 발생하게 된다. 자신과 직접적으로 연관된 상황에서 특정한 사람에게 제대로 커뮤니케이션할 수 없음을 뜻한다. 평상시에는 커뮤니케이션 불안감이 없던 사람이 자신의 승진이나 업무, 장래에 결정적인 영향을 미칠 수 있는 일을 특정 상급자에게 설명해야 하는 일을 앞두고 느끼는 불안감이 해당한다. 취직 시험과 같은 특정 상황에서 면접관과 마주했을 때 불안감으로 제대로 말을 못하는 경우도 대표적인 특정 불안감 유형의 사례에 속한다.

소통의 적, 불안감

커뮤니케이션 불안감을 야기하는 상황은 매우 다양하다. 공통적인 특징은 새로운 상황, 공적인 격식이나 절차가 강조되는 상황, 조직에서 하급자의 위치에 속하는 상황, 다른 사람들의 주시 속에 자신이 완전히 공개되어 드러나는 상황, 익숙하지 않은 생소한 상황, 자신이 잘 모르는 분야, 다른 사람으로부터 많이 주목받는 경우, 과거에 좋지 않은 경험이 있는 경우에는 불안감의 정도가 높아진다.

커뮤니케이션 불안감은 개인의 심리적 고통으로 끝나지 않고 다른 사람과의 커뮤니케이션을 방해하는 부정적인 요소로 작용한다. 불안감의 정도가 높은 사람들은 커뮤니케이션을 회피하거나, 커뮤니케이션이 필요한 상황에서 몸을 사리며, 부절적한 커뮤니케이션 행위를 하는 특성을 보인다.[3] 다른 사람들과 건강한 관계를 맺고, 목표하는 계획을 성취하고, 자신의 역할을 효율적으로 수행하는 사회생활을 불가능하게 한다. 따라서 불안감으로 인한 비효율적 커뮤니케이션을 개선하지 않고 그대로 내버려둬서는 일상생활에서 안정감과 타인과의 관계와 소통에 큰 지장을 초래한다.

불안감이 높은 경우에 나타나는 '커뮤니케이션 회피'는 불안감이 높은 사람이 자신에게 불편한 상황을 예상하면 그 상황을 맞아서 대응할 것인지, 아니면 상황 자체를 회피할 것인지 고려하는데 보통 회피하는 경우를 택한다. 따라서 불안감이 크면 직업을 선택할 때에도 도전의식과 자신의 능력을 고려하는 것이 아니라, 커뮤니케이션 행위와 관련하여 책임이 적은 자리를 선택한다. 또한 다른 사람과 접촉이 적은 집을 구하거나, 교실이나 그룹 미팅에서 사람들의 눈에 덜 띄는 자리를 택하고, 사교모임을 회피한다. 자신을 불편하게 하는 사람의 주위에 얼쩡거리지 않는 것도 이런 경우에 해당한다.

'커뮤니케이션 몸 사리기'는 불편함을 미리 예상하지 못한 상황이나 회피하기 어려운 상황에서 매우 소극적으로 커뮤니케이션에 임하는 경우이다. 완전히 침묵하거나, 직접적으로 요구받은 내용 외에는 입을 다물거나, 어색하리만큼 극단적으로 짧게 말하는 것을 포함한다. 미팅, 학교 수업, 그룹 토론에서 지명을 받아야 자신의 의견을 밝히는 경우도 마찬가지다. 또한 토론에서 적극적으로 의견을 피력하는 것과 같은 능동적인 참여를 하지 않고 사람들이 그렇게 얘기하기 때문에 찬성한다는 식의 반응을 보인다. 이런 행동들은 커뮤니케이션 상황에 적극적으로 참여할 의사가 없음을 뜻한다.

'부적절한 커뮤니케이션 행위'는 불안감이 높은 사람들의 세 번째 패턴으로 회피할 수 없는 상황에서 말을 더듬거나 눌변으로 일관하거나 부자연스런 비언어적 행동을 하는 경우이다. 적절한 커뮤니케이션 전략을 선택하지 못하고 습관적으로 '이런 식으로 말했더라면 좋았을 걸' 혹은 '그렇게 말했어야 하는데' 하면서 아쉬움과 후회하는 태도를 보인다. 상황에 적절한 커뮤니케이션 기술을 찾지 못하고 효율적인 커뮤니케이션 행위도 하지 못한다.

커뮤니케이션 불안감은 개인의 내부적인 문제로 끝나지 않고 여러 증상과 부정적인 결과를 야기한다. 초조감, 불안정감, 손과 무릎의 떨림, 혀가 마르는 증상, 과도하게 땀이 나는 증상, 심장박동의 증가, 호흡의 가쁨, 혈압 수치의 상승, 목소리 톤의 불안정, 발음의 불명료함, 상대의 눈을 회피하는 것 등 다양하다.

이런 부정적인 효과가 지속되면 학업 능력과 성적이 저하되고, 커뮤니케이션 능력과 기술이 덜 요구되는 직업을 선택하게 된다. 직장생활을 하는 동안에도 직업에 대한 만족도가 낮고, 리더로서 평가받지 못하고, 친절한 사람으로 여겨지지 않으며, 다른 사람에게 매력을 주지 못하는 것으로 나타났다. 불안감이 높은 사람은 자신이 어떤 불이익을 감내해야 하는가를 자주 생각하게 되고 그러면서 더욱 불안해지는 악순환이 일어난다.

능동적 사고와 행위도 가로막는 불안감

더욱 큰 문제는 커뮤니케이션 불안감이 학생들의 능동적인 사고와 의사소통 활동에 좋지 않은 영향을 미친다는 점이다. 예를 들어 우리나라 교육에서 항상 지적되는 문제점의 하나는 수업 과정에서 선생과 학생, 학생과 학생 사이에 토론이 제대로 이루어지지 않는 것이다. 대학도 마찬가지다. 토론은 자신의 생각을 자기 마음대로 자유형으로 피력하는 것으로, 타인의 의견에 찬성 혹은 반박하고 타인과는 다른 자신만의 아이디어를 체계적으로 주장할 수도 있다. 상대의 인격에 상처를 주거나 개인적 사안에 대해 폭력적인 언어로 공격하는 행위가 아닌 자유로운 의사소통이 이루어지는 기회이다.

그러나 토론의 가치를 강조하고 다양한 방법으로 장려, 유혹, 유인, 위협(?)을 동원해 토론을 유도해도 작동불능이 다반사다. 그야말로 활발한 토론은 하늘에서 별이나 달을 따는 것만큼이나 어렵고, 마음에 드는 이성에게 전화번호를 얻기만큼이나 힘든 실정이다. 왜 안 되는 것일까?

2016년 1학기에 필자의 수업을 수강한 어느 학생은 "우리는 10년 이상 주입식 교육을 받았습니다. 때문에 모든 문제에는 정답과 오답이 있었습니다. 하지만 다양한 관점에서 바라봐야 하는 토론은 답이 없습니다. 자신의 목소리가 정답이 아니면 어떻게 하지 하는 두려움이 우리를 침묵시킨다고 생각합니다."라고 했다. 토론에는 정답이 없음을, 그리고 다양한 의견이 모였을 때 더욱 좋은 인식이 나온다는 내 지론이 그의 실증적인 경험에 얼마나 무력할 것인가는 불문가지다. 2학년이었던 그의 설명은

을 가중시키게 되어 부정적인 결과를 예상하게 되는 커뮤니케이션 상황에서는 그 상황 자체를 회피하게 된다.

세 번째로 개인의 성향으로 설명하는 모델은 부모로부터 받은 유전적 성향이 커뮤니케이션 행위에 부정적인 영향을 미친다는 것이다. 즉 사교성이 낮은 사람은 자신의 커뮤니케이션 행위에 대하여 긍정적인 평가를 하지 못하고 점점 불안감이 누적된다. 또한 어떤 사건이나 상황에 대해 전전긍긍하며 걱정하거나, 다른 사람의 이야기를 잘 받아들이지 못하고, 현상에 대한 과도한 반응으로 불안감이 높아진다.

대부분의 사람은 어떤 식으로든 커뮤니케이션에 대한 불안감이 있다. 교수가 직업인 필자는 강의나 특강을 할 때 강의실을 왔다 갔다 하면서 질문을 하고 답변을 고무하고 토론을 시도하는 편이다. 이때 왕왕 경험하는 것이지만 필자의 질문을 받지 않으려고 눈이 마주치는 걸 피하는 학생들이 꽤 많다. 가까이 다가가면 질문을 받을까 봐 불편한 표정을 감추지 못하는 학생들도 많다.

특히 서로 잘 모르는 학기 초의 상황에서는 거의 모든 학생들이 예외가 없을 정도이다. 교수들도 마찬가지 증상을 느낀다. 불확실성이 매우 높은 학기 초에는 강의실에서 어떻게 진행할 것인가에 대한 커뮤니케이션 불안감을 느낀다. 거의 모든 교수들이 이 점에 동감한다. 학기 초에는 강의에 어려움이 많고 적응이 잘 안 된다고 토로하는 교수가 많은데, 학기 초에 학생들이 강의와 관련하여 느끼는 커뮤니케이션 불안감과 비슷한 현상이다.

사실 어떤 경우에는 불안감이 전혀 없이 커뮤니케이션 행위를 능숙하게 하면 오히려 뻔뻔한 인상을 줄 수 있다. 새 신부의 부끄러운 붉은 뺨이나 새신랑의 머리를 긁적이는 불안함은 귀엽고 순진하고 보호해주고 싶은 감정을 일으킨다. 취업 인터뷰에서 지나치게 불안한 기색이 없으면 신선함이 없어 보이거나 능글맞게 보여 부정적인 평가를 초래할 수 있다. 물론 자신의 의사를 표현하는 데 지장이 있다면 문제가 되겠지만 불안감이 전혀 없는 태연자약한 표정도 부적절할 수 있다. 커뮤니케이션 행위는 이렇게 미묘한 특성을 지니는 영물(靈物)이다.

그러나 어떤 경우, 어떤 상황에서도 자신이 실행해야 할 적절한 커뮤니케이션 행위를 하지 못한다면 그로 인한 타격과 손실은 매우 크다. 현대사회에서 이 손실은 점점 확대되고 순조로운 인생 경영에 큰 지장을 줄 만큼 부정적인 영향력이 높아지고 있다. 불안감이 없는 당당하고 명료한 커뮤니케이션 행위, 불안감을 통제하고 조절할 수 있는 커뮤니케이션 능력은 현대인의 필수 조건이 되고 있다.[6]

심리적 불안감은 자신에게는 물론이고 커뮤니케이션의 대상자인 상대방에게도 불편함을 초래한다. 불안감이 높은 사람은 일생 동안 사회생활의 범위가 제한되고 주위의 반응에 예민해지며 신경질적이 된다. 어떤 개선을 하지 않고 그대로 두면 누적되는 불만감에 시달리고 삶의 질이 저하되므로 방치해선 안 된다.

꾸준한 훈련이 극복의 지름길

커뮤니케이션에 대한 공포는 정도에 차이가 있을 뿐 누구나 경험할 정도로 흔한 것이지만 단번에 치유할 수 있는 비법은 없다. 비법보다는 〈킹스 스피치〉의 조지 6세처럼 꾸준히 노력하며 훈련을 쌓는 것이 중요하다.

커뮤니케이션 불안감은 흔하기 때문에 오히려 체계적이고 전문적인 준비 없이 치유하겠다고 덤비는 경우가 많다. 예를 들어 어린이들에게 '큰 소리로 읽어라' '무엇을 느꼈는지 말해보라'며 많은 사람들 앞에서 아이의 커뮤니케이션 능력을 배려하지 않고 마음대로 지시하고 요구하는 행태이다. 말에 대한 인식과 교육이 거의 없고 문제해결에 토론과 같은 방법을 잘 활용하지 않는 우리 문화는 커뮤니케이션 불안감을 조절하거나 치유하기에 적절치 않은 면이 많다.

커뮤니케이션 학자들이 제안하는 불안감 치유 방법은 다양하다.[7] 그 중에서 '과민반응 제거 방법'은 불안감을 생리적인 과도한 반응으로 본다. 따라서 과도한 반응을 통제하는 방법을 찾아서 교육한다면 불안감을 감소할 수 있다고 주장한다. 불안감을 야기하는 사건이나 커뮤니케이션 상황을 연상하면서 여유를 가지는 방법, 신경과민이 되지 않고 유연하게 대처하는 방안, 불안감에 대한 다양한 대처법을 강구하고, 실제로 상대와 실행해 본다.

'인지조정 방법'은 사람들이 어떤 상황에서 경험하는 불안감은 유사한데 그 경험을 받아들이는 정도에 큰 차이가 있다고 본다. 불안감이 높은 사람들이 지나치게 두려워하면서 상황에 대처하기 때문에 부적절한 커뮤니케이션 행위를 한다고 본다. 불안감이 높은 사람은 동일한 상황에서도 가슴이 두근두근하고 조바심과 긴장감 때문에 상황을 통제할 수 없다.

반면에 불안감 정도가 낮은 사람은 동일한 상황을 정상적이고 불편하지 않은 것으로 생각하면서 오히려 커뮤니케이션 행위를 더 잘하고 싶은 자극으로 받아들인다. 따라서 동일한 커뮤니케이션 상황에 대해 스스로 다르게 평가하는 비합리적인 판단의 문제점을 밝혀서 이해하게 하고 필요한 변화를 주며, 자신에 대한 새로운 긍정적인 믿음을 형성하게 훈련하는 것을 효율적인 치료로 본다.

커뮤니케이션 상황에 자신이 잘 적응하지 못하고 적절한 커뮤니케이션 행위를 수행하지 못할 것으로 생각하기 때문에 불안감 증세가 나타나는 경우에는 '커뮤니케이션 기술 보완 방법'이 효과적이다. 적절한 커뮤니케이션 행위를 하지 못한다고 생각하면 공포감이 생기는 것은 당연하다. 따라서 이런 때는 효율적인 커뮤니케이션 기술을 교육하고 훈련하면 치료가 가능하다. 대학을 포함하는 교육기관에서 스피치와 커뮤니케이션 과목을 통하여 지식을 쌓게 하고 실습을 통해 수정하고 변화시키는 것이다. 물론 혼자서도 인내심을 가지고 시도—평가—재시도를 반복적으로 실행하면 좋은 결과를 얻을 수 있다.

필자의 불안감 교정 사례

필자는 커뮤니케이션 불안감도 학습이론적 측면에서 긍정적으로 교정할 수 있다고 생각한다. 대학에서 스피치 커뮤니케이션 과목을 개설하여 강의하면서 스피치에 큰 장애를 느끼는 학생들과 강의실에서 몸으로 부딪친 체험이다. 교육과정은 자기소개 스피치, 특정 대상에 대한 정보를 전달하는 스피치, 자신의 생각을 다른 학생들에게 설득하는 스피치 등 다양한 형태의 프레젠테이션을 학생들이 직접 실행하는 것과 이론적인 논의에 대한 소개를 포함한다.

강의실의 토론에서 학생들은 자신의 커뮤니케이션 불안감에 대해 처음부터 솔직하게 토로하기보다는 드러내지 않으려는 경향이 있다. 또한 심리적 공포감이 있음을 밝히면서도 스스로 대수롭지 않게 여기는 경우가 많다. 그러나 실제 스피치를 준비하고 실행하는 과정이 시작되면 자신이 생각했던 것 이상으로 불안감으로 인한 심리적 고통이 크고, 자신이 마음먹은 것처럼 제대로 스피치를 할 수 없다는 학생이 대부분이다.

이런 반응은 어려서부터 말하는 것을 학교에서 학습하는 미국 학생들의 경우에도 대동소이하다. 이 분야의 선도 학자인 맥크로스키의 증언에 의하면 그가 펜실베이니아 주립대학교에 재직하던 어느 날 밤 대학교의 심리학자로부터 전화를 받았는데, 스피치 과목을 수강하는 학생이 곧 차례가 다가오는 스피치에 대한 압박감 때문에 대학의 제일 높은 건물에서 뛰어내리려고 하는 것을 제지했다는 내용이었다.[8] 또한 공학 과목에서 모두 A를 받은 학생이 졸업에 필수과목인 스피치 과목에 12번이나 수강등록을 했다가 수강을 취소하는 바람에 졸업하지 못한 경우도 있었다.

우리나라에서는 스피치 과목이 졸업에 필수과목인 학교는 없으므로 이런 불상사는 물론 없다. 닥치면 '해내고야 말겠다'는 의지가 왕성한 우리 민족의 특질상, 대학생이 스피치가 두려워 건물 옥상으로 올라가는 일이 생길 가능성도 거의 없다고 본다. 그러나 학생들이 스피치를 준비하고 실행하면서 심리적 두려움은 매우 크고 보편적이며 심각하다.

불안감이 높은 학생들은 보통 '아' '어' 등의 의성어를 지속적으로 내거나, 준비한 원고에서 눈을 떼지 못하고 읽기만 한다. 마음대로 되지 않는 스피치 때문에 신경질적인 태도를 보이는 경우, 고성을 지르고 목소리의 고저와 톤이 불안정한 채 계속하지 못하겠다고 중단하며 시간을 소모한다. 심지어 주저앉거나 등을 돌리고 눈물을 보이는 학생도 있다. 스피치가 제대로 진행되지 않아서 처음부터 다시 하겠다는 경우도 있었다.

그러나 이런 어려움 속에서 두 번째, 세 번째 스피치를 직접 하고, 동료 학생들이 하는 스피치를 지켜보면서 확연히 달라지는 모습을 보였다. 경이로운 변화였다. 필자와 동료 학생들의 격려를 받아들이고 의견을 청취하고, 혼자서 미리 스피치 리허설을 통한 준비를 하고, 강의실에서 다른 학생들 앞에서 실제로 스피치하는 훈련을 거치면서 눈에 띄게 개선되어 갔다. 또한 학생들의 스피치를 녹화하여 강의를 수강하는 동료들과 필자와 함께 당사자도 함께 공동으로 평가하고 수정 방향을 모색하는 공동 작업도 대단히 긍정적인 결과를 낳게 하는 요인이었다.

이러한 개선 과정을 학습이론을 빌리면, 다음과 같이 요약할 수 있을 것이다. 적절한 커뮤니케이션 행위를 하기 위해서는 ① 필요한 지식이나 정보를 갖추는 인지적 차원의 준비 ② 커뮤니케이션 행위의 가치를 이해하고 좋아하는 태도를 형성하는 감정적 차원의 가치 형성 ③ 특정한 상황에서 적절한 커뮤니케이션 기술을 구사할 수 있는 행동적 차원의 실행력 등 3가지 차원에서 준비와 훈련을 갖추는 노력이 필요하다.

동시에 동료들과 함께 적절한 스피치 커뮤니케이션 행위를 실행하고, 자연스럽게 스피치를 하는 동료의 모습을 함께 관찰하고 집단 토론을 통

소통하는 인간, 호모 커뮤니쿠스

해 유용한 점들을 도출하여 공유한 것이 도움이 되었다. 특히 동료가 하는 스피치의 좋은 점을 모방하면서 자신에게 적합한 스피치 커뮤니케이션 행위를 찾아내는 자기맞춤형 스피치를 반복적으로 훈련하는 것은 매우 효율적이었다.

실제로 해보는 것이 성공의 시작이자 끝

미국에서도 커뮤니케이션 불안감은 중요한 교육 대상이다. 어려서부터 대학에 이르기까지 불안감 없이 적극적으로 자신의 의사를 표현하는 커뮤니케이션 교육이 강조된다. 그럼에도 필자가 경험한 많은 미국 대학생들은 다른 학생들 앞에서 공식적인 형태의 스피치를 할 때 (당연히 영어는 잘하지만) 손을 파르르 떨거나 목소리가 이상해지거나 얼굴이 붉어지고 태도가 부자연스러워졌다. 커뮤니케이션 교육이 잘 이루어지는 것으로 평가받는 미국에서도 불안감은 문제가 되고 있을 만큼 흔한 것이다.

미국의 대학원 학생들도 예외가 아니다. 미국 대학원에서는 학회 등에서 논문을 발표한 경험이 적은 대학원생을 위해 교수와 다른 학생들이 참여하는 사전 발표회를 열고, 언어와 비언어 커뮤니케이션 행위에서 효율적인 프레젠테이션을 위해 리허설 모임을 실시한다. 이 과정에서 발표 예정자는 적절한 커뮤니케이션 행위와 적절하지 않은 행위에 대하여 리허설 참가자들로부터 조언을 얻는다. 커뮤니케이션 불안감은 이미 학교 교육과 각종 발표를 통해 단련된 대학원생 같은 사람도 집요하고 끈질기게 괴롭히는 요인임을 인식하고 제도화된 훈련으로 대처하는 것이다.

제10장 — 침이 마르고 입이 타는 말하기

다시 강조하고 싶은 것은 불안감을 극복하고 적절하게 커뮤니케이션 행위를 하기 위해서는 커뮤니케이션에 필요한 지식을 쌓는 인지적 노력, 커뮤니케이션에 대한 긍정적인 태도 형성, 실제로 실행하고 개선해가는 행동적 차원의 훈련이 동시적으로 이루어져야 실질적인 효과를 얻을 수 있다. 커뮤니케이션 불안감이 높은 사람은 이 3가지 중 한 가지 이상에서 문제가 있거나 부족하여 비효율적인 문제점을 가지고 있다고 보면 된다.

특히 커뮤니케이션 기술을 향상시키는 교육은 마음이나 생각으로만 해서는 안 된다. 실제적인 실습을 통해 실패하면서 개선해 가는 과정으로 구성되어야 한다. 불안감이 높은 사람은 실습에도 두려움을 느끼고 그 결과에 대해서도 미리 회의한다는 연구 결과들이 있지만 실습이 매우 중요하다. 실습을 시작이자 끝으로 생각해야 한다.

불안감은 사람의 일생 동안 피할 수 없는 타인과의 커뮤니케이션 행위를 비효율적으로 만든다. 그러므로 교육의 주요 대상이 되어야 한다. 커뮤니케이션의 능력을 기르는 것은 반드시 교육기관에서만 할 수 있는 것은 아니다. 자신에게 효율적인 커뮤니케이션 행위를 의식하며 혼자 혹은 마음 편한 친구와 함께 할 수 있다.

어떤 상황을 설정하고 마음으로 하는 연습, 실제로 실행하는 연습, 개선방안을 생각해보고 도출해서 다시 마음의 리허설과 실행을 반복하는 과정을 되풀이해보자. 그러면 불안감을 스스로 조절하고 효율적으로 커뮤니케이션할 수 있다는 자신감을 가지게 될 것이다. 커뮤니케이션 불안감에 시달리는 그 누구라도 조지 6세처럼 지속적으로 정성을 들이면 멋있게 커뮤니케이션 장애를 극복하고 효율적인 커뮤니케이터가 될 수 있다.

chapter 11

말이 만드는
마음과 몸의 병

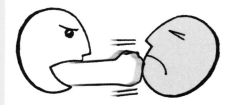

좋은 의도에서 한 자동차 운전 연습이 욕설과 같은 상스런 말을 사용한 것도 아닌데
왜 난데없이 부부의 위기라는 야단법석으로 종을 쳤을까? 어느 대목쯤에서 두 사람
이 공격적인 커뮤니케이션 행위 대신 배려하는 말을 사용했다면 운전 연습은 순조롭
게 끝났을 것이다. 차가운 맥주잔을 부딪치며 따뜻한 언어로 부부로서 서로의 운명
적인 가치를 보강했을 것이다. 이 황량한 세상살이에서 우리가 만난 것이 얼마나 다
행이냐는 감사로 행복한 부부 커뮤니케이션 드라이브를 질주했으리라. 이렇듯 커뮤
니케이션 행위는 천국과 지옥이라는 극과 극을 경험케 하는 요상한 것이다.

제11장

○

말이 만드는
마음과 몸의 병

― 언어적 공격 커뮤니케이션

●

　좋은 의도로 시작된 대화가 대립을 거쳐 예상하지 못한 언쟁으로 씩씩거리며 끝나는 경우가 의외로 많다. 호의적 감정과 즐거운 결말을 예상하며 시작한 커뮤니케이션이 개운치 않은 뒤끝을 남긴 채 뇌리에서 떠나지 않고 불편한 마음만 인공위성처럼 맴도는 것이다.

　억겁의 전생을 둘러야 형성된다는 가족 간에도 흔한 일이다. 인생의 동반자인 부부에게 서로 공격적인 커뮤니케이션 행위로 인해 상처를 주고받는 상황이 빈번하다. 오랜만에 분위기도 좀 잡고 새로운 모습을 보이려고 벼르기조차 한 대화가 그만 낭패로 끝난 경우가 어디 한두 번인가! 자녀와 마음먹고 시도한 대화의 출발은 의욕적이었으나 진행이 뒤뚱거리다가 고성의 파탄으로 막을 내려, 아니 함만도 못하게 후회막급인 경우도 다반사다.

　　　　　　　　　　　　　소통하는 인간, 호모 커뮤니쿠스

말이 만드는 천국과 지옥

자동차 운전 연습처럼 무엇을 배우거나 가르치는 학습을 남편이나 아내가 함께 도모하는 일은 낙타가 바늘구멍을 지나가기만큼이나 어렵다고 한다. 과장일까?

남편: 왜 방향표시를 빨리 안 넣어. 정지 신호로 바뀌면 미리 브레이크를 밟아야지. 에이. 한두 번도 아니고. 당신 바보야?

부인: 아니 몇 번 가르쳐 줬다고 이 야단이야, 야단이.

남편: 세 번이 적으냐? 답답해 못해 먹겠네……

부인: 그래요? 당신은 삼십 번 삼백 번 얘기해도 못 고치는 게 얼마나 많은데. 이까짓 정도로 못해 먹겠으면 난 벌써 살지도 못했을 걸……

남편: 아니 어디서 막돼 먹은 얘기를 해. 막가자는 거야? 정말 수준 미달이네.

부인: 날 또 얕잡아봐. 당신은 내 인생을 얕잡아보는 데 선수야. 이제 더는 못 참아.

남편: 나도 못 참는다. 그래, 잘 됐다. 이참에……

씩씩거리다가 애꿎은 자동차에 화풀이를 하고 남편과 아내도 말싸움의 후유증으로 심신이 피곤해진다. 좋은 의도에서 시작한 자동차 운전 연습이 욕설과 같은 상스러운 말을 직접적으로 사용한 것도 아닌데 왜 난데없이 부부 관계의 위기라는 야단법석으로 종을 쳤을까?

이유야 많겠지만 커뮤니케이션 학자들은 상대방에 대한 공격적 커뮤니케이션 행위가 상대방의 공격적인 반응을 부르고, 공격의 강도가 점점 높아져 폭력적인 언어 교환이라는 악순환을 가져왔기 때문이라고 생각한다. 커뮤니케이션의 충돌이 갈등과 위기를 초래한 것이다.

만약 어느 대목쯤에서 두 사람이 부부로서 공격적인 커뮤니케이션 대신 배려가 묻어나는 부드러운 말을 사용했다면 운전 연습은 순조롭게 끝났을 것이다. 차가운 맥주잔을 부딪치며 부부로서 운명적인 만남의 가치를 더욱 현란하게 보강했을 것이다. 이 황량한 세상살이에서 우리가 만난 것이 얼마나 다행이냐는 감사로 행복한 부부 커뮤니케이션 드라이브를 과속으로 질주했으리라. 그러나 거의 무의식적으로 의도하지 않은 커뮤니케이션 행위가 부부에게 천국과 지옥이라는 극과 극을 경험하게 한 것이다.(앞의 운전연습에서 일어난 상황을 필자 부부의 경우로 떠올리는 것은 적절치 않다. 우리 부부는 운전을 따로 배웠다. 그리고 어떤 분야에서든 부부가 함께하는 공동학습이나 상대에 대한 지도를 의도적으로 시도하지 않는다…….)

공격적이고 폭력적 커뮤니케이션 행위는 사람들이 일상사에서 자주 경험하는 일이다. 그리고 그 영향력은 우리가 보통 생각하는 것보다 훨씬 부정적으로 막심하다는 점은 잘 모른다. 이미 잘 알고 지내던 사람과의 좋은 관계도 막말과 같은 한순간의 공격적인 언어로 인해 일거에 파탄이 날 수 있다. 이익이나 가치가 충돌하는 사안을 놓고는 더욱 폐해가 클 수 있다.(반대로 좋은 말, 즐거운 커뮤니케이션은 해피엔딩을 가져온다.)

흔히들 부부싸움은 칼로 물베기라고 해서 대수롭지 않게 여기지만 언어적 공격에 의한 마음의 상처는 깊고 진하게 남는다.

언어적 공격성 연구를 대표하는 학자 인판테(Infante)는 위글리(Wigley)와 함께 1982년에 발표한 논문에서 언어적 공격행위를 '커뮤니케이션 상황에서 자신의 입장을 주장하거나 변호하는 데 그치지 않고 상대방의 자존심을 공격하여 상처를 주고, 상대방이 자기 자신에 대하여 비하하거나 부정적으로 느끼게 하는 커뮤니케이션 행위'로 정의하였다.[1] 보다 구체적으로는 인격과 능력에 대한 부정적인 평가와 폄하, 모욕과 악담, 골리고 괴롭히며 조롱하고 저주하는 형태의 커뮤니케이션 행위와 상스런 말과 상대방을 위협하는 말이 언어적 공격행위에 속한다. 따라서 타인을 물리적·상징적으로 지배하기 위한 행위에서부터 타인의 신체, 소유물,

정체성, 논쟁적인 이슈에 대해 완벽하게 통제하려고 시도하는 모든 커뮤니케이션 행위를 포함한다.[2]

언어적 공격은 말을 사용하는 커뮤니케이션 행위에만 국한되는 것은 아니다. 말로 표현하지 않더라도 목소리나 어감의 변화, 찡그리거나 경멸하는 표정, 눈동자를 굴리거나 째려보는 행위 등 비언어적 커뮤니케이션 행위를 통해서도 공격적인 메시지를 전달하고 공격의 강도를 조절할 수 있다.

네 코는 딸기코, 네 눈은 뱀눈

공격적이고 폭력적인 언어를 구사하는 커뮤니케이션 행위는 여러 가지 나쁜 결과를 가져온다. 타인의 자존심을 훼손하고 불편한 고통과 감정을 일으키고 마음에 상처를 준다. 이 상처는 쉽게 아물지 않고 타인과의 커뮤니케이션에 부정적인 영향을 미치는 트라우마로 작용하여 타인과의 관계를 소극적으로 만들며 때로는 별다른 이유 없이 상대를 경계하고 관계 형성을 거부하거나 단절하는 결과를 초래한다.

언어적 공격행위는 학교, 가정, 직장, 회의, 데이트, 운동경기, 시장, 정치 현장, 토론장, 놀이터 등 장소를 불문하고 어디에서든 발생한다. 그리고 부모, 선생님, 형제자매, 직장 상사나 동료, 친구, 남편, 부인, 애인 등 누구에 의해서든 발생한다.

거친 욕설, 은어, 비어에 대한 실태 조사의 결과를 보면 우려스럽다. 세계적으로 위풍당당한 외관을 자랑하는 여의도 국회의사당에서 국회의

원들이 벌이는 말의 폭력은 후안무치의 수준을 넘어 범죄 행위를 구성하기에 부족함이 없을 정도이다. 어린이와 청소년들의 언어도 욕설, 혐오, 비하, 저주의 표현에 지배당하고 있다. 매우 폭력적인 커뮤니케이션이 횡행하는 대한민국의 민낯이 그대로 드러난다. 경고 사이렌을 강하게 울리고 효율적인 대처방안을 즉각 강구해야할 시점이다.

지나치게 공격적인 언어의 영향은 공격이 일어나는 당시 상황에 한정되지 않으며 일시적인 현상에 그치지 않는다. 공격을 당한 사람에게는 심리적 측면에서 장기적으로 영향을 끼치며 일생 동안 지속될 수도 있다. 개인적으로 사회적으로 큰 문제가 아닐 수 없다.

유년 시절로 돌아가보자. 무슨 대단한 음모를 꾀한다거나 악의적인 의도에서가 아니라 가벼운 마음으로 우리는 친구의 이름이나 외모 등과 관련하여 놀리는 행위를 자주 했다. 신체적 생김새의 특징에 따라서 '네 코는 돼지 코' '네 코는 딸기코' '네 눈은 뱀눈'이라고 놀렸다. 말한 아이는 단순한 놀이의 하나로 무심코 호수에 작은 돌 하나를 던진 것에 불과하지만 놀림을 당한 당사자는 큰 상처를 받는다는 게 세월이 지나면서 판명된다.

더구나 별명으로 고정되기라도 하면 그 말은 뛰어놀던 초등학교 운동장이나 교실에서 끝나지 않고 오랫동안 피해자를 따라다니면서 여러 형태의 불편함과 고통을 안겨주기 일쑤다. 수십 년의 세월이 지나 갖가지 세상의 풍파를 경험하여 웬만한 추억이나 사연은 아무 거리낌 없이 농담할 수 있는 중년의 인생이 되어서도, 유년 시절 언어적 공격으로 인한 고통이 잊히지 않아서 마음속에 남아 있는 상처를 고백할 정도이니 심각

제11장 — 말이 만드는 마음과 몸의 병

한 심적 외상(外傷)으로 존재해온 것이다.

이렇듯 어린 시절에 겪은 외모를 비하하는 공격적인 커뮤니케이션은 물리적인 공격 행위로 인한 신체의 상처보다도 더 심각하고 더 오래 지속되는 특성이 있다. 동료에게 한 대 맞아서 부러진 코는 의학적 처치로 단기간에도 치유될 수 있지만 '네 코는 딸기코'라는 언어에 의한 마음의 상처는 평생에 걸쳐 마음의 심연에 큰 트라우마로 남아 끊임없이 아픔을 줄 수 있다.

소통의 복병, 공격적 언어

언어적 공격성은 갈등상황에서만 발생하는 것이 아니고 다양한 상황에서 다양한 형태로 발생한다. 예를 들어 설날이나 추석 같은 명절이면 뒤따르는 명절증후군도 주로 언어적 공격성 때문에 일어난다. 명절은 개인주의에 기반하는 현대 핵가족 사회에서 대가족 체제인 집단가족으로 귀속하는 기간이다. 이렇게 다른 가족들과 어울리는 공동생활을 해야 하는 시간에는 자신들의 경제적 사회적 형편이 다른 가족의 형편과 비교 대조되는 상황에 부딪히기 쉽다. 문제는 이런 비교가 끝난 뒤에 일어난다.

공동생활 기간이 끝나고 시댁이나 처가댁에서 발생한 사연들을 복기(復碁)하거나 되새기면서 부부간의 커뮤니케이션은 언어적 공격성이라는 복병을 만나서 외줄타기처럼 출렁거릴 수 있다. '당신 식구들은 왜 말을 함부로 하지? 우리는 이틀 전에 오지 않으면 안 된다고 하셨는데 왜 막

내 가족은 당일 날에 와도 괜찮다고 하시지? 언제까지 여자들만 죽어라 일하고 남자들은 손가락 하나 까딱 안 하고 심부름만 시키는가? 다른 집은 차례와 성묘를 함께 하는데… 자기 애들은 얼마나 잘 났다고 그 난리야. 돈 좀 있다고 아래 위도 모르고 설치니 꼴도 보기 싫다……' 등의 말에 '그래 당신 가족들은 어떤데……' 등의 대화가 오가면 전운은 가까이 온 것이고 사달은 벌어진 것이다.

이렇게 대화가 사안 자체에 대한 묘사나 설명, 대안 모색 정도로 끝나지 않고 불만을 섞어서 노골적으로 비난하는 단계에 이르면 평화는 눈치도 보지 않고 퇴장한다. 공격적인 커뮤니케이션이 높은 언성에 담겨 교환되고 감정이 상하게 되는 것이다.

순간적인 감정만 상하는 것으로 끝나지 않고 심한 뒤끝을 남기는 경우도 많다. 상대방은 물론이고 자신에 대해서도 부정적인 감정을 야기해 철의 장막 시대에나 볼 수 있었던 냉전이 도래한다. 급기야 서로 간에 도도한 장막이 처지고 심리적 왕래는 상당 기간 끊기고 만다. 심지어 좁은 아파트 공간에서 물리적 접촉과 눈길조차 막히는 수가 있다.(자꾸 단서를 달아서 뭐하지만, 이런 광경도 필자 가족의 풍경으로 연관시키지 말았으면 한다. 우리 아내는 인내심이 깊고 남편을 매우 위하는 마음을 가졌다. 열 길 물속은 알아도 한 길 사람의 마음은 모른다고 했지만 필자는 이런 신념인지 소망인지를 굳게 믿으며 꿋꿋하게 살고 있다. 예를 들어 몇십 년 동안 변함없이 자동차로 출근길 필자를 교통이 편한 곳으로 배달한다. 얼마 전까지 필자는 다른 가족도 이렇게 사는 줄 알았다. 이런 얘기는 너무 길게 하면 안 될 것 같아서 줄인다……)

근래에는 이미 사회문제로 많은 주목을 받는 여성의 명절증후군에 이어서 남성의 명절증후군이 새롭게 떠오르고 있다. 남성 명절증후군의 주요 원인도 공격적인 말이다. 한국의 남성들은 무의식중에 아내, 부모, 형제, 자식들의 눈치를 자주 보는데, 특히 가족과 친척들이 모인 명절에 오가는 공격적인 말들로 마음에 상처를 받는 남성들이 많다고 한다. 그래서 두통, 어지럼증, 위장장애, 소화불량의 증세가 생기고 우울증으로 발전하기 쉽다는 진단이다.

먹고살기 위해 분투하는 한국 남성들을 무너뜨리는 공격적인 말은 어떤 것들일까. 전형적인 사례들을 살펴보면 다른 사람과 자신을 비교하는 말이다. "승진했느냐, 승진할 때가 한참 지났는데, 아직 그대로라면 나가라는 얘기라고 하던데?" "당신 또래는 이제 CEO로 일하는데 당신은 임원도 아니니 어려움이 크겠구나." "누구네는 큰 집으로 새로 이사를 갔다더라." "동생이 요즘은 부모님과 형제들에게 용돈을 듬뿍 보내고 있단다." "너만 자리 잡으면 우리 가족들 이제 걱정이 없다." "누구는 은퇴 준비까지 다 해놓은 모양이던데 너는 명퇴가 코앞인데 어떡하니?" 등등. 이런 유의 자존심을 훼손하는 말들이 직장과 현실에서 겪는 비애감에 덧붙여 한국 남성들을 두 번 울리고 두 번 죽이고 또 자꾸자꾸 죽인다는 것이다.

어이없는 언어적 공격행위가 자주 목격되기는 공공 커뮤니케이션 상황인 방송의 토론 프로그램도 예외는 아니다. 개인의 사적 감정을 표현하지 말고 토론의 주제와 관련된 이슈에 한정해서 논리적으로 토론해 달라는 사회자의 요청을 지키지 않는 토론자가 부지기수이다. 그런 부류의 사람들만을 골라서 섭외한 것은 아닌지 의구심이 생길 정도이다.

토론의 이슈와 관련 없는 내용 늘어놓기, 과격한 용어 사용, 상대 토론자를 비꼬는 어투와 태도, 감정을 유발하는 언어 구사는 토론의 원활한 진행을 막고 토론 내용의 부실을 초래한다. 토론자들이 자기 멋대로 규칙을 어기면서 상대방의 순서를 가로채고, 배분된 시간을 초과하고, 사회자가 주문하지 않은 내용과 이미 언급한 내용을 중언부언하여 시청자의 눈살을 찌푸리게 하는 경우가 비일비재하다. 자신의 공격적인 커뮤니케이션 성향을 조절하지 못하는 무능력을 드러내는 것일뿐더러, 토론에 참여해서는 안 되는 무자격자라는 점을 만천하에 웅변하는 꼴이다. 이런 언어적 공격성이 야기하는 몰염치와 무질서는 소통이 아니라 사람들 간의 불통을 부추길 뿐이다.

언어 공격의 4가지 유형과 부정적 영향

앞에서 언급한 커뮤니케이션 학자 인판테는 다른 사람에 대해 적의감(敵意感)을 드러내고 언어로 공격하는 행위를 보다 구체적으로 ①화를 내는 행위 ②상대방을 부정하는 행위 ③분개하는 행위 ④의심하며 나쁘게 보는 행위 등 4가지 유형으로 분류했다.[3]

먼저 '화를 내는 행위'는 다른 사람의 가벼운 자극에도 참지 못하고 안달하거나 노여움을 느끼고 감정적으로 불만스러운 상태를 유지하는 경우이다. 상대의 기분을 배려하지 않고 거칠고 무례하며, 조금이라도 자신의 생각과 맞지 않는다는 느낌이 들면 격분하면서 거친 감정을 여과

없이 드러낸다.

'상대방을 부정하는 행위'는 다른 사람이 희망적이고 낙관적으로 결과를 예측하고 기대하는 경우에도 분명한 근거도 없이 비관적인 태도를 보인다. 타인과 협조를 거부하고 사회적 규범상 별 문제가 없이 받아들여지는 관행에 대하여 적대감과 대립감정을 나타낸다.

'분개하는 행위'는 자기보다 우월한 사람을 시기 질투하고 싫어하며 원망하고 증오하는 감정의 표현이다. 상대방에게 직접적인 언어로 감정을 표현하는 것은 물론이고 마음속으로 냉대감을 키우고 정서적인 안정감을 유지하지 못하고 전전긍긍하면서 분노감을 표출하고, 다른 사람의 성공이 정당하지 못하다고 불쾌한 기색을 노골적으로 드러낸다.

'의심하며 나쁘게 보는 행위'는 정당하고 설득할 만한 근거도 없이 상대방을 불신하고, 다른 사람의 진정성과 호의를 부정한다. 다른 사람이 올바르지 않은 의도를 가지고 나쁜 해를 끼치려 한다고 믿으며, 타인의 성격에서 결점을 찾고 이에 대해 문제 제기를 하는 경향이 있다.

공격적인 커뮤니케이션에 대해 조사한 연구들은 다양한 상황에서 공격행위가 야기하는 부정적인 결과를 보여준다.[4] 대학 강의실 상황에서 학생들이 교수의 커뮤니케이션 행위에 대하여 공격적 성향이 높다고 인식하면 학생들은 교수에 대해 친밀감, 동질감과 매력을 느끼지 못하고 강의에 열중하지 않으며 출석률이 감소하였다. 또한 강의실에서 교수가 적절한 커뮤니케이션 행위를 할 것이라는 기대감이 낮았다. 이러한 평가는 교수와 학생의 소통을 방해하고 학생들의 학습 효과 증진에 부정적으로 작용했다. 이 밖에도 학습 동기의 저하, 낮은 신뢰감, 학습 환경에 대한 부적응이 공격적 커뮤니케이션 행위의 역기능으로 확인되었다.

형제자매들 사이에서 공격적 커뮤니케이션의 빈도가 증가하면 서로에 대한 만족감과 신뢰감이 줄어들었다. 이와 함께 형제자매들의 상호교류를 차단하고 가족 관계의 해체를 촉진했다.

부모와 자녀 사이의 관계도 공격적 커뮤니케이션 행위에 따라 큰 영향을 받았다. 부모가 언어적으로 공격성이 강한 용어로 커뮤니케이션을 하면 아이들은 자신들의 가정이 개방적인 분위기가 아니라고 생각하고, 부모와 의논하는 것을 싫어하는 경향을 보였다.

언어적 공격행위는 물리적 폭력이 발생한 가정과 발생하지 않은 가정에서 모두 일어나지만 발생하는 빈도에서는 많은 차이가 있었다. 가정폭력이 발생한 가정의 언어적 공격행위는 가정폭력이 발생하지 않은 가정과 비교할 때 약 8배(남편들의 평가)에서 6배(아내들의 평가)에 달했다.

공격적 커뮤니케이션이 파생시키는 심각한 문제의 하나는 다른 사람의 신체와 주위의 물체를 대상으로 물리적 폭력을 행사하는 원인이 된다는 점이다. 말로 하는 공격행위가 진행되면서 분노감이 증폭되어 충동적인 폭력행위는 물론이고 치명적인 상처를 입히거나 살인과 같은 극단의 폭력행위가 일어난다. 거의 모든 육체적 폭력은 언어적 공격에 이은 후속 행위로 따라온다는 것은 부인할 수 없는 사실이다.

오바마는 소셜리스트, 인종주의자

승자와 패자의 당락이 하늘과 땅만큼이나 차이가 나는 정치선거 분야는 본질적으로 언어적 공격 성향이 적나라하게 표출된다. 막말정치로 불리는 언어폭력이 난무하여 국민을 절망케 하는 대표적인 분야이다.

필자가 현장에서 지켜본 2010년 11월에 실시된 미국의 중간선거 과정의 언어적 공격과 폭력도 심각한 수준이었다.(정치인들은 국경과 문화를 초월해서 대부분 편향성과 편집증이 심한 부족인 모양이다.) 텔레비전 정치선거 광고에 약 450억 달러라는 천문학적인 광고비를 지출했지만, 앞으로 어떤 일을 할 것인가에 대한 공약은 미미했다. 공약을 지키지 않거나 잘못된 선심성 공약 때문에 전방위로 비판받는 대한민국의 정치판에서도 논의되는 메니페스토 선거캠페인에 대한 논란조차 없는 것은 신기할 정도였다.

대신에, 상대 후보자는 이런저런 이유로 무능력하고 신뢰할 수 없는 인간이라고 낙인찍는 네거티브 정치광고가 판을 쳤다. 이슈 관련 콘텐츠는 실종되고 감정적인 혐오감을 부추기는 광고는 공화당이든 민주당이든 피장파장이었다.

방송도 입장에 따라 편파적인 언어 공격을 일삼았다. 예를 들어 폭스방송의 일부 앵커들은 대통령인 오바마를 소셜리스트(사회주의자)라고 부르고, 백인과 백인문화에 반감을 품은 인종주의자, 독재적인 나치라고 호칭했다. 자본주의 이외에는 살아갈 다른 방법이 없다고 믿는 미국인들에게 소셜리스트라는 용어의 사용은 우리나라가 독재에 시달리던 시대에 횡행했던 빨갱이 매도의 색깔론 못지않게 감정적인 공격이다. 인종주의자라는 호칭도 노예제도라는 야만적 역사를 운영해온 역사적인 콤플렉스 때문에 사회에서 매장당할 수 있는 매우 감정적인 용어이다. 오바마가 미국에서 출생하지 않았으므로 대통령 후보 자격이 없다는 엉터리 공격을 되풀이하는 방송인도 있었다.

언어 폭력에 시달리는 한국 사회

우리 사회의 언어들이 갈수록 공격성의 정도에서 폭력적 호전성을 드러내는 것은 크게 우려되는 현상이다. 욕설, 저주, 성적 조롱, 음담패설, 명예훼손, 거짓 정보 등 직접적으로 개인의 인격을 비하하고 훼손하는 언어는 말할 것도 없거니와, 상대방을 조롱하고 풍자하는 형식을 빌린 말의 공격성도 부쩍 증가하는 추세이다. 특히 정치와 사회 이슈에 대해 극단의 공격적인 행위가 날로 기승을 떨고 있다.

한미 FTA와 관련한 찬반은 당연한 의사 표현이지만 '제2의 이완용'이라든가 '이완용이 김구를 비난하는 격'이라는 비유는 찬성과 반대의 견해와 관계없이 도를 넘은 언어적 공격이다. 우리나라 사람들이 이완용이라는 매국노에 대해 가지고 있는 이미지를 생각하면 그 표현이 지향하는 단호한 반대의 뜻에 관계없이 심한 모욕감과 마음에 상처를 줄 수 있는 표현이다.

최근(2019년 7월)에 발생한 일본 수상 아베가 주도하는 대한민국에 대한 경제보복 또는 경제침략을 둘러싼 공방에서도 지나친 언어폭력이 난무했다. 대표적으로 대한민국 정부의 대처가 안이하고 미비하다고 비판하는 사람들을 현재의 여권 인사들 일부가 친일파 혹은 '토착 친일파'라고 공격한 것은 전형적인 사례이다. 이에 맞서 야권의 인지도가 높은 정치인이 문제는 진보좌파라면서 사용한 '토착 빨갱이'라는 용어도 피장파장의 폭력적인 용어이다. 나라가 잘못될까 봐 걱정하는 순진한 국민의 심정은 도외시하고 자신들의 입장을 위해 국민의 편 가르기나 도모하는 한심한 작태들이 아닐 수 없다.

　말의 폭력에 시달리는 개인과 사회는 비단 대한민국의 현상만은 아니다. 그래서 많은 나라에서는 언어폭력과 괴롭힘에 대한 방지책을 법으로 제도화하고 있다. 우리나라도 2019년 7월 16부터 '직장 내 괴롭힘 금지법'을 발동했다. 구체적인 기준이 애매하여 실제 적용이 혼란스럽다는 지적에 따라 고용노동부에서는 현장의 혼란을 줄여보려는 취지로 3차례에 걸쳐 가이드라인 자료를 냈다.

　예를 들어 괴롭힘으로 볼 수 있는 경우는 '주말 저녁 술에 취해 단체 채팅방에 글 올리고 대답을 강요하는 선배' '특정 학교 출신이 많은 회사에서 다른 학교 나왔다고 따돌리는 동기들' '성과급의 30%로 선배를 접대하라며 술자리를 강요하는 선배' '신입사원에게 남몰래 영어 가르쳐 달라는 상사' '대졸 출신이 다수인 회사에서 유일한 고졸 사원에게만 말을 걸지 않는 동료들'을 포함한다.

　직장에만 이런 언어폭력이 난무하는 것은 아니다. 도를 넘은 비하와 편견의 말의 폭력이 공동체로서 대한민국을 사분오열로 찢고 있다. 한국언론진흥재단 미디어연구센터가 지난 2018년 7월 31일에 20~50대 1,000명(남녀 각 500명)을 대상으로 실시한 여성혐오, 남성혐오에 대한 인식 조사에서 80.7%가 심각한 수준이라고 답했다. 2016년 7월 조사에서는 74.1%가 심각성을 지적했다. 점점 악화되고 있는 것이다.[5]

　2015년 방송통신심의위원회의 심의 대상이 된 폭력/잔혹/혐오/차별/

비하 표현물은 2,545건, 시정처분은 1,982이었다. 2016년은 4,628건에 시정은 3,503건으로 각각 50% 이상 가파르게 증가했다. 온라인 소셜미디어의 혐오 표현을 다룬 연구[6]에 따르면 혐오의 대상은 사회적 약자(여성, 노인, 장애인, 성적 소수자), 외국인(조선족, 이주 여성, 중국·인도·동남아 등의 이주민, 난민), 특정 지역(전라도, 경상도), 사건 사고 피해자(위안부, 세월호 희생자와 유족, 전염병 확진자, 성폭행, 성추행)로 광범위하다. 근래에는 '한충남'과 '김치녀'처럼 남녀 성별로까지 전선이 확대되었다. 이러다가 한반도에 사는 모든 사람이 과녁이 될 판이다.

'태어나지 말아야 했다' '장애인은 비장애인보다 훨씬 교활하고 영악하다'는 장애인에 대한 비하, '애당초 ○○족은 인성 자체가 금수 수준'이라는 특정 외국인에 대한 모멸, 특정 지역에 대해 '인권과 민주를 짖어대는데, 지나가는 홍어들도 웃겠소'라는 따위의 편견이 일상화되고 있다. 성폭행 당한 피해자를 두고 '외제차만 보면 침을 흘리는 된장녀 같으니라고, 당해도 싸다'는 언어폭력이 난무한다. 더 기가 막히는 것은 "노망난 늙은이네. 일본놈한테 ……년이네"처럼 가해자 일제의 만행을 비판하지 않고 끔찍한 고통을 겪은 가여운 할머니 피해자 비난(victim blaming)에 이르면 도무지 어안이 벙벙할 뿐이다.

풍자와 해학의 멋진 소통

〈풍자와 조롱의 정치학〉이란 〈중앙선데이〉 특집 보도(2012년 1월 8일자)에서 김택환 박사는 여러 사례를 열거하며 이판사판의 공격적인 상황에서도 풍자, 유머, 해학을 잃지 말아야 소통에 도움이 된다고 했다.

그는 풍자의 사례로 "클린턴 장관과 저는 경선 당시 라이벌이었지만 요즘 아주 친해졌어요. 그녀가 (신종플루가 유행이던) 멕시코에 다녀와서는 나를 껴안고 키스를 퍼붓더군요"(오바마 대통령이 백악관 출입기자들과 함께한 만찬에서 대통령 경선에서 치열한 라이벌이었던 클린턴 국무장관에 대한 설명임. 그는 이 한마디로 기자들의 마음을 사로잡았다.) "당신은 뭐든지 큰 것만 보면 국유화하려 들지 않소."(영국 수상이었던 처칠이 화장실에서 정적인 노동당수를 발견한 뒤 멀리 떨어진 변기 앞에서 바지를 내리자 정적이 '내가 두렵소?'라고 비꼰 데 대해. 정적은 웃음을 터뜨렸고 얼마 후 노동당은 국유화 법안을 포기했다.)

한편 풍자가 아닌 조롱의 예로는 "쫄지마, 씨바! 가카는 절대 그럴 분이 아닙니다"('나 꼼수'라는 팟캐스트 방송). "오늘부터 SNS 검열 시작이라죠? 방통위는 나의 트윗을 적극 심의하라. 쫄면 시켰다가는 가카의 빅엿까지 먹게 되니"(전 서울 북부지법 판사가 방송통신심의위원회의 SNS 심의에 대해). "이대 계집애들을 싫어한다. 꼴같잖은 게 대들어 패버리고 싶다"(전 한나라당 대표가 대학생들과의 타운미팅에서 이화여대를 거론하며)를 소개하였다.[7]

김 박사는 사회 이슈에 대한 풍자는 웃음을 주는 건강한 해학의 표현 방식이며 권력에 대한 공포심을 없애주고 고집불통꾼들로 인해 꽉 막힌 대치정국을 푸는 묘약이라고 진단한다. 그러면서 풍자와 긍정적인 조롱을 통한 웃음은 필요한 것이되, 웃음은 보약과 파괴의 양면성을 지닌다고 지적했다. 이렇게 양면성은 있지만 특히 조롱과 같은 언어적 공격성

소통하는 인간, 호모 커뮤니쿠스

을 이용하는 커뮤니케이션은 최대한 신중해야 한다는 것이 필자의 생각이다.

풍자를 즐기는 사회는 유머를 소화하고 의견이 다른 상대방을 너끈하게 수용하는 건강한 사회이다. 풍자는 겉으로 즐겁게 웃으면서 동시에 그 이면에 자리한 촌철살인의 의미를 곱씹게 하는 말이기 때문이다. 그러나 풍자가 일정 수위를 넘어서 부적절하게 공격적인 말이 되면 대중이 느끼는 옳고 그름의 감각을 위배하게 되어 폭력적인 조롱이 되고 인신공격이 된다. 풍자가 자랑하는 해학적 기능을 잃고 대중으로부터 거부당하게 되는 것이다.

언어적 공격성은 개선할 수 있다

언어적 공격행위는 개인의 성향으로, 사람의 성격처럼 차별적인 상황에서도 큰 차이가 없이 나타나는 특성으로 간주된다. 그러나 개인의 성향은 교육과 훈련, 자기 노력을 통하여 변화되고 개선될 수 있다는 것을 잊지 말아야 한다. 언어적 공격성도 적절한 교육과 노력을 통하여 얼마든지 변화되고 개선될 수 있음을 필자는 강조하고 싶다.

합리적으로 자신의 의견을 주장하고 상대방과 논리적으로 경쟁할 수 있는 논쟁 능력과 자신의 의사를 다양하게 표현하는 능력을 배양한다면, 언어적 공격과 폭력의 유혹을 배제하고 적절한 커뮤니케이션 행위를 실행할 수 있다. 따라서 어떻게 논쟁할 것인가와 같은 논쟁 기술을 길러야 한다.[8]

논쟁 행위를 연구해온 학자들에 따르면 논쟁 능력이 떨어지면 상대방의 주장에 대하여 제대로 반박할 수 없다. 그러나 상대방을 공격하고 싶은 욕구는 지속되기 때문에 자신으로서는 불가능한 논쟁 수단 대신에 감정적인 언어를 행사하거나 상대방이나 주위의 물체를 대상으로 자신의 불만을 해소하려는 경향이 높아진다.

자기주장 기술이 부족한 사람은 자신의 주장을 방어하는 데도 똑같은 실패를 경험한다. 자기의 입장과 반대되는 사람이 자신의 입장에 대하여 공격해올 때 효율적으로 방어하는 방법을 모르기 때문이다. 그러나 자신의 입장을 방어하려는 욕구는 그대로 유지되기 때문에 논쟁 대신에 자기 자신을 방어벽으로 삼아 동일시한다. 따라서 상대방이 이슈에 대해 정당한 논쟁을 하더라도 자기 자신에 대한 공격으로 해석한다. 자신의 입장을 공격하는 상대방에 대하여 자신이 언어적으로 공격하는 것은 정당한 대응이라고 생각하게 되는 것이다.

또한 논쟁 기술을 제대로 갖추지 못하면 논쟁 상황에서 이성적인 말로써 자신의 주장을 옹호하기보다 언어적 공격이나 폭력을 대안으로 고려할 가능성이 증가한다. 논쟁 기술 미비가 사회폭력의 원인이 되는 것이다. 따라서 논쟁 기술을 갖추지 못한 사람들에게 효율적으로 자신의 주장을 표현하는 방법을 가르치는 것은 언어폭력을 감소시키는 유용한 방안이다. 언어공격의 원인, 유형, 개인과 사람과의 관계에 대한 영향력, 적절한 대처 방법 등에 대한 교육은 사회폭력을 치유하는 효율적인 방책이다.

폭력 언어의 분출은 치유가 아니다

근래 들어 욕구불만을 인내하거나 자제하지 말고 유감없이 표현하도록 조장하고 분노를 분출하도록 권유하는 주장이 있다. 사람들의 욕구불만과 공격성향을 치유하는 좋은 방법이라는 것이지만 역효과가 염려된다. 적대적인 충동을 시원하게 고성으로 쏟아내고 행동으로 해소하게 하는 것은 분노를 재연시키고 다시 북돋울 가능성이 있다. 또한 폭력적인 상황의 재연은 의도와 다르게 적대적인 공격행위에 대한 학습을 촉진할 수 있다. 왜냐하면 그 과정에서 얻는 카타르시스라는 일시적인 효과는 공격성이 주는 보상을 학습하게 하여 다른 공격성을 조장할 수 있기 때문이다. 이런 방법을 활용하는 일부 프로그램들이 주의해야 할 까닭이다.

언어적 공격 커뮤니케이션은 폭력적이고 폐쇄적이다. 자신의 말만이 타당하다고 주장하며 다른 견해와 대화하고 타협하는 것을 거부한다. 커뮤니케이션은 상대방과의 차이를 이해하고 대화하면서 상대방에 다가가는 것이다. 언어적 공격행위는 이러한 커뮤니케이션의 본질을 포기하는 행위로 이해와 통합이 아닌 분열 행위이다. 커뮤니케이션 행위가 상대방과의 차이를 구분하고 편을 가르고 적대감을 키우는 수단이 되어서는 곤란하다. 교육과 훈련을 통해 언어적 공격행위를 통제하고 타인과 기분 좋은 관계와 건전한 공동체를 형성하고 발전하게 하는 커뮤니케이션을 지향해야 한다.

학교폭력은 말에 대한 교육이 해결의 첩경

최근 우리 사회의 큰 걱정거리로 떠오른 청소년들의 폭력 문제는 공격적 언어를 순화하는 교육이 제대로 이루어져야 해결될 수 있는 문제로 보인다. 사용하는 말의 폭력성과 물리적인 폭력은 같이 하나로 묶여 있다. 별개로 분리된 것이 아니다. 청소년들이 교실에서 주고받는 커뮤니케이션 행위를 기록한 조사는 청소년들이 사용하는 언어의 80% 이상이 욕설, 저주, 조롱을 포함하는 비속어라고 발표하였다. 보다 광범위한 조사도 유사한 결과를 보여준다. 전국 초등생 1,695명과 중·고교생 4,358명을 상대로 한 설문조사와 542명에 대한 실제 대화, 글, 통신 언어 등을 분석한 조사는 중·고교생의 80.3%, 초등생의 60.7%가 공격적 언어를 사용하며, 욕설과 비속어의 사용이 95%에 이른다고 보고하고 있다.[9] 우리 청소년들에게 욕설, 비어, 은어 같은 폭력적인 용어들이 일생생활의 용어로 보편화하고 있는 상황이다.

성인이 되기 전에 가정에서뿐만 아니라 유치원, 초등학교와 같은 어린이 교육기관에서도 교육프로그램에 올바른 말에 대한 교육을 포함해야 한다. 그래서 건전한 언어행위와 적절한 커뮤니케이션 행위를 통한 정상적인 인간관계 형성을 위한 능력을 쌓아가야 한다. 어릴 때부터 합리적인 말을 사용하는 습관이 몸에 배면 왕따 문제와 학교 폭력도 효율적으로 통제될 것이다. 극단적인 말싸움이나 공격적이고 폭력적인 말 대신 합리적으로 소통하는 사회는 상상만 해도 즐거운 일이 아닌가.

편견과 혐오의 폭력이 천방지축으로 날뛰고 있다. 더욱이 온라인 세상을 만나서 가지 못하는 곳이 없게 되었다. 대한민국 공동체가 언어폭력으로 적대감과 분열증에 빠져 허우적대지 않도록 경보를 울리고 적극 대처해야 한다. 법과 제도도 보강하면서 바른 말, 바른 표현, 바른 소통의 가치와 방법에 대한 체계적인 교육을 강화해야 한다.

한 가지 재미있는 점은 언어적 공격행위가 바람직한 행위가 아닌 점을 사람들이 잘 인식하고 있다는 점이다. 그래서 공격 커뮤니케이션에 대한 연구에서 조사 대상자들이 실제 공격 행동이나 경험을 제대로 밝히지 않는다. 오히려 사회적으로 바람직한 방향으로 답변하기 때문에 정확한 측정과 조사에 어려움을 겪고 오차가 많이 발생한다.

공격적인 커뮤니케이션 행위와 관련하여 지속적으로 보고되는 것은 상대방이나 상황의 차이에 관계없이 남성이 여성보다 더 공격적이라는 사실이다. 남자라는 동물은 왜 이리 지혜롭지 못할까….

chapter 12

속임수에 대한
이해와 대처

취업에 성공하기 위하여 자신에 대하여 과장하고, 부부가 갈등을 피하기 위하여 문
제를 최소화하여 표현하고, 친한 친구와 감정을 상하지 않고 잘 지내기 위하여 마음
에 없는 말을 하고, 혈연이나 학연을 중시하여 사실과 다른 의견을 보태기도 하고 빼
기도 한다. 직장 상사나 지위가 높은 사람에게 비위를 맞추는 보고를 할 수도 있고,
권력자에게 아부를 할 수도 있다. 이렇게 속이는 커뮤니케이션 행위의 범위를 넓히
면 속임수 행위는 의도와 유용성에 따라 윤리성을 판단해야 한다는 주장에 이르게
된다.

○

속임수에 대한
이해와 대처

― 속임수 커뮤니케이션

●

사람들의 커뮤니케이션 행위에 진실하지 않은 속임수(deception)는 얼마나 될까? 참 많다는 것이 커뮤니케이션 학자들의 생각이다. 커뮤니케이션의 최소한 25% 이상이 다양한 형태의 거짓말이 포함된 속임수라고 한다.[1]

만약 상대방을 속이는 행위가 포함되어 있다면 우리는 얼마나 탐지할 수 있을까? 탐지할 수 있는 비율은 극히 낮다는 것이 학자들의 생각이다. 탐지율은 54% 정도로 이는 우연히 탐지할 수 있는 비율인 50%를 약간 상회하는 정도이다.[2]

타인을 기만하는 속임수 커뮤니케이션은 거짓말, 거짓 행위로 상대방과 커뮤니케이션하는 것을 의미한다. 올바른 말로 커뮤니케이션해야 한다는 상식이나 가르침과는 반대되는 행위이다. 뛰어난 여성 커뮤니케이선 학자 버군(Burgoon)은 속임수 행위는 공개적이고 노골적으로 속이 보이는 뻔한 거짓말에서부터 고의적인 누락, 애매모호한 표현, 빠져나갈 구멍을 확보하고 하는 언어적인 행위와 비언어적 행위를 모두 포함하는 것으로 정의한다.[3]

진실한 커뮤니케이션 행위를 공부해도 시간이 모자랄 판에 상대를 기만하는 거짓말 커뮤니케이션을 알아야 할 필요가 있는가? 답변은 '필요하다' 이다. 사람들 사이의 커뮤니케이션에서 속임수 행위가 흔하고, 탐지하기가 쉽지 않기 때문이다.

코의 길이를 보고 정치인을 뽑는다면

피노키오는 1883년에 이탈리아 작가 카를로 콜로디가 쓴 짧은 동화에 등장하는 나무로 만들어진 주인공 인형이다. 동화책 말고도 만화, 애니메이션 영화, 연극, 그림책, 음악 등 여러 형태의 이야기로 제작되어 전 세계 모든 어린이의 친구가 되었을 만큼 인기를 끌었다.

피노키오는 거짓말을 하면 코가 길어지는 특징이 있다. 동화의 자세한 스토리는 기억하지 못한다 해도 그의 얼굴 모습은 많은 사람들이 기억한다. 거짓말 때문에 그의 코가 아주 길게 늘어난 우스꽝스런 모습으로 변해 있기 때문이다. 균형적인 비율을 엄청나게 초과한 기형적인 코는 쉽사리 사람들의 주목을 끌고 실소를 자아낸다. 물론 거기에서 그치지 않고 거짓말이 야기할 수 있는 고통에 대한 경고를 함께 보여준다.

인간의 코가 피노키오처럼 거짓말에 따라 늘어난다면 어떤 일이 벌어

피노키오처럼 거짓말을 할 때마다 코의 길이가 늘어난다면 세상은 훨씬 반듯해질 것이 분명하다. 자신의 코 길이가 얼마나 늘어날지는 각자의 비밀로 하자.

질까? 사람들의 외모를 평가하는 기준, 특히 코에 대한 대우가 달라졌을지도 모를 일이다. 세상을 살면서 이유야 어떻든 사람들의 커뮤니케이션 행위가 코를 늘어나게 하는 속임수가 포함된 경우가 많음을 우리는 잘 알고 있으니까…… 필자를 포함하여 자신들의 코가 얼마나 길어야 할 것인가는 각자의 비밀로 간직하기로 하자!

　코의 길이를 직업에 따라 추정하면 아마 각종 비리혐의로 이름이 오르내리는 정치인 집단이 1위일 것이다. 부정한 돈을 주었다느니 받은 적이 없다느니 하면서 국민의 분노를 사는 일이 어디 한두 번인가. 문제가 드러난 초기 시점에서 뇌물을 받았다고 시인하는 일은 결코 없다. 그렇지만 검찰에 소환되어 조사를 받으면 감옥에 갇히는 일이 십중팔구다. 새빨간 거짓말로 최후의 일각까지 일관하다가 들통 나는 것이다. 정치인들은 국민과 나라를 위해 무엇을 하겠다고 해놓고 결국은 제대로 하지

　　　　　　　　　　　　　소통하는 인간, 호모 커뮤니쿠스

않는, 공약(空約)인 줄 알면서도 공약(公約)하는 지병이 있는 것으로 국민들이 생각하니 아주 틀린 추정은 아닐 것이다.

공직자 임명에 따른 절차인 청문회에서 재산, 경력, 범법행위 등에 대한 치열한 진실 공방 끝에 낙마하는 이들이 얼마나 많은가. 어느 전직 대통령은 추징금을 내지 않기 위해 총재산이 29만 원뿐이라고 주장하며 버텨온 것이 벌써 언제부터인가. 경제력으로는 세계 10위권이라는 대한민국의 사법 시스템과 사회정의가 아직도 거짓말을 이기지 못한다는 반증이다. 이쯤 되면 누가 거짓말쟁이이고 거짓말이 무엇인지 아리송해진다. 누가 보아도 뻔한 거짓말인 29만 원이라는 주장에 대해 법집행을 하지 않고 시간을 끈다면 그 사람과 법원이 누가 거짓말을 하는가를 놓고 진실공방을 벌이는 처연한 일이 생길지도 모를 일이다.

거짓말할 때마다 코가 쑥쑥 늘어난다면 세상은 훨씬 투명해질 것이 분명하다. 코 길이만 보면 거짓의 정도를 가늠할 수 있으니 혹세무민하는 가짜들의 거짓말에 기대를 거는 애잔한 일은 사라질 터이다. 게다가 코의 길이만 보고도 정직한 국회의원과 대통령을 뽑을 수 있으니 세상이 얼마나 반듯해지겠는가! 상상만 해도 즐겁고 신나는 풍경이 아닐 수 없다.

커뮤니케이션의 4분의 1 이상이 속임수 행위

사람은 성장하면서 부모님이나 선생님들로부터 정직하게 사실대로 말하고 바르게 행동해야 한다는 가르침을 받는다. 어떤 경우에도 부인할 수 없는, 다른 대안이 필요 없는 진리이다.

제12장 ─ 속임수에 대한 이해와 대처

행여 다른 사람과 커뮤니케이션할 때 거짓말을 해도 된다거나, 가능하면 거짓말을 자주 하라는 식의 교육은 가정이든 학교에서든 결코 한 번도 받아보지 못한다. 거짓말도 사람들의 커뮤니케이션을 구성하는 주요 요소이니 이해가 필요하다는 말도 들어보지 못했다. 그러나 인간의 커뮤니케이션 행위에 진실하지 않거나, 사실이 아니거나, 속이려는 행위가 포함되는 것은 자명하다. 우리 모두가 알고 있는 사실이다.

거짓말을 억제하고 금지하며 진실한 말을 강조하고 권장하는 교육이 당연하게 느껴지는 것은 그렇게 하는 것이 옳기 때문이다. 역설적으로 표현하자면 사람들의 커뮤니케이션 과정에서 거짓말이 자주 발생하기 때문일 것이다.

커뮤니케이션 행위는 인간의 원초적인 본능을 대변하는 욕구 대변적인 것에서부터 고도로 정교한 지적 행위의 반영에 이르기까지 매우 광범위하다. 달리 말하면 인간은 인간이 지니는 욕구의 단계별 수준을 충족하기 위하여 차별적인 커뮤니케이션 행위를 한다.

생존에 필요한 의식주의 해결을 기대하는 생리적 욕구에서부터 신체적 심리적으로 위해(危害)와 상처를 받지 않으려는 안전 욕구, 집단과 공동체에 소속되고 싶고 인정받고 싶은 사회적 욕구, 성취를 통한 자기만족과 타인으로부터 존경을 받고 싶은 자기존중 욕구, 최종 단계로 지속적인 자기계발을 통한 자기발전과 자기완성을 추구하는 자기실현 욕구를 지닌다. 이렇게 다양한 욕구를 충족하기 위하여 광범위한 커뮤니케이션 행위를 모색한다.[4]

특정 메시지의 생산과 전달을 감행하기도 하고, 경우에 따라서는 보류하기도 한다. 혹은 메시지를 생산하더라도 상대방의 반응에 따라서 전달하는 메시지의 양과 질을 조정하고 속도를 늦추거나 앞당기기도 한다. 때로는 없는 일을 꾸며서 얘기하고, 사실과 다른 정보를 의도적으로 전달한다. 의사소통의 메시지를 조절하는 가운데, 커뮤니케이션 행위에 담기는 정보는 진실과 왜곡을 왕래한다.[5]

이런 점에서 속임수 커뮤니케이션은 특정 목적을 성취하고자 시도되며, 상황에 따른 효율성을 위하여 조정되는 커뮤니케이션 행위의 한 유형으로 볼 수 있다. 다만 상대방을 속이려는 의도와 목적을 위한 전략으로 사실이 아닌 거짓 정보를 제공한다는 점에서 차별성을 지닌다.

속임수 행위의 3가지 조건

속임수 커뮤니케이션은 매우 폭넓은 의미를 지닌다. 노골적인 거짓말뿐만이 아니라 의식적으로 정보를 누락하거나 생략하고, 모호하게 표현하거나 얼버무리고, 자신의 이익을 위한 기회주의적인 애매한 말이나 변명할 여지를 남겨두는 말도 속임수 커뮤니케이션에 포함된다.

또한 개인의 커뮤니케이션 능력에 따라 속임수 커뮤니케이션은 차이가 있다. 어떤 사람은 다른 사람보다 훨씬 효율적으로 속임수 전략을 구사할 수 있다. 체계적인 정보로 조절하여 정보의 신뢰성과 완결성을 갖춘 것처럼 보이도록 처리한다. 적절한 비언어적인 커뮤니케이션 행위를 동원하여 진실한 정보로 보강하는 방안도 동원한다. 커뮤니케이션 학자들은 속임수 커뮤니케이션이 매우 흔하지만 마구잡이로 시도되기보다는

적절한 조건하에서 발생한다고 지적한다.[6]

속임수 행위를 구성하는 세 가지 조건의 하나는 ① 우선 커뮤니케이션 기술을 갖춘 말을 하는 사람인 커뮤니케이터(communicator)가 효율적으로 메시지에 담거나 뺄 정보를 조정하고, 이미지 설정과 조절에 능숙하며, 비언어적 행위의 구사와 통제에 뛰어나야 한다. 또한 ② 속임수 커뮤니케이션 메시지의 대상자인 말을 듣는 사람인 커뮤니케티(communicatee)의 성향도 주요 조건이다. 즉 말을 듣는 대상자가 사람들이 진실을 말하는 경향이 있다고 믿는 진실 성향의 정도가 속임수 행위의 발생과 성공에 큰 영향을 미친다. 진실성향이 높을수록 속임수가 잘 먹힌다는 뜻이다. 세 번째 조건은 ③ 말을 듣는 사람이 말을 하는 사람과 선택이 아니라 필수적으로 대화 해야만 하는 상황일 때 속임수 커뮤니케이션이 성공할 가능성이 높다는 것이다.

속임수 커뮤니케이션 행위가 모두 쉽게 성공하는 것은 아니다. 속임수에 대한 의심과 거부 또한 강하기 때문이다. 커뮤니케티는 상대방의 커뮤니케이션 행위가 일반적인 관행이나 예상과 다를 경우에는 말하는 사람에 대한 신뢰감을 낮추게 된다. 또한 말하는 사람의 정보와 행동에 익숙해지면 정확하게 해석하고 판단하는 능력도 높아지게 되어 속임수 행위를 효율적으로 간파할 가능성이 커진다.

검은 거짓말, 하얀 거짓말

어떤 학자들은 속임수 행위를 나쁜 의도를 가지고 하는 악의적 거짓말(검은 거짓말, black lies 혹은 real lies)과 좋은 의도를 가지고 하는 선의의 거짓말(하얀 거짓말, white lies)을 구분하여 개념화한다.[7] 선의의 거짓말은 어린이들에게 목표 성취를 위한 자극이나 형제자매끼리 무엇을 하면 보상할 것이라는 약속을 하고 나중에 지키지 않는 유형의 약속이다.

취업에 성공하기 위하여 자신에 대하여 과장하고, 부부가 갈등을 피하기 위하여 문제를 최소화하여 표현하고, 친한 친구와 감정을 상하지 않고 잘 지내기 위하여 마음에 없는 말을 하고, 혈연이나 학연을 중시하여 사실과 다른 의견을 보태기도 하고 빼기도 한다. 직장 상사나 지위가 높은 사람에게 비위를 맞추는 보고를 할 수도 있고, 권력자에게 아부를 할 수도 있다. 이렇게 속이는 커뮤니케이션 행위의 범위를 넓히면 속임수 행위는 의도와 유용성에 따라 윤리성을 판단해야 한다는 주장에 이르게 된다.

상황에 따라 불가피한 경우도 있다. 필자 세대라면 대부분 겪었을 가족에 관한 아픈 경험도 한 예다. 치명적인 암으로 아주 짧은 기간만 생존할 수 있다는 청천벽력의 시한부 생명 선고를 받은 환자가 있다고 하자. 이럴 땐 대체로 가족회의를 거쳐 진실이 아닌 정보를 전달하게 된다. 심신이 약해진 환자가 이제 살 수 있는 날이 얼마 남지 않았다는 기막힌 진단결과를 알게 되는 경우 크게 낙심하여 병의 진행이 빨라질 수 있다는 절박함에서 사실대로 알리지 않기 때문이다. 거짓 정보의 유용성을 활용하는 행위이다. 요즘은 사실대로 알리는 것이 투병하는 환자나 간호하는 가족들 모두에게 도움이 된다는 인식이 보편화되었지만 예전에는 알리지 않는 것이 일반적이었다.

말로 한 약속을 지키지 않으면 큰 혼란이 생기는 것은 주지의 사실이

제12장 — 속임수에 대한 이해와 대처

다. 법원의 많은 송사(訟事)는 약속한 말을 지키지 않는 것이 원인이 된 경우가 대부분일 것이다. 사회생활에서는 말할 것도 없다. 사람들의 관계를 발전시키는 아주 귀중한 기준인 신뢰는 자신이 상대에게 한 약속을 절대적으로 지키는 데서 생성된다.

냉정하고 치열한 비즈니스 세계의 부침 속에서 실패한 사람들 중 다시 재기에 성공한 사업가들이 한결같이 꼽는 비결은 약속과 신뢰이다. 평상시 약속을 잘 지키려 한 자신을 신뢰한 주변 사람들이 다시 사업을 할 수 있도록 도움을 주었다는 것이다. 자신이 한 말을 어겨서 거짓말로 만들지 않고 지켜서 신뢰로 만들어온 행위는 이렇게 소중한 가치를 창출하는 것이다.

사회생활에서 말의 약속을 지키는 것은 말할 것도 없지만, 어린아이들과 무심코 한 약속도 장난이 아님을 경험한다. 때로는 금전적으로 큰 화(?)를 낳는다는 건 아이를 길러 본 부모는 잘 안다. 무엇을 사주겠다고 한 말을 귀신같이 기억하는 자녀들과 승강이를 한 경험이 있을 것이다. 필자도 50여 년 전에 엄마를 따라간 시장에서 무엇을 사달라고 아주 심하게 떼를 썼던 일이 생각난다. 분명한 이유는 이젠 잊어버렸지만 무심코 얘기한 엄마의 언질을 무기로 삼았던 기억이 선명하다.(아! 낮은 곳으로만 흐르고 여하한 다툼도 없이 상선약수처럼 사셨던 그리운 우리 어머니!)

어떤 이유에서든 약속을 한 뒤에 지키지 않고 그냥 넘어가려다가 거짓말쟁이로 몰린 경험을 한두 번은 겪었을 것이다. 입 밖으로 뱉은 말을 지키지 않거나 위반하면 정신적이든 물질적이든, 아니면 어떤 형태로든 비난의 대상이 되고, 부정적인 결과로 인한 출혈을 감수하게 된다.

한번 상대방의 속임수 커뮤니케이션 행위를 의심하거나 알게 되면 그 이후로부터 그 사람과 원만한 커뮤니케이션은 기대하기가 어렵다. 경계심을 품게 되고 무슨 말을 하든 그 사람의 말은 믿지 않게 되어 정상적인 인간관계는 해체된다. 어디 그뿐이겠는가. 개인적인 비극은 물론이고 사회적으로도 돌이킬 수 없는 불행이 생길 수도 있다.

미국이라는 거대한 나라를 다스리던 대통령도 민주당 선거본부가 있던 워터게이트 건물에 도청장치를 하려던 사건을 둘러싸고 점점 더 거짓말을 하다가 하야하게 되었다. 사건 자체도 문제이지만 언론과 국민을 향해 거짓말이 또 다른 거짓말을 낳는 행위의 참담한 결과를 일러주는 사건이다.

다른 국내 사례 중의 하나는 6·25 전쟁에서 북한군의 진격 속도를 늦추기 위해 한강다리를 이미 폭파해 놓고도 정부가 거짓말을 하여 많은 국민이 무고한 희생을 당한 사례이다. 나라와 인종을 막론하고 많은 공인들이 거짓말 때문에 수모를 겪고 자리에서 불명예스럽게 물러나는 일은 익숙한 광경이다. 정부의 장관 등 국회의 청문회를 필요로 하는 공직 후보자들에 대한 국회청문회에서도 거짓 정보를 둘러싼 논쟁은 첨예하고 지속적이다. 속임수는 파멸적인 결과를 동반한다는 점을 명심해야 한다.

발가벗은 임금님과 박수 친 백성

이솝우화 〈양치기 소년〉은 조직적인 음모가 아닌 단순히 재미로 하는 거짓말도 습관적으로 하면 어떤 큰 재앙을 빚을 수 있는가를 생생하게 일러준다. 늑대가 나타났다고 여러 차례 거짓말을 한 양치기 소년은 처음에는 사람들을 속일 수 있어서 무료한 나날을 심심치 않고 재미있게 보낼 수 있었다. 그러나 소년의 말이 거짓임을 알아차린 마을 사람들을 계속해서 속일 수는 없었고 소년은 결국 비참한 최후를 맞는다. 속이는 행위가 신뢰감을 잃게 하고 목숨마저 앗아가는 돌이킬 수 없는 비극을 초래한 것이다.

상대방이 진실을 말하고 있는지 아니면 거짓을 하고 있는지에 대한 분별은 쉽지 않다. 속이려는 사람은 사회가 용인하는 가치와 기대의 한계를 벗어나지 않는 범위에서 속이는 것이 최대한의 보상을 가져온다는 것을 알고 있고 그런 점을 고려하기 때문이다. 또한 자신을 의심한다고 생각하면 커뮤니케이션 행위를 조정하고 정보의 노출을 통제하는 노력을 기울인다.

일반적으로 어떤 상황에서 예상할 수 있는 커뮤니케이션 행위와 실제로 하는 행동과의 차이가 알아차릴 수 있을 정도로 심하면 속임수 행위를 하고 있을 가능성에 대해 의심할 수 있다.

〈발가벗은 임금님〉이라는 우화도 거짓말의 세계를 잘 보여준다. 허욕과 사치에 눈이 먼 어리석은 임금이 이 세상에서 제일 좋은 옷을 만든다는 사기꾼과 간신에 속아서 세상에서 하나밖에 없는 명품 옷을 입었지만 사실은 벌거벗은 채 백성들 앞에서 행진하다가 "앗 임금님이 발가벗었네!"라고 창피를 당한 이야기이다.

사기꾼들은 (삼사십 년 이상 망상과 엽기로 전제·독재정치를 펼친 것도 모자라 국민들을 향해 비행기와 탱크와 자동기관총으로 공격하고 살상을 자행하다 처참히 죽은 카다피와 아직도 국토를 피로 물들이는 대량학살을 저지르고 있는 후안무치한 시리아 대통령 같은 독재자들처럼) 비싼 명품 옷을 입고 위세 부리기를 좋아하는 임금의 허세를 이용했다. 자신들이 만드는 옷은 마음씨가 나쁜 사람 눈에는 보이지 않고 좋은 사람의 눈에만 보이는 천이라는 속임수 커뮤니케이션을 구사한 것이다.

임금은 더욱 고무되어 거금의 나랏돈을 지불하고 있지도 않은 옷을 입고 알몸뚱이로 행진했다. 상상해보라, 얼마나 어처구니없고 우스꽝스러운 광경인가! 백주 대로에서 임금이 실오라기 하나 걸치지 않고 고관대작은 그 뒤를 따라갔을 터이고, 합주단은 풍악을 울리지 않았겠는가…… 권력자들의 허위와 어리석음, 동조하는 인간들의 아부 근성을 보여주는 우화이다. 하지만, 이런 우화가 먼 옛날만이 아니고 오늘날에도 형태를 달리하여 여전히 존재한다는 것은 씁쓸한 일이다.

거짓으로 핀 꽃, 진실하게 죽은 꽃

소설가 최인호 선생이 자신의 돌아가신 어머니에 대한 애틋한 심경을 절절히 고백한 책《천국에서 온 편지》에는 속임수 커뮤니케이션에 대한 서양 일화가 한 편 실려 있다. 거짓이 팽배한 세상에서 진실은 때로 외롭기도 하지만 결국은 빛을 내는 것임을 밝혀주는 이야기이다.[8]

옛날 홀어머니를 모시고 사는 착한 아이가 있었다. 어느 봄날, 그 나라 임금이 자신이 한 줌씩 나눠주는 꽃씨를 화분에 잘 가꾸어 가을에 가장 예쁘게 가꾼 사람에게는 후한 상을 내리겠노라고 했다. 아이는 꽃씨를 화분에 심고 물을 주고 햇살이 잘 비치는 양지바른 곳에 화분을 놓고 정성을 기울여 가꾸었다. 그러나 다른 집 화분에서는 아름다운 꽃이 피기 시작했는데도 아이의 화분은 싹조차 트지 않고 깜깜무소식이었다.

가을이 왔고 백성들은 저마다 자신들이 가꾼 아름다운 꽃들이 핀 화분을 들고 나왔다. 그러나 임금님은 예쁜 꽃들을 보면서도 기쁜 표정을 짓지 않았다. 성으로 돌아가는 도중에 임금님은 화분을 들고 앉아서 울고 있는 소년을 발견했다. 임금님이 너는 왜 울고 있느냐고 묻자, 소년은 "임금님, 저를 꾸짖어주십시오. 저는 꽃을 키우지 못하고 그 꽃씨를 죽이고 말았습니다. 임금님, 저를 벌하여 주십시오."라고 대답했다.

그러자 임금은 껄껄 소리를 내어 웃으며 소년을 자신의 말 위에 태우고 전 백성에게 알렸다. "잘 들어라. 너희는 모두 거짓말쟁이들이다. 봄에 내가 준 씨는 살아 있는 꽃씨들이 아니라 모두 죽은 씨앗들이었다. 그런 죽은 씨앗에서 어떻게 꽃들이 피어나겠느냐. 너희가 키운 그 꽃들은 내가 준 꽃씨들이 아니라 너희 마음대로 가져다가 키운 꽃들인 것이다." 성 안에서 단 한 사람, 소년만이 거짓말을 하지 않았던 것이다. 가장 아름다운 꽃을 키운 백성은 바로 이 정직한 소년뿐이었다.(여기서 임금이란 사람의 병적인 의심증과 존재는 논외로 한다.)

우리가 사는 세상과 인간의 커뮤니케이션 행위에 진실과 거짓이 공존함을 인식하는 일은 씁쓸한 일이다. 그러나 진실만이 아니라 거짓 행위도 우리들의 커뮤니케이션을 구성하고 있음을 안다면 이를 구분하고 이에 대처하는 지혜를 갖추어야 한다. 임금과 간신과 사기꾼은 물론이지만 거짓인 줄 알면서도 임금님 옷이 최고로 멋지다고 박수 치는 백성들도 문제다. 죽은 꽃씨로 형형색색의 꽃을 가꾼 백성들도 반성해야 한다. 속임수가 발을 붙일 수 없도록 '임금님이 발가벗었다'라고 확실하게 말해야 한다.

가짜뉴스로 몸살을 앓는 시대

근래 국내는 물론이고 세계적으로 크게 문제가 되고 있는 허위정보(disinformation), 가짜뉴스(fake news)는 기본적으로 인간의 속임수 행위와 관련 있는 것으로 볼 수 있다. 디지털 시대가 도래하면서 급격한 미디어 환경의 변화로 전통적인 미디어 이외의 매우 편리하고 인간적인 정보 생산과 유통 수단이 나타났다. 페이스북, 카톡, 트위터와 같은 소셜미디어, 블로그, 유튜브와 같은 소셜 플랫폼이 그야말로 우후죽순으로 등장한 것이다.

새로운 플랫폼의 등장은 기본적으로 세상의 보통 사람들이 메시지를 작성할 수 있는 가능성을 부여했다. 전통적인 의미의 언론인, 정치인, 연예인 못지 않게 일반인들이 전문성과 비전문성, 유명과 무명에도 영향을 받지 않고 직업, 나이, 학력, 수입 등에도 관계없이 개인의 메시지를 복수의 타인들에게 전달할 수 있는 정보환경으로 바뀐 것이다. 또한 정보의 범위와 주제도 전통적인 정치, 경제, 사회, 문화, 국제, 범죄, 재난 등 공적 이슈에 한정되지 않고 지극히 개인적인 일상사와 생활정보를 다룬다.

새로운 디지털 정보환경에서 가짜뉴스가 문제적 주목을 받는 것은 그

제12장 — 속임수에 대한 이해와 대처

영향력 때문일 것이다. 쉽게 만든 가짜 정보가 소셜미디어, 유튜브 등을 통해 광범위하게 대중에게 전달됨으로써 개인이나 사회에 막중한 영향을 미치는 요인으로 변화한 것이다.(이러한 현상에는 밉든 곱든 세계에서 가장 영향력이 큰 미국 대통령이 언론과 끊임없이 충돌하는 가짜뉴스 논쟁도 기여했을 것이다.) 가짜뉴스는 원래 뉴스의 형태를 띤 거짓 정보를 의미했는데 근래에는 매우 광범위한 의미를 대변한다. 뉴스 형식이 아니더라도 사실이 아니거나 근거가 희박한 내용의 거짓 정보, 품질이 낮은 정보, 자신의 입장이나 신념과 다른 내용의 정보에 대해서도 가짜뉴스로 규정하는 경향이 있다.

그러나 속임수 행위에 따른 정보는 가짜뉴스보다는 허위정보(disinformation)라고 하는 것이 보다 엄밀할 것이다. 허위정보는 의도적인 목적을 가지고 만든 거짓 정보이다.[9] 사실(fact)과 다른 모든 형태의 날조, 허위, 조작, 거짓 정보를 포함하는 것으로 볼 수 있다. 허위정보를 제작하는 행위는 세심한 의도를 가지고 거짓 정보를 만들고 전파하여 자신의 상업적, 정치적, 사회적 이익을 취하려는 것이다. 그야말로 검은 거짓말의 전형이다.(미디어와 플랫폼이 허위정보를 전달함으로써 발생하는 문제는 따라서 구분이 필요하다고 생각한다. 의도하지 않은 정보가 실수로 실린 것은 오보(misinformation)이고, 의도한 거짓 정보를 게재하는 것이 허위정보.)

허위정보는 인류 사회와 문명이 발전할 수 있는 토대가 된 민주주의를 근본적으로 훼손한다는 점에서 적극적으로 대처해야 하는 문제이다. 민주주의를 가능하게 하는 가장 큰 수단인 선거제도와 과정에 핵심인 진실성을 무력화하기 때문이다. 공정하고 진실한 정보가 아니라 날조된

허위정보에 의한 판단과 대의민주제도의 운영은 민주주의의 가치와 원칙을 무시하는 것이다. 허위정보가 목적하는 개인과 집단의 목적을 위해 오용되는 가능성을 봉쇄하는 방안의 강구는 개인의 차원과 함께 사회적 공적 차원의 의의를 지니는 중요한 문제인 것이다.

속임수 커뮤니케이션의 탐지

상대방이 속임수 커뮤니케이션 전략을 구사하면 사람들은 속임수 행위를 탐지하고 대처하는 커뮤니케이션 행위를 한다. 이런 전략은 상호작용에 영향을 미쳐서 향후의 커뮤니케이션 관계와 지속 여부에 대해 영향을 미친다. 일반적으로 속임수 커뮤니케이션 행위를 탐지하는 능력이 낮은 것은 상대방을 정직하다고 믿는 진실 편향의 성향 때문이다.

속임수 연구에 따르면 속이려는 의도를 가지고 커뮤니케이션 행위를 하는 사람은 상대방과 협조감, 친밀감, 관여도에서 적극성을 보이지 못하고 부자연스럽고 긴장감을 나타낸다. 말하는 내용에도 구체성이 결여되고, 말을 할 때에도 매우 짧게 언급한다. 논리와 설득력도 떨어지고, 내용에서 모순을 노출한다.[10]

또한 솔직한 사람보다 덜 적극적으로, 덜 흥미롭게 이야기하며, 일상적인 표현에서 자주 발생하는 문법상의 결함이 거의 없다. 이미 저지른 속임수를 은폐하기 위하여 새로운 거짓말을 만들어 내야 하는 어려움과 죄책감을 노출하는 경우도 있다. 이런 언어적 특징 말고도 목소리와 얼굴 표정 등이 딱딱하고 편안함을 유지하지 못하고 불안한 태도를 노출하는 비언어적 행동을 보인다.

속이는 커뮤니케이션 행위를 탐지하는 일은 쉽지 않다. 그러나 일상생활에서 상대를 속이는 행위가 빈번하게 일어나고 있는 게 현실이다. 일례로 전화를 통한 보이스 피싱의 속임수 커뮤니케이션에 걸려 큰 고통을 겪는 사건이 끊이지 않고 있다. 따라서 속임수 행위를 인지하는 능력을 길러서 슬기롭게 대처하는 것은 매우 중요하다. 자신이 감당하게 될 비용과 손실을 예방하는 방안이며 시민들의 기본권을 보호하고 사회의 정의를 구현하는 길이기도 하다.

그러나 직접적으로 얼굴을 보면서 대화를 나누는 상황은 물론이고 활자미디어 시대에서 시청각미디어, 디지털 시대로 변화하면서 사람들의 진실편향이 강화되고 있어 속임수 커뮤니케이션 행위를 알아내는 것이 점점 어려워진다. 커뮤니케이션 학자들이 밝히는 속임수 커뮤니케이션 행위를 누출하는 대표적인 단서를 정리하면 아래의 특징들을 포함한다.[11]

◆ 언어적 행위 ◆

• 자세하게 설명하지 않는다 • 내용의 타당성이 떨어진다 • 논리적으로 취약하다 • 말하는 시간이 줄어든다 • 자주 모순되고 양면성을 보인다 • 예증할 수 있는 자료가 부족하다 • 말하는 내용과 대화의 관련성이 낮다 • 말하는 내용에서 불확실성이 느껴진다 • 같은 말을 자주 반복한다 • 부정적인 말과 불평을 자주 늘어놓는다 • 자주 언성을 높인다 • 자주 외부 탓으로 책임을 전가한다 • 기억력이 부족함을 인정하지 않는다.

• 얼굴 표정이 부자연스럽다 • 목소리가 불안하다 • 자주 입술을 다문다 • 목소리에서 대화에 참여하는 강도가 낮다 • 말하는 내용과 목소리가 서로 밀접한 연관성이 떨어진다 • 목소리에서 불확실성이 느껴진다 • 얼굴에 즐거운 기색을 잘 띠지 않는다 • 자주 불안해하고 경직된다 • 자주 목청을 높인다 • 목소리에 긴장감이 역력하다 • 자주 동공이 팽창한다 • 조바심을 낸다

커뮤니케이션 행위가 일어나는 상황을 명확하게 인식하고, 다른 사람을 믿는 정도인 자신의 진실편향 성향을 고려하며, 속임수일 가능성이 높은 행위들에 주목하면 속임수 커뮤니케이션에 휘둘릴 가능성은 낮아진다. 이래저래 할 일이 많은 피곤한 세상이지만 유비무환은 언제나 좋은 게 아니겠는가.

강조하고 싶은 점은 사람들은 보통 검은 거짓말에 대해서는 단죄해야 한다는 생각을 하는 반면에 하얀 거짓말에 대해서는 선의의 목적이 깔려 있다는 점을 고려하여 너그러운 편이다. 그러나 이런 무분별은 큰 불신을 쌓아갈 수 있다.

예를 들어 아이들의 습관이나 태도를 바꾸기 위해 부모들이 유인책으로 하얀 거짓말로 약속한 뒤에 지키지 않는 일이 반복되면 아이는 부모에 대해 불신감을 키우게 될 것이다. 어디를 함께 놀러 가고, 함께 무엇을 할 것이라는 약속을 계속 어기는 아빠를 세상에서 가장 믿지 못할 사람으로 부르는 우스꽝스런 에피소드도 하얀 거짓말이 초래하는 불신

감을 보여준다. 좋은 목적에서 선의로 하는 경우라 해도 속임수보다는 사실과 진실에 바탕한 커뮤니케이션이 시간이 걸리더라도 부모와 아이의 신뢰감 형성에 도움이 될 것이다.

검은 거짓말은 물론 하얀 거짓말이라도 속임수 커뮤니케이션은 버려야 할 행위이다. 바늘 도둑이 소도둑이 된다는 옛말이 있듯이 하얀 거짓말이 검은 거짓말로 발전해(?) 갈 수도 있다. 사실에 근거한 솔직하고 진실한 커뮤니케이션이 최상의 결과를 가져오는 즐거운 커뮤니케이션이라는 점을 잊지 말자.

소통하는 인간, 호모 커뮤니쿠스

chapter 13

말로 하지 않는 말 Ⅰ

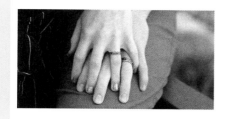

정답게 남녀가 데이트하는 도중에 남친이 여친에게 '손을 10초만 잡아도 되겠습니까?' '어깨를 좀 감싸도 괜찮은지요? 허리에 손을 둘러도 되나요?' '얼굴을 좀 물끄러미 보고 싶은데 언제 시작할 수 있을까요?' 식으로 무슨 청문회 질의응답 하듯 한다면 어색한 분위기가 초래될 것이다. 우리는 보통 커뮤니케이션을 언어를 사용하는 말을 하는 행위로 생각한다. 그러나 말을 사용하지 않고 하는 의사 전달도 커뮤니케이션 행위에 속한다. 비언어 커뮤니케이션이라고 하는데 인간의 커뮤니케이션에 더 중요한 역할을 한다는 주장이 있을 정도로 비중이 높다.

제13장

○

말로 하지 않는 말 I

― 공간과 터치 커뮤니케이션

●

　"저, 당신의 손을 10초만 약하게 잡아도 되겠습니까?" 혹은 "5초만 제 머리를 당신의 어깨에 기대도 되는지요?"

　"예, 괜찮으니 기대도록 하세요. 자, 시작하세요."

　"조금만 연장하면 안될까요."

　"신청한 부위에서 5cm 벗어났네요. 즉각 원대복귀 하세요."

　사랑하는 두 남녀가 데이트 상황에서 이런 질문과 대답을 주고받는 커뮤니케이션을 한다면? 그야말로 '유구무언⋯⋯.'

손을 10초만 잡아도 되겠습니까?

　우리는 보통 커뮤니케이션을 말이라는 언어를 사용하는 행위로 생각한다. 그러나 말을 사용하지 않고 하는 의사 소통도 커뮤니케이션 행위에 속한다. 비언어 커뮤니케이션이라고 하는데 인간 커뮤니케이션 행위의 상당 부분을 차지한다. 오히려 더 많은 부분을 담당한다는 주장이 있을 정도로 비중이 만만치 않다.[1]

앞에서 살펴보았듯이 둘의 사이가 뜨거운 남녀가 데이트하는 도중에 남친이 여친에게 '손을 10초만 잡아도 되겠습니까?' '어깨를 좀 감싸도 괜찮은지요? 허리에 손을 둘러도 되나요?' '얼굴을 좀 물끄러미 오랫동안 보고 싶은데 언제 시작할 수 있을까요' 식으로 무슨 청문회 질의응답하듯 커뮤니케이션 행위를 한다면 어색한 분위기가 초래될 것이다.

이런 남친에게 상대방인 여친은 '그래요, 10초에서 20초 사이로 하세요. 근데 오른손으로 나의 왼손 팔목 부위를 강하지도 약하지도 않게 잡을 수 있습니다.'라고 응답할까? 천만에! 단언컨대 아닐 것이다. 그보다는 데이트라는 상황에서 기대되는 커뮤니케이션 행위를 위반하는 남친에 대해 의아해할 것이다. 무슨 별 이상한 인간이 다 있다고 생각하며 이별을 준비할 것이다.

이런 식으로 기대위반 행위가 계속된다면 두 사람의 관계에는 빨간불이 켜지고 관계는 종료와 해체로 치닫게 된다. 이 사람이 멀쩡한 줄 알았는데 구제불능의 비정상인이라는 부정적인 평가를 하며 영영 떠나가기 십상이다.

친숙한 데이트 상황에서 사랑의 감정 전달은 분위기를 살리는 적절한 비언어적 커뮤니케이션 행위가 말로 하는 언어보다 훨씬 효율적이다. 당신을 사랑한다는 백 마디 말보다 촉촉한 눈망울로 말없이 그윽하게 바라보는 것이 사슴처럼 기대며 살자는 연심(戀心)에 더 어울릴 것은 두말하면 잔소리다.

요란한 박수와 몸짓, 큰 목소리와 동작 없이 좋아하는 운동선수나 팀을 응원하는 것은 불가능하다. 응원하던 팀이 역전 홈런을 쳤는데 환호성을 지르고 옆 사람들과 손뼉을 마주치지 않는다면 무슨 수로 기쁨을 표현하겠는가. 방송 해설자도 아니면서 "참 적절한 안타네요. 저 선수의 스윙 폼이 요즘 좋아지고 있군요."라고 옆 사람에게 말한다면 축포처럼 터지는 타인의 즐거움에 물을 끼얹는 행위일 뿐이다. 이럴 땐 시간이 걸리는 말을 하지 않고 곧바로 즉흥적인 감정을 표현할 수 있는 비언어 커뮤니케이션 행위가 적격이라는 것을 우리는 경험으로 아니 선험적으로 알고 있다.

비언어 커뮤니케이션의 유형

비언어적 커뮤니케이션은 말이나 언어를 사용하지 않고 하는 의도적인 커뮤니케이션 행위이다. 비언어 커뮤니케이션 행위는 사회와 문화의 특성에 따라서 비언어 행위의 의미가 구체적으로 규정된다. 예를 들어 고개를 앞뒤로 끄덕이는 비언어 행위는 대한민국에서는 동의, 수긍의 의미다. 그러나 불가리아에서는 반대와 수긍하지 않는다는 의사를 표시한다. 보편적인 비언어 행위의 유형은 아래를 포함한다.

1) 동작 커뮤니케이션(kinesics): 신체의 움직임과 얼굴로 나타내는

소통하는 인간, 호모 커뮤니쿠스

표현 등, 동작을 통한 비언어 커뮤니케이션

2) 공간 커뮤니케이션(proxemics): 공간 사용과 활용을 통한 비언어 커뮤니케이션

3) 촉각 커뮤니케이션(haptics): 피부나 신체의 접촉과 같은 터치를 통한 비언어 커뮤니케이션 행위

4) 후각 커뮤니케이션(olfactics): 냄새나 향기를 이용하는 비언어 커뮤니케이션

5) 음성 커뮤니케이션(vocalics): 목소리나 음성을 사용하는 비언어 커뮤니케이션

6) 외모 커뮤니케이션(physical appearance): 사람들의 신체, 아름다움, 옷, 장신구 등의 이용과 영향을 활용하는 비언어 커뮤니케이션

7) 시간 커뮤니케이션(chronemics): 시간을 이용하는 비언어 커뮤니케이션

비언어 커뮤니케이션의 유형은 고정적으로 묶을 수 있는 것은 아니다. 사람들은 자신의 의도를 대변하기 위하여 다양한 비언어적 행위를 새롭게 시도할 수 있으므로 유형의 범위는 확장되는 특성을 지닌다. 또한 새로운 비언어적 행위가 발견될 수 있고, 사용되던 행위가 소멸되기도 할 것이다. 비언어 행위와 그 의미를 많은 사람이 공유하는 보편화 과정은 많은 시간을 필요로 하기 때문이다.

상대에게 전달하는 비언어적 커뮤니케이션 행위는 상대방과의 관계를 강화하거나 약화시킬 수 있다. 예를 들어 긍정적으로 감정을 표현하는

행위(상대 앞으로 기울이는 자세, 눈을 통한 접촉행위의 증가, 편안한 자세, 터치의 증가, 물리적 거리의 감소 등)는 상대와 친밀한 관계를 강화한다. 반면에 부정적으로 표현하는 행위(상대방과 멀어지려는 자세, 상대를 바라보는 행위를 멈추거나 외면하는 행위, 눈을 통한 접촉 행위의 감소, 불편한 자세, 상대의 피부와 접촉하거나 신체를 건드리는 터치 행위의 감소, 상대와 거리를 더 멀리하는 물리적 거리의 증가)는 관계를 약화시키려는 의도를 표시한다.

편안한 공간, 불편한 공간

공간과 거리와 관련한 사람들의 느낌은 비언어 커뮤니케이션 행위 중에서 상대적으로 일찍 관심을 받은 분야이다. 사람들은 타인과 공유하는 공간과 유지하는 거리에 따라 편안함과 불편함을 느끼는 때문일 것이다. 여러분은 다른 사람과 공간이나 거리를 어느 정도로 유지할 때 심리적으로 편안함을 느끼는가? 얼마나 가까이 또는 멀리 떨어져 있을 때 심리적으로 불편함을 느끼는가? 어느 정도 넓이의 공간이 아늑한 기분을 주는가?

보통 다른 사람들은 타인이 자신에게 가까이 다가올 때 의식·무의식적으로 뒤로 물러나거나 경계심을 발동한다. 반대로 친밀감을 느끼는 사람과 멀리 떨어져 있는 경우에는 거리를 좁히기 위하여 앞으로 다가간다. 다시 말해 편안한 거리 감각, 공간 감각을 형성하기 위하여 앞으로 다가가거나 뒤로 물러나기도 하고 옆으로 가기도 한다. 때로는 몸동작과 손동작, 얼굴 표정과 제스처를 사용하여 거리와 공간에 대한 호오와 감정적 평가를 표시한다.

공간에 대한 인식은 상대방의 조건(성별, 나이, 직업, 가족, 친근 관계, 상황 등)에 따라 달라진다. 여성과 남성은 친근함을 표시하는 공간과 거리에 차이가 있다. 타인과 느끼는 친근감의 수준에 따라 피부를 맞닿은 채로 이야기를 나눌 수도 있고, 상당히 떨어진 거리를 두고 이야기할 수도 있다. 공간과 시간의 비언어 행위가 사람들의 생활 속에서 일상적으로 이루어지고 있으며 영향력을 지니고 있는 것이다. 공간과 거리에 대한 인간의 비언어 행위와 감각 현상에 대한 연구는 비언어적 커뮤니케이션에 대한 연구 중에서 대표적인 초기 업적이다.

문화인류학자 홀(Edward Hall)은 커뮤니케이션 측면에서 공간이 지니는 의미를 처음으로 인식하고 사람들 사이의 교류에 미치는 공간의 영향력에 대하여 선구적인 성과를 일구어냈다. 그의 연구는 지난 40여 년 동안 비언어 커뮤니케이션, 대인 커뮤니케이션, 그룹 커뮤니케이션 학자들의 연구와 저서에 되풀이해서 인용되고 있을 만큼 이 분야의 개척자로서 큰 비중을 차지한다.

홀은 사람들 사이의 공간이 커뮤니케이션 감각과 진행에 영향을 미치고 말을 통한 커뮤니케이션보다 더 큰 영향을 미칠 수 있다고 하였다. 그는 다른 사람과 대화하는 거리에 따라서 공간을 몇 개의 유형으로 분류했다.[2]

가장 가까운 거리는 '친밀 공간'으로 두 사람이 접촉을 한 상태 혹은 피부를 맞닿은 상태이며 거리상으로는 신체적 접촉이 일어날 수 있는 0cm에서 46cm 정도의 사이이다(0~18인치). 이 공간은 매우 가까운 사이의 사람, 각별한 의미가 있는 상대, 가족 구성원, 친밀한 친구들에게만 허용된다. 예외는 어린이들이다. 잘 알지 못하는 경우라도 어린아이들이 이 공간을 침범하는 것은 허용되고 때로는 신체를 접촉하고 매달리거나 잡는 것도 문제가 되지 않는다.

'사적 공간'은 46㎝에서 약 1m 22㎝ 사이의 거리이다(1.5~4피트). 이 공간은 좋아하는 사람들이나 친구들이 안으로 들어오는 것을 허용하는 영역이다. 어른들이 두 팔을 펼쳤을 때의 거리보다 짧지만 친밀한 공간에 비해 상대방과 몸을 건드리거나 닿는 것과 같은 터치하기는 어려운 거리이다. 다른 사람과 터치하는 것이 불편하다고 느끼는 사람은 이 공간(거리) 이상을 확보하려는 경향이 있다.

'사회적 거래 공간'은 비즈니스나 사회적 교류가 이루어지는 약 1m 22㎝에서 3m 66㎝ 내외의 거리 공간이다(4~12피트). 비즈니스나 세일즈를 하는 사람과 대학의 선생들이 유지하는 공간을 일컫는다. 전문가로서 분위기를 풍기고 공간을 침범당한다는 느낌을 받지 않으면서 동시에 공간을 지배하는 기분을 느끼게 하는 최대 거리이다. 보통 그룹 미팅이나 비즈니스 미팅에서 활용되는 거리로 특별히 친한 관계가 없는 사람들과 유지하는 공간 감각이다.

마지막으로 '공적 공간'은 3m 66㎝ 정도에서 서로 보거나 상대의 말을 듣는 데 어려움이 없는 반경에 걸친 공간이다. 처음으로 만나는 모르는 사람, 관계가 없는 사람들, 공적으로 만나는 사람들과 유지하려는 거리이다. 목소리는 커지고 공적인 형식의 대화를 나누고 단어와 문장을 상대적으로 신중하게 선택한다.

이 4개 유형의 거리 커뮤니케이션 감각은 백인 중산층으로 비즈니스와 전문직에 종사하는 남성을 대상으로 조사한 결과이다. 그러므로 일반화하기에는 어려움이 있다고 연구자도 단서를 붙이고 있다. 하지만 흥미로운 연구로 독특함과 가치를 인정받고 있다. 또한 다양한 비언어 커뮤니케이션 현상에 대한 연구를 자극했다는 의의가 크다.

한국인의 공간 커뮤니케이션

한국인의 경우에는 실증적인 연구가 없어서 구체적인 수치를 인용할 수 없다. 그러나 우리가 습관적으로 다른 사람과 유지하려는 거리 공간을 떠올려보면 공간 커뮤니케이션의 요소가 존재하고 그 영향을 받고 있음을 쉽게 추정할 수 있다. 우리가 생활 공간, 공부하는 학교 공간, 다양한 관계를 대변하는 여러 사람들(가족, 연인, 친구, 그룹 미팅, 비즈니스로 만나는 사람, 모르는 사람 등), 상대방과의 거래하는 일의 성격이나 목적 등에 따라 선호하거나 유지하는 거리와 공간 감각은 달라진다.

우리 모두가 경험하는 교실 풍경을 한번 떠올려 보자. 함께 앉는 사람, 주위의 동료, 자신의 책상과 다른 책상의 거리와 위치, 특정 학생과의 거리, 선생님과의 거리에 따라 편안함이나 긴장감이 달라진다. 강제로 번호가 정해진 자리도 있지만 기회가 있을 때마다 더 친한 동료에게로 달려간다. 더 가까운 거리와 공간을 공유하려는 것이다. 좌석이 정해지지 않고 자유롭게 앉는 대학 강의실 풍경은 거리와 공간에 대한 감각을 매우 선명하게 보여준다.

대부분의 학생들은 늘 함께 앉는 동료와 앉고, 늘 앉던 자리에 앉으려고 한다. 자신에게 낯익은 위치와 공간, 거리에 따라 개인이 느끼는 안정감과 친소(親疎)의 느낌이 다르기 때문이다.

칸트라는 철학자가 매일하는 산책은 매우 일정하여 그가 지나는 장소를 보면 시간을 알 수 있다고 했다. 마찬가지로 특정 학생이 앉아 있으면 그 옆자리에 어떤 학생이 곧 앉게 될지 알 수 있을 정도다. 물리적 거리와 공간이 편안한 심리적 거리와 공간을 구성하는 것이다. 여러 학생이 공동으로 수행하는 과제를 위한 팀을 구성할 때도 마찬가지다. 평소가까이 지내는 동료와 함께하려는 노력이 노골적으로 전개된다. 친밀한동료가 심리적으로 편안한 거리감, 공간감을 주기 때문인 것이다.

우리가 사는 집의 공간이나 가구의 배치도 같은 속성을 반영하는 것으로 보인다. 한국사회가 먹고살 만해지면서 번창하기 시작한 인테리어 가게의 매뉴얼은 한국 사람들이 편안해 하는 공간과 거리감각, 물건과 배치감각에 대한 표준화된 분석 결과에 근거할 것이다. 중산층의 아파트 거실에는 크기에 차이가 있지만 거의 예외 없이 소파와 텔레비전이 있다. 식탁과 의자가 자리하는 곳, 가구들의 배치도 대동소이 하다. 아파트 내부 공간은 심리적 편안함과 안정감을 주는 커뮤니케이션 감각에 따라 배치되는 것이다.

한편 우리나라가 산업화되고 경제적으로 잘살게 되면서 넓은 평수의 아파트를 향한 광폭한 집념은 공간에 대한 오용의 일단을 보여준다. 어떻게든 특정 지역에 큰 아파트를 마련하면 막대한 경제적 이득이 동반되었기 때문에 무소불위의 괴력을 발휘한 것이지만, 공간에 대한 동물적이기 본능이 인간사회의 덕목이어야 할 조화와 공정이라는 공동체적 가치를 압도한 것으로 생각된다. 사회적 동물로서 인간의 존재와 가치를 망각하고 일탈적인 약육강식의 동물적 본능이 발휘된 것으로 해석할 수 있는 측면이 있다.

동물들에게 공간적 영역은 먹이를 찾으러 다니고, 먹을 것을 얻고, 젊은 동료를 찾아 짝을 짓고, 적을 피하고 적과의 싸움에서 이점을 취할 수 있고, 새끼를 낳아서 기르는 데 방해받지 않고, 질병으로부터 보호를 받을 수 있는 장소를 의미한다. 동물은 자기의 공간 안에서 의식주를 확보하고 사회적 교류를 나누는 것이다. 자신의 영역을 통해 자신의 소유권을 알리고 친밀감을 표시하고 가족이나 무리를 거느리고, 파워를 발휘하기 때문에 생존에 필요한 공간보다 더 넓은 영역을 차지하고 또 유지하려고 한다.[3]

아파트 광풍은 이러한 동물적 본능의 충족과 경제적 욕구의 충족을 반영하는 것으로 보인다. 넓은 아파트의 소유와 거주가 사회적으로 힘과 권력을 가진 존재로 인식되는 것에 대한 미망인 것이다. 천민자본주의와 미디어 대중문화의 부추김에 배양된 인식이라고 할지라도 넓은 아파트, 아파트 평수, 아파트 위치 등 아파트 공간이라는 상징은 정치·경제·사회·문화적으로 대한민국의 중요한 매우 중요한 주제가 되었다. 역대 정부의 핵심 정책 중의 하나는 주거 문제인데, 직설적으로 얘기하면 아파트와 관련된 것이라고 할 수 있다.

공간과 인간의 신분과의 관계도 유사한 경우이다. 신분이 높은 사람들은 자신의 세력을 대변하는 수단으로 더 넓은 공간을 차지하려고 한다. 큰 사무실 공간과 큰 책상 등을 통해 자신의 존재감을 과시하는 것이다. 또한 거리적으로 방문자와 사이에 큰 공간적 여유를 확보하는 것도 마찬가지다. 이 더 먼 공간의 확보는 높은 신분의 사람이 방문자와 함께할 수 있는 시간이 많지 않다는 규제의 표현이기도 하다.

사장이나 CEO의 사무실은 안내받기 전까지 문 앞에서 기다려야 한다. 보통 비서의 공간 영역에는 누구나 쉽게 들어가고 책상을 터치하기도 하지만, CEO의 공간은 들어오라는 통지를 받은 경우라야 들어갈 수 있고, 그 관문을 거치고도 노크를 하고 입장한다. 사장이라는 신분과 파워가 위치한 공간은 배치와 이용에서 다른 공간에 비해 차별되는 속성이 있음을 대변한다.[4]

전통적인 한국사회의 공간 감각은 지나치게 넓은 공간을 확보하려 하지 않고 오순도순 모여 사는 정다움을 배려하는 공간 감각이 우선이었다. 지금처럼 개인이 공간의 최대화를 위해 모든 노력과 자원을 베팅하는 무한 질주는 심리적 사회적으로 사람들 간의 배타심과 이질감을 증폭하는 것으로 보여 아쉬움이 크다.

일반적으로 동일한 문화권 안에서도 차별적으로 통용되는 비언어 커뮤니케이션의 범위와 정도 및 기대가 존재한다. 만약 이 점을 위반하는 상황이 발생하면 언어적 행위를 위반하는 것 이상으로 혼란이 생기고 충돌 및 갈등과 함께 여러 부정적인 결과를 초래한다. 이런 점에서 근래 한국인의 아파트 공간에 대한 감각은 전통적으로 한국인이 소중히 여겨온 가치와 적절한 수준을 넘어선 것으로 보인다.

소통하는 인간, 호모 커뮤니쿠스

새로운 공간 커뮤니케이션에 익숙해진 청소년들이 우리 사회를 주도하게 되는 시대에 한국사회의 공간 커뮤니케이션과 사람들 사이의 관계가 어떻게 변할지 궁금 반, 걱정 반이다.

공간과 거리가 제로인 터치 커뮤니케이션

터치(touch)는 보통 촉각 커뮤니케이션(haptics)이라고 호칭되는데 자신의 신체 일부로 타인의 신체 일부를 직접적으로 건드리거나 접촉할 때 발생한다. 따라서 두 사람 사이에 거리나 공간이 존재하지 않는 제로 공간(zero-proxemics) 상태이다. 두 사람이 터치를 하면 그들 사이에 공간은 제거되는 것이고, 이는 보통 두 사람 사이에 특별한 관계가 존재함을 의미한다. 그래서 "터치는 모든 감각의 어머니로 인간에게 삶이 시작된다는 의미를 지닌다"라고 할 정도다.[5]

한국사회에서 친근한 사람끼리 신체의 일부를 툭툭 치며 건드리는 제로 터치 커뮤니케이션 행위는 흔한 일이다. 일례로 백화점에서 어른이 어린이에게 귀엽다는 덕담을 하고 어루만져 준다면 우리 문화에서는 좋은 모습으로 수용된다.(이런 행위는 근래 들어 성희롱 등으로 법적 규제 대상이 되기 시작했다.) 그러나 미국에서는 일종의 성적 희롱이 될 수 있는 위험한 행위다. 미국으로 이민을 간 한국인들, 특히 나이 드신 분들이 미국 어린아이를 귀엽다는 선의에서 우리나라 방식의 비언어 행위로 접촉했다가 사법적 문제가 된 사례가 있었다. 이처럼 비언어 행위는 매우 미묘하고 민감한 문제를 야기할 수 있는 커뮤니케이션이다.

신체적 접촉이 어느 정도 허용되는 문화에서도 만약 오랜 시간 동안 신체를 만진다면 역시 비정상적인 행위로 수용되지 않는다. 법조문 같은 확실한 기준은 나라마다 다르겠지만 보편적으로 비언어 행위는 일반 관행을 벗어나는 경우에 문제가 발생하는 것이다. 교실이나 대학교 강의실에서 선생님이 남학생이나 여학생의 머리카락을 지속적으로 만지거나, 학생이 선생님의 머리를 만지거나 두드리면 어떤 일이 벌어지겠는가? 더 말할 것도 없이 큰 소동이 일어날 것이다. 다른 사람의 신체를 터치하는 비언어 커뮤니케이션 행위는 일상적인 행위이기도 하지만 상대와 어떤 관계에 있느냐, 어떤 상황에서 발생하는가에 따라 그 의미가 매우 달라진다.

또한 보통 관계의 친구끼리 하는 터치는 친밀한 관계에 있는 연인에 대한 터치와는 수용의 측면에서 매우 다르다. 친구 관계 상황에서는 손, 팔뚝, 어깨, 무릎 부분에 대한 터치는 허용되지만 보통 그 이상은 수용되지 않는다. 그러나 친밀한 연인 관계에서는 언급한 부위 이외에 머리, 얼굴, 머리카락 부분, 허벅지 등 훨씬 민감한 부위를 허용한다. 상대방을 좋아하는 상황에서는 더 적극적으로 터치하며 더 적극적으로 수용한다.

근래 지하철이나 길거리에서 일부 젊은이들의 애정 표시인 터치 행위가 너무 빠르게 진도가 나가서 관행적인 기준경계치를 깨트리고 있듯이 비언어적 행위는 개인, 집단, 사적·공적 공간, 윤리, 문화에 따라 차이가 있다. 우리나라 프로농구 경기에서 미국에서 온 외국인 선수가 심판의 머리를 잡고 만져서 큰 벌칙과 벌금을 받을 경우는 문화적 차이에서 오는 사례이다. 이런 행위는 미국에서는 용납될 수 있는 비언어적 행위이다.

상대방과의 사이에 공간과 거리가 존재하지 않는 제로 상태로 서로의 신체가 맞닿고 접촉하는 상황인 터치는 매우 민감한 비언어 커뮤니케이션 행위이다. 동시에 적극적인 비언어 커뮤니케이션 행위의 한 유형이고 매우 미묘하지만 후속 행위와 결과에 강력하게 영향을 미치는 행위이다.

터치를 통한 한국적인 가족애

우리 사회가 경제적으로 풍족해지면서 의식주 환경에도 대대적인 변화가 일어났다. 특히 아파트로 대변되는 주거 공간은 크기와 배치에서 경천동지(驚天動地)라고 할 만큼 변화가 무쌍했다.

아파트 시대의 도래로 한국사회는 생활의 편리성 측면이나 개인의 공간 확보에 따른 공간권 보장 등 새롭게 얻은 것이 있다. 하지만 동시에 잃은 것도 많다고 생각된다. 가장 큰 손실의 하나는 아파트 공간 구조에 따른 가족 간의 터치 커뮤니케이션의 약화가 아닌가 싶다. 막가파식 공간 확대와 서구식 개인 공간의 지향이 가족 스킨십의 약화를 야기한 것이다.

특히 가족들이 함께 얼굴을 마주하거나 잠을 자기도 하던 공간, 특히 한 이불 밑에 발을 넣어 맞대고 추위를 함께 녹이며 이야기를 나누던 전통적인 공간이 사라짐으로써 터치를 통한 정과 배려의 미덕이 약화되고 있다. 인정과 배려를 중시하는 한국인의 가치를 만들어 내는 공간감각의 지혜가 실종되고 있는 것 같아 아쉬운 심정이다.

50대 이상의 세대는 추운 겨울날 화로를 중심으로 가까이 둥글게 않아서 얘기를 나누고 무얼 먹기도 하던 정경을 떠올리는 데 어려움이 없을 것이다. 거리감이 제로 상태가 된 공간에서 둘러앉아서 터치를 통해 전해오던 따뜻한 감정에 대한 기억 밀접한 관계가 아니더라도 온돌방에서 담요 밑으로 서로 맞닿은 발가락은 사람들 사이의 서먹서먹함을 없애고 편안한 감정을 발생시키고 친밀감은 증대했다.

필자가 중학생 시절, 한적한 무명 기차역이었으나 지금은 드라마 〈모래시계〉로 유명해진 정동진 바로 옆에 있는 옥계라는 시골의 친구 집을 방문했을 때가 생각난다. 그때는 그곳이 정말 시골이었다. 처음 만난 내 친구의 친구들과 작은 숯불 난롯가에서 한 이불 밑으로 발을 닿기도 하면서 얘기를 나누었다. 제로에 가까운 공간에서 서로 얼굴을 마주 보고

한 이불 속에 발을 넣고 둘러앉아 서로의 살들을 부대껴가며 정을 나누던 터치 커뮤니케이션이 한국적 가족공동체의 유대감을 강화해 주었을 것이다.

소통하는 인간, 호모 커뮤니쿠스

신체의 일부가 접촉하는 사이, 얼마 지나지 않아 처음 만난 그들이 마치 오래전부터 알고 지내온 친구들처럼 편해졌다.

이런 식으로 관계를 형성하고 친밀함을 공유한 형제자매들은 성인이 되어서도 오래도록 적극적으로 혈육의 정을 유지할 수 있었다고 생각된다. 접촉을 통한 터치 커뮤니케이션에 더해 땀과 발 냄새 같은 가족들의 체취를 공유하는 후각 커뮤니케이션을 함께 나눈 경험이 끈끈한 가족공동체의 유대감 형성을 강화했을 것이다. 언어로 이룰 수 없는 결속감을 비언어 커뮤니케이션이 가능케 했을 것이다. 이런 유대감이 한국의 산업화에 따라 제조공장 여기저기에서 청춘을 바쳐서 일하고, 받은 월급을 형제의 학비와 고향의 부모님 뒷바라지로 송금하게 한 가족애의 동력이 되었다면 지나친 비약일까?

세계적으로 유난한 한국 부모들의 자녀교육을 위한 헌신도 한국적인 커뮤니케이션 문화의 영향이 클 것이다. 비언어 커뮤니케이션 행위가 논리적인 차원보다는 정서적 감정적인 차원에 큰 영향력을 지닌다는 점을 고려하면 설득력이 충분한 추정일 것이다.

지금의 중년 세대가 공유할 수 있는 또 다른 경험도 떠오른다. 서울에 있는 대학으로 진학한 후에 고향 집으로 갈 때면 도착한 첫날과 서울로 돌아가는 전날 밤은 아버님 방에서 함께 자기를 원하는 경우가 많았다. 어떤 때는 혼자 자고 싶어 하는 필자의 내심을 읽은 어머니가 혼자서 편하게 자게 하지 왜 불편하게 그러느냐고 만류도 했었다.

그러나 이 글을 쓰며 다시 생각하면 돌아가신 부모님의 터치 커뮤니케이션 철학은 참 지혜로웠다. 아버님은 아버님대로, 어머님은 어머님대로. 부모님은 부모님의 부모님으로부터 물려받은 한국적 터치 커뮤니케이션이라는 유전자를 내게 경험시키고 물려주신 것이리라. 그러고 보니 부모님과 가까운 친구분이 오랜만에 찾아오면 첫날은 아버님들끼리 혹은 어머님들끼리 함께 주무시며 이야기를 나누시던 기억이 난다.

이런 기억의 유산 때문인지 필자는 한 달에 한 번 정도는 아내와 딸과 아들과 한 장소에서 함께 자자는 얘기를 결혼 후 한 20여 년 동안 했더랬다. 그러나 함께 여행을 간 적 말고는 실천하지 못했다. 부모님으로부터 경험한 무(無)공간과 터치의 긍정적인 경험에서 비롯한 요청일 것이고, 실천을 못한 것은 필자와 가족들이 함께 한 장소에서 자는 비언어 커뮤니케이션 행위에 대한 감정이 절실하지 않고, 수용과 이해가 달라졌기 때문일 것이다. 아마 서구문화가 유입되고 널리 퍼지면서 전통적인 공간 공유와 터치를 통한 친밀감 형성에 기여하는 공동의 공간보다는 편안함과 자유로움을 주는 개인 공간을 선호하기 때문일 것이다. 이제는 젊은 세대는 물론이지만 50, 60대 세대도 개인 위주의 공간 문화에 익숙하고 또 선호한다.

손님이 오면 함께 밥을 먹는 것도 공간의 제로화와 터치를 증대하여 친밀감을 표현하고 확보하려는 비언어 커뮤니케이션 행위의 특성을 지닌다. 위생적인 문제는 차치하고 같은 음식에 숟가락이나 젓가락을 함께 담그거나 퍼내는 행위를 통해 서로 떨어져 있던 시공간을 극복하는 것이다. 직접적이거나 간접적인 터치를 통해 서로의 관계를 물리적 심리적으로 회복하고 풍성하게 유지하려는 커뮤니케이션 심리학이 자리하는 것으로 여겨진다.

소통하는 인간, 호모 커뮤니쿠스

5가지 유형의 접촉

터치하는 사람과 터치를 수용하는 사람의 관계에 따라 터치를 다섯 가지 유형으로 분류한 재미있는 시도가 있다. 이 분류의 한쪽 끝은 두 사람 사이에 친밀감이 거의 없는 관계이고, 다른 쪽 끝은 매우 친밀한 관계이다.[6] 친밀감이 없는 관계 쪽의 첫 유형은 기능적/직업적 유형으로 간호사, 의사, 미용사, 계산대 점원이 하는 터치 행위와 같은 유형이다. 즉 다른 사람을 위해 직업적 기능적으로 하는 행위이다.

다음은 사회성과 친절함을 의미하는 터치 행위로 상대방의 뺨에 하는 관행적인 키스, 껴안기 등의 행위이다. 이 터치는 사람들 사이의 신분적 차이를 중화시키는 역할을 한다.

세 번째 유형은 우정과 따뜻함을 표현하는 터치로 상대방의 팔뚝에 손을 얹는 행위, 친한 친구를 껴안는 것, 어깨에 손이나 팔을 올려놓는 행위 같은 한결 사적인 행위를 포함한다.

네 번째는 사랑과 친밀함을 나누는 관계에서 가능한 터치로 상대방의 손을 함께 잡는 행위, 얼굴을 만지는 행위, 머리카락을 잡는 행위, 오랫동안 애무하는 행위 등으로 매우 친밀한 관계를 대변한다.

마지막으로 성적인 자극을 대변하는 터치가 있다. 처음에 설명한 기능적/직업적 유형과 대척점에 있는 유형으로 가장 사적인 특성을 지니는 친밀한 터치 행위이다.

터치는 모든 감각의 기본이 되는 원초적인 의미를 지니는 비언어 커뮤니케이션 유형이다.

인간이 태어날 때 최초로 하는 행위가 피부를 맞대고 신체를 접촉하며 자극하는 것이다. 이럴 때의 자극은 생명의 본질과 연결되고 건강에 영향을 주는 행위이다. 예를 들어 19세기와 20세기 초에 매년 태어나는 신생아의 상당수가 전신쇠약증으로 사망하였는데 그 원인이 터치가 부족했기 때문이라는 주장이 있다. 현대적 시설을 갖춘 가정, 병원, 기관에서도 신생아들이 터치를 의미하는 스킨십이 충분하지 않으면 사망하는 경우가 많다는 것이다.[7]

매스컴에서 자주 다루어지는 예로, 직접 신체를 맞대는 모유 수유가 우유를 먹은 아기에 비해 건강 상태가 좋고 질병에 대한 면역력이 높다는 것이나, 독신녀와 독신남의 수명이 기혼자보다 짧다는 내용도 스킨십이 인간의 건강에 영향을 미친다는 반증이라고 생각된다.

터치가 사람들의 커뮤니케이션 행위와 능력에 영향을 미친다는 주장도 있다. 터치를 받지 못하면 스피치의 상징적인 의미에 대한 이해력이 떨어지고 언어 행위에 대한 신뢰와 자신감이 떨어진다는 것이다.

chapter 14

말로 하지 않는 말 Ⅱ

세계 최고 수준으로 성형수술이 성행하는 우리 현실에서 외모는 개인에 대한 매력이나 평가에 긍정적으로 영향을 미친다고 소개하는 건 내키지 않는 일이다. 그러나 최소한 단기적으로는 여러 효과가 있다는 것이 과학적 연구의 결과이다. 우리나라의 경우는 실증적인 연구가 부족하지만 외모가 큰 영향력을 지닌다는 점에 동의할 수밖에 없는 게 현실이다. 언론 보도와 일상적 생활 경험은 외모가 개인에 대한 평가, 호감, 인간관계, 마케팅 등과 높은 상관성을 지닌다는 추정을 가능하게 한다.

제14장

○

말로 하지 않는 말 Ⅱ

— 외모 커뮤니케이션

●

필자가 어릴 때부터 좋아한 야구선수 중에서 핸섬하고 사나이 냄새가 물씬 풍기는 한 시대를 풍미한 강타자가 있었다. ○○○ 선수. 그를 처음 본 건 초등학생 때, 서울 구경을 온 강릉 촌놈인 필자를 큰집의 큰 누이와 매형이 된 누나의 애인이 지금은 없어진 동대문야구장에서 보여준 야구 경기에서였다. 반세기 전후의 지난 추억이다.

비언어 커뮤니케이션의 마술사, 김 감독

인기가 높았던 그 선수는 가물가물하지만 4번 타자로 1루수를 맡았던 것으로 기억한다. 야구장 풍경과 선수들 움직임에 흥분해서 누이 내외의 연애가 어떻게 진행되었는지는 기억이 없다. 좋아하던 선수를 본

소통하는 인간, 호모 커뮤니쿠스

것과 남자다운 완강함과 장대한 몸집이 주는 늠름한 모습에 푹 빠졌었다. 개학하고 학교에서 이 경험을 훈장처럼 주렁주렁 달고 다니며 자랑했다. 야구 기술 못지않게 멋있는 외모에도 사로잡혔었다.

우리나라를 대표하는 강타자로 이름을 날렸던 그는 프로야구가 출범한 몇 해 뒤에 감독으로 여러 차례 우승을 하면서 한국을 대표하는 명감독으로 우뚝 섰다. 선수 출신으로 프로야구단 사장도 오래 역임했으니 자기 분야에서 성공한 사례이다. 감독 시절, 신문과 방송은 그가 선수들 장악에 뛰어나다고 지적했다. 스포츠 스타다운 외모에, 명선수에, 명감독이므로 명조련사는 당연했다. 하지만 스타급 선수들이 즐비한 프로야구에서 어떻게 장악력을 발휘하는지 그 비결에 대한 궁금증이 컸다.

필자가 신문 보도 등을 통하여 내린 결론은 그의 '말로 하지 않는 말', 비언어 커뮤니케이션 행위가 최고의 효율성을 지닌 명품이라는 것이었다. 말을 사용하지 않으면서 할 말은 다하는, 말로 할 수 없는 부분까지도 모두 전달하는 그의 뛰어난 비언어 커뮤니케이션 능력이 비결이라고 생각했다.

감독으로서 연승과 연속 우승을 이어가면서도 신문과 방송 인터뷰에서 나타나는 그의 모습은 말을 아끼는 과묵한 성향의 사나이였다. 기자의 질문에 최소한의 언어를 사용하는 무뚝뚝한 답변은 인터뷰 진행을 위태위태하게 할 정도였다. 세월이 지나면서 그를 좋아하는 사람으로서 그의 인터뷰를 듣거나 볼 때는 불안하고 조마조마하여 빨리 끝나기를 바라는 심정이었다.(몇 년 전 방송 인터뷰에서 그의 능란한 '말로 하는' 커뮤니케이션을 보고 즐겁게 놀랐다. 선수나 감독 시절과는 전혀 다른 커뮤니케이션 능력자였다.)

그러나 그의 장인 수준의 야구 기술과 스타로서 매력은 불안하게 느껴지는 언어 커뮤니케이션 기술을 충분히 대신하고도 남을 정도로 효율적이었다. 어쩌면 그가 의도적으로 그런 특성을 개발하고 사용했을 지도 모른다.

그의 구체적인 비언어적 커뮤니케이션 중 하나는 더그아웃에서 의자를 던지고 부수는 다소 거친 방법이었다. 계속해서 연패 행진을 하거나, 정신력 해이로 하지 말아야 할 실수를 하거나, 코치진의 지시를 잘 이행하지 않는 경우가 거듭되면 참고 별렀다가 매우 드물게 헤라클레스적인 행동 커뮤니케이션을 행사한다는 거였다. 강인한 스포츠 완력으로 비언어 행위를 구사한 것이다. 물론 함께 있는 선수나 코치들에게 물리적인 피해를 주는 것은 아니었다. 말로 일목요연하게 표현하거나 거친 언사로 분위기를 파괴하기보다는 꾹꾹 누르고 있다가, 말 대신 기물을 동원하여 물리적인 실력행사 커뮤니케이션을 한 것이다. 일종의 행동하는 묵언 시위 같은 방법으로.

필자는 그런 비언어 행위를 폭력적이라고 느끼기보다는 적시적소에 터뜨리는 교활하다고 할 만큼 지적인 행동 커뮤니케이션으로 평가한다. 더그아웃에 있는 그 누구에게도 직접적인 피해를 주지 않고 시위만 하는 것은 폭력이 아니고 인문학적 상상력이 풍부한 창의적이고 개혁적인 비언어 행동이다.(피아노 상점에 난입하여 피아노를 부수어버린 어떤 무명인과 필자가 존경하는 백남준 선생이 망치를 들고 무대에 올라가 피아노를 부순 행위를 비교해 보라! 전자가 범죄인 반면에 백 선생은 전위예술로 추앙받고 비디오 예술의 시대를 연 개척자로서 세기적 창의성을 인정받지 않는가.) 물리적으로 비언어적 커뮤니케이션을 행사(?)한 다음에는 팀의 성적이 반전해 승리했다는 것이 언론의 보도이니 다른 해석은 끼어들 여지가 없다.

이분의 행위가 승리의 보약이 될 수 있었던 것은 그의 시위 커뮤니케이션이 독특한 개성과 전략적 기능을 지니고 있기 때문이다. 비언어 행위는 행위자의 의도와 태도를 말없이 표현하는 것이다. 특히 감정적인 차원의 내면을 언어가 아닌 비언어 행위로 더욱 솔직하고 노골적으로 표현한다. 이 시위 비언어는 선수들에게 직접적인 피해나 면박을 주지 않는 절제를 유지하면서도 가장 강렬하게 속마음을 누설하는 역할(기능)을 수행한다.

또한 그의 비언어적 행동 커뮤니케이션의 효과는 유명한 선수 출신이라는 배경을 지닌 명감독이라는 전문성과 선수들과 평상시 신뢰하는 매력적인 관계가 있었기에 가능하고 효과를 높일 수 있다는 점을 간과해서는 안 된다. 그런 인지적 평가와 감정적 유대감을 잘 헤아리는 점이 남과 다른 그의 독창적인 내면적·외면적 지혜였을 것이다.(참고로 명선수, 명 조련사, 명감독도 아니면서 이런 행동을 어설프게 따라 하다가는 인생이 결딴나는 수가 있음을 유의해야 한다.)

악수라는 비언어 행위도 여러 기능을 수행

비언어는 상황에 따라 의미가 매우 다르고, 또 다르게 수용된다. 예를 들어 타인과 손을 맞잡는 악수는 외양은 언제나 동일한 비언어 행동이지만 어떤 상황에서 하는 악수인가에 따라서 커뮤니케이션 의미는 달라진다.

떨어져 있던 가족과 만나서 나누는 악수는 '잘 있었지' '우리 다시 모였어' 하는 가족애에 대한 표현이다. 반면에 타인과 처음 만나서 악수하는 상황에서 악수의 의미는 '당신을 만나서 기쁩니다' 정도다. 친한 친구를 만나는 상황이라면 그 악수는 '친구야, 다시 만나서 참 반갑다'는 정다움을 표시하는 행동이 된다. 만약 중요한 콘테스트를 앞둔 상황에서 경쟁자로서 나누는 악수라면 '서로 기량을 발휘하고, 페어플레이로 선전하고, 더 나은 능력을 가진 사람의 승리를 축하 합시다'와 같은 좀 복잡한 기원의 뜻을 담고 있을 것이다.

한편 시험장에 들어가는 자녀와 나누는 악수는 '시험을 잘 보라는' 격려이고, 시험장에서 나오는 자녀와의 악수는 '수고했다'는 의미를 지닌다. 비즈니스 거래를 잘 마친 상황에서 나누는 악수는 '당신과 거래를 한 것은 내게 큰 즐거움이었습니다. 좋은 거래를 할 수 있어서 감사 드립니다'는 의미를 전달하는 인사일 것이다. 상대와 말다툼이나 싸움을 하고 난 뒤에 하는 악수라면 '이제 우리 싸움은 잊기로 하자, 앞으로는 서로 잘해 보자'는 뜻을 공유하는 행위로 볼 수 있다.

이렇듯 비언어 행동은 외면적으로 동일한 경우에도 상황과 맥락에 따라 의미가 매우 다르다는 것을 알 수 있다. 비언어 행위는 상징적인 행위이고, 상징적인 행위는 상황에 따라서 상이한 의미로 해석되고 받아들여진다. 달리 표현하면 비언어 행동은 매우 다양한 기능을 수행할 수 있다는 것이다. 비언어 행위가 수행하는 커뮤니케이션 기능을 요약하면 다음

과 같다.[1]

비언어 행위의 9가지 기능

첫째로, 비언어 행위는 다른 사람과의 관계를 형성 유지하고 발전시키는 데 유용한 역할을 한다. 남녀의 데이트 상황, 좋아하는 사이, 친밀한 관계에서 터치, 냄새, 얼굴 표정, 제스처, 눈의 움직임, 손동작 등의 비언어적 행위는 말을 사용하는 언어보다 효과적이다.

특히 감정적인 상황에서 상대방에게 말로만 물어보고 말로만 응답하는 행동은 어색할 뿐만 아니라 부적절한 대응이 되기 쉽다. 얼굴 표정, 손동작 등을 활용한 비언어 커뮤니케이션이 훨씬 효율적이거나 상대방과의 관계를 진전시키고 상황에 더 적절할 경우가 아주 많다. 중요한 사람을 만나거나 진지한 회의에 참석할 때는 옷차림, 얼굴 화장, 머리 모양, 냄새와 같은 것에 신경을 쓰는 것은 비언어 행위의 가치에 대한 인식을 반영한다.

둘째는 언어 행위인 말의 내용과 행위를 되풀이하여 시각적으로 보여주는 기능이 있다. 목적지의 방향과 위치에 대하여 묻는 사람과 설명하는 사람이 손을 사용하여 방향과 장소에 대하여 알려주는 행위가 해당된다. 백 번 듣는 것이 한 번 보는 것만 못하다는 속담이 있듯이 적절한 비언어적 행위는 말의 의도와 뜻을 분명하게 해준다.

셋째로 언어로 표현하는 행위의 의미를 보완하는 기능을 한다. 상대에게 자신의 억울한 사연을 설명하면서 가슴을 탁 치거나 목소리를 애절하게 하고 이따금 탄식을 곁들이면, 억울함은 상대의 가슴에 동감의 동심원을 더 크게 그리게 된다. 슬플 때는 말할 것도 없지만 기쁠 때 흘리는 눈물도 어떤 언어적 표현보다 훨씬 더 절실하게 자신의 감정을 표현할 수 있다.

마라톤 경기에서 결승점에서 얼굴이 고통으로 일그러진 채 안간힘을 다해 골인하는 기진맥진한 선수를 일으켜 세워주고 수건을 덮어주며 돕는 장면에서 사람들은 가슴 뭉클함을 느끼고 눈물을 흘리기도 한다. 아마도 말없이 쓰러진 선수를 부축하는 비언어적 행위가 최선을 다한 선수들의 기쁨과 고통, 주변 사람들의 위로와 격려를 말로 하는 표현보다 더 여실하게 드러내 주기 때문일 것이다. 이런 행위는 언어 행위를 통해 전달하려는 의사를 강력하게 보강하고 의미의 완결성을 높인다.

넷째는 언어적 행위를 대신하는 기능이다. 돌아가신 어머니가 생전에 필자에게 소리를 내지 말라며 오른손 둘째 손가락을 입에 세로로 댔던 행동 같은 것이다. 친구들과 놀다가 아버님이 불문법처럼 조성한 야간 통행금지 시간을 확실하게 넘기고 귀가했을 때 자주 보던 비언어 행위이다.(도둑고양이처럼 발꿈치를 들고 구름처럼 혹은 나비처럼 걷던 젊은 날의 자화상이 선연하고 그립다.)

회사에서 이목이 쏠린 중요 회의가 끝난 뒤, 어땠느냐는 질문에 말 대신 얼굴 표정으로 회의의 성과에 대한 결론을 대신하는 것도 같은 경우이다. 데이트를 하다가 상대방이 지나친 접촉 행위를 시도할 때면 정면으로 눈을 치켜뜨고 쳐다보거나, 손바닥을 앞으로 내밀거나, 팔꿈치로 치거나, 쌀쌀맞은 표정을 짓기도 한다. 이는 말로 하는 것보다 더 분명하

소통하는 인간, 호모 커뮤니쿠스

게 수용하지 않겠다는 거부 의사를 나타내는 행위이다.

다섯째는 노골적으로 대놓고 말로 표시하기 싫거나 어려운 의도를 전달하는 데 유용하다. 평소 지각과 결석을 일삼는 불성실한 학생이 강의와 전혀 상관없는 질문으로 딴죽을 걸거나, 한참 진행 중인 수업을 난데없이 끝내자고 훼방을 놓을 때를 생각해 보자. 대부분의 교사는 듣지 못한 척, 대답하지 않고 다른 학생들을 향해 "다른 질문은?" 하면서 시선을 돌린다. '너의 행동은 무시한다'는 간접적인 의사 표현이다.

상대방과 더 이상 말하고 싶지 않거나 관계를 유지하고 싶지 않을 때 말로 표현하는 대신 상대의 눈을 외면하거나, 상대의 말을 경청하지 않는 것도 마찬가지다. 어떤 이유를 대면서 상대와 함께 있던 장소를 빨리 이탈하거나 만나자는 요청에 차일피일 미루는 것도 더 이상 관심이 없음을 대변하는 행위이다. 말보다 훨씬 용이하게 그러나 확실하게 의도를 전달할 수 있다.

여섯째는 상대방과의 커뮤니케이션 행위가 적절하게 이루어질 수 있도록 규제하는 기능이 있다. 상대에게 동감의 맞장구를 치거나, 상대의 감정 표현에 대한 대응 수위, 친밀감에 대한 표현의 정도, 상대의 의도에 대한 자신의 수용 태세 등을 보다 명확하게 함으로써 커뮤니케이션의 흐름과 수준을 조절하게 한다. 말하는 순서에 변화를 주는 것도 규제하는 기능을 한다. 자기가 말할 차례를 앞당기거나 늦추거나 때에 따라 들쭉날쭉 조절함으로써 대화의 진행이나 말의 흐름을 조절할 수 있다.

일곱째는 말하는 내용에 대한 강약을 조절하고 상대에게 의도하는 바를 보다 명료하게 할 수 있다. 어떤 점을 강조하는지, 주안점이 무엇인지,

어떤 점에 찬성하고 반대하는지를 보다 명확하게 표현할 수 있다. 중요한 부분이나 순간을 강조하기 위하여 목소리, 손동작, 얼굴 표정 등을 이용한다. 입술을 질끈 깨물거나 다물면서, 주먹을 꽉 쥐고 흔들며 특정 의미를 상기하고 자신의 의지를 발산하거나, 어깨를 늘어뜨리며 힘이 빠진 모습을 보여줄 수도 있다. 이렇게 비언어적 커뮤니케이션 행위는 메시지의 강약과 상태를 묘사하는 데 언어로는 부족한 점을 적절하게 보완한다.

여덟째는 감정의 표현을 한층 풍부하게 해주는 역할을 한다. 사랑, 위험, 놀람, 슬픔, 분노 등의 감정을 표현하는 데에는 언어적 행위와 비교하여 비언어 커뮤니케이션 행위가 더 구체적이고 생생하게 전달한다. 말로써 아무리 장황하게 희로애락을 표현한다 해도, 소리 지르기, 함께 내는 함성, 다양한 표정, 털썩 주저앉는 행위와 같은 비언어적 커뮤니케이션 행위 한 가지를 못 당하는 경우가 많다. 커뮤니케이션 학자들은 언어는 지식과 같은 인지적 정보를 전달하는 데 적합하고, 비언어적 커뮤니케이션 행위는 감정을 전달하는 데 더 효율적이라는 점을 강조한다.

아홉째는 상대방과의 초기 만남에서 이미지를 형성하고 첫인상을 판단하는 데 큰 도움을 준다. 독립적으로 이루어지기보다는 말을 주고받으면서 함께 일어나는 비언어 행위의 경우이다. 상대의 인상, 옷차림, 자세, 태도와 같은 비언어적 요소는 상대를 처음 만나는 상황에서 언어를 통해서는 알 수 없는 정보를 얻게 한다. 이런 요소들은 언어적 행위 이상으로 상대방을 평가하는 데 도움을 준다.

비언어 커뮤니케이션 행위는 의도적이고 의식적인 판단에 따른 행위이지만 인간이 사회적 동물로서 다른 사람들과 어울려 살아가는 세상에서 학습화된 행위이다. 따라서 커뮤니케이션 상황을 고려하면서 즉각적으로 일어나는 행위이다. 커뮤니케이션 상황에서 잠깐 기다려 보라고 청한 뒤에 숙고하는 시간을 가지고 내리는 행위가 아니다.

그리고 비언어적 커뮤니케이션 행위는 언어적 행위에 비해 스스로 통제할 수 있는 정도가 상대적으로 낮은 행위이다. 감정의 통제가 상대적으로 덜 되는 의사소통이다. 그래서 개인의 진심, 속마음, 태도를 알아내고 이해하는 데 언어적 커뮤니케이션 행위보다 비언어적 행위가 더 유용한 정보를 제공한다고 할 수 있다.

외모도 중요한 비언어 커뮤니케이션

외형적 외모에 지나친 관심을 보이고 의학적인 필요도 없이 성형수술이 성행하는 우리 현실에서 외모가 개인의 매력을 높이는 데 긍정적인 영향력을 한다고 소개하는 건 개인적으로 별로 내키지 않는 일이다. 그러나 최소한 단기적으로는 외모가 강한 효과가 있다는 것이 미국 연구들의 결과이다. 우리나라의 경우에는 외모의 효과를 실증적인 조사로 입증하는 연구가 너무 빈약하므로 과학적으로 무조건 단언할 수는 없다. 그러나 사람들의 경험, 언론 보도, 성형수술을 하는 사람들의 수, 성형수술을 하려고 우리나라에 오는 외국인의 수를 고려하면 외모가 구직, 개인의 능력, 성품, 마케팅, 사업, 인간관계 등등 여러 분야에서 큰 효과를 낳는다는 것은 부인할 수 없다.

비언어 커뮤니케이션의 유형 중의 하나로서 외모는 사람의 신체적 걸

제14장 — 말로 하지 않는 말 II

모습이다. 좀 딱딱하지 않게 표현하면 잘생기고 잘빠지고 핸섬하고 멋있게 보이는, 겉으로 드러나는 신체적 특성이다. 신체적 겉모습은 얼굴, 눈, 입술, 코, 신장, 체중, 머리, 인상, 옷, 장신구, 안경, 벨트, 반지 등 겉으로 보이는 신체적 특성과 소지하거나 부착한 모든 인공물을 포함한다.

외모가 영향력을 지닌다는 것은 신체적 겉모습과 몸에 걸친 인공물이 영향력을 지닌다는 것이다. 예를 들어 미국 연구들은 신장이 큰 사람이 작은 사람에 비해 선거에서 이기는 확률이 훨씬 높고, 취업시험에서 호감을 더 얻고, 자기존중감이 높고, 경력에서 더 성공적임을 밝힌다.[2] 피부색은 인종적 특성에 대한 기본적인 정보와 그에 따른 이미지에 대한 정보를 준다.

잘 생긴 얼굴 비주얼은 타인에게 매력적으로 보이게 하고, 매력적으로 인식되는 사람은 친구와 연인으로서 더 인정을 받고, 더 좋은 점수를 얻고, 직장의 동료로서 더 선호되었다.[3] 동안의 얼굴은 매력에 긍정적인 영향을 주며, 동안이면서 매력적인 사람들은 정직성, 온화함, 진실성 등에서 높은 평가를 받는다.[4] 따라서 얼굴이 동안인 사람은 설득, 구직, 추정된 범죄행위와 관련해서 동안이 아닌 사람보다 더 유리한 입장에 있다는 것이다.[5] 사람의 전체적인 비주얼 모습에서 중심이 되는 얼굴의 표정은 즐거움, 동감, 호의와 같은 감정적인 표현에 핵심적인 역할을 한다. 얼굴 표정은 특정 감정을 밝히거나 숨기거나 강조하거나 찬성하거나 반대하거나 유도하거나 정지시키는 기능을 하는 유력한 비언어 수단이 된다.

또한 얼굴에 위치한 눈(eye)은 다양한 움직임을 통해 다양한 의미를 전달한다. 상대에 대해 눈길을 얼마 동안 주는가? 커뮤니케이션을 하는

소통하는 인간, 호모 커뮤니쿠스

두 사람이 얼마 동안 서로 마주 보는가? 방향은 어떠한가? 바라보는 눈이 부드러운지, 딱딱한지, 적대적인지, 우호적인지와 같은 분위기에 따라서도 차별적인 의미를 대변한다.[6]

문화적으로 규정된 눈의 접촉에 대한 관행과 상식에 어긋나면 문제가 생기거나 특별한 의미를 의도하는 것으로 해석한다. 예를 들어 상대에 대한 응시가 적절한 시간을 초과하면 상대에 대한 특별한 관심이 있는 것으로 해석하고, 반대로 상대에 대해 눈으로 응시하는 시간의 양이 적으면 관심이 없는 것으로 해석한다.

구한말의 상투와 현대의 두발 커뮤니케이션

말로 하지 않는 의사소통 행위로서 비언어 커뮤니케이션은 서양인들의 전유물이 아니다. 어느 문화, 어떤 사회도 다른 문화와 사회와 동질적인 비언어 행위와 차별적인 비언어 행위가 있다. 우리나라 사람들은 평상시 말을 하고 음식을 먹거나 행동할 때 손이나 발, 몸을 움직이지 말아야 한다는 전통 속에서 살아와 비언어 커뮤니케이션 행위에 익숙하지 않다는 선입관을 가질 수 있다. 그러나 한국인의 커뮤니케이션에도 독특한 비언어 커뮤니케이션의 특성이 풍성하다.

조선시대 한국인들에게 상투는 조상에 대한 존경심과 가장의 권위를 상징하는 외모를 구성하는 중요한 특성이었다. '신체발부수지부모(身體髮膚受之父母)'라는 유학의 가르침에 따라 머리 모양을 자신을 낳아주고 길러준 부모님 또는 조상과 동일시하여 큰 가치를 두었다.

일본의 침략에 항거하다가 결국 일본 쓰시마로 유배당하여 순국한 구한말 최익현 선생과 유림들이 그런 가치를 대표적으로 보여주었다. 상투를 자르라는 삭발령에 대하여 도끼를 내밀며 상투를 자르려면 자신들의 목을 먼저 치라고 극렬하게 반발했다. 그것은 상투가 내포하는 비언어적 상징성 때문이었다. 상투는 기꺼이 자신의 생명을 바칠 만큼 중요한 가치를 지닌 외모였다. 그래서 다른 어떤 형태의 언어적 행위를 압도하는, 목숨을 거는 극단적인 행위를 통해 머리 모양이 지니는 절대가치를 지키려고 한 것이다.

머리의 길이와 관련하여 긴 머리, 즉 장발은 현대 대한민국에서도 긴 수난의 역사를 가지고 있다. 지금이야 자유로움, 개성을 상징하는 의미를 지니는 비언어적 요소이지만 장발은 20여 년 전까지는 반성문을 쓰거나 벌금을 내야 하고 때로는 유치장으로 갈 수 있는 단속의 대상이었다. 물론 어처구니없는 경멸스러운 시대의 무지한 권력 탓이었다. 명동 같은 도심에서 장발단속이 있는 날에는 도망치고 피하고 찾아내는 숨바꼭질이 전개되곤 하였다. 젊은이에게 장발 지향은 젊음을 확인하는 일종의 통과제의가 되었다.

장발 단속은 버스를 타고 여행을 가는 중에도 반갑지 않은 손님이었다. 버스 단속은 원래 어떤 수상한 점이 있어 보이는 사람들을 조사하기 위한 불심검문을 위한 것이다. 그런데 어찌된 영문인지(아마도 단속 건수가 너무 적거나 자기는 검문소에서 경비를 서고 있는데 단체로 학과 야유회를 가는 젊은이들을 보고 속이 상해서인지) 신분상 전혀 이상한 점이 없는 학생을 내리라고 해서는 머리카락의 길이를 대상으로 하여 상당 시간을 끄는 경우가 있었다. 태봉을 건국한 궁예의 관심술을 흉내 내는 검문에서 풀려났을 때는 이미 버스는 목적 장소로 떠났고, 겨우 목적지에 당도하니 저녁도 지나버려 빈 속에 소주만 집어넣은 쓴 추억도 생산했다.(그 친구는 그 이후부터 학습보다는 대중문화를 옹호하는 공부를 했던 것 같다…….)

필자의 중고등학교 시절에도 두발의 길이를 둘러싼 에피소드가 많다. 당시 선생님들은 애매모호한 기준을 자의적으로 적용하여 조금만 머리가 길다고 심판을 내리면 가위로 학생의 머리에 쥐가 무엇을 파먹은 모양으로 잘랐다. 현대적 도량형 기구를 상징하는 30cm 대나무 자(尺)를 가지고 머리카락을 측정하는 과학적 모습을 보인 선생님도 등장했었다. 그러나 수많은 머리카락의 길이를 제대로 측정하기보다는 강제 삭발을 과학적인 행위로 상징하는 과시였다.

머리의 길이가 길게 느껴진다고 벌칙을 받는 자체가 이미 우스운 일이지만 더 우스운 것은 너무 짧아도 벌칙을 받을 수 있는 거였다. 모호한 기준에 대한 반발심으로, 젊음이 시키는 저항심으로, 혹은 머리카락이 귀찮아서(?), 아니면 의학적인 이유에서 머리를 완전히 밀고 온 학생은 학교 혹은 사회 체제에 대한 반항아로 번거로운 질의응답 심문이나 화장실 청소 등의 벌칙을 머리가 모습을 갖출 때 까지 수행해야 했다.(참 아련하고 빙그레 우습고 흥미롭고 역동적이었던 제행무상의 시절이었다.)

자유민주주의의 대명사인 미국에서도 두발과 관련한 어이없는 일이 많았던 것으로 기록되어 있다. 예를 들어 1973년 미국 텍사스 오스틴시의 텍사스중학교의 미식축구 감독인 심슨이라는 작자는 "신은 남자가 여자 위에 군림하도록 만들었기 때문에 머리가 짧아야 한다."고 말하면서 동료 감독들에게 "장발인 운동선수가 나중에 코치가 되어서 패자의 기준을 자신의 운동선수들에게 적용시키기 전에 체육계에서 추방해야 한다."고 말했다는 것이다.[7] 세상에는 참 별난 인간과 별난 일이 있다는 게 틀림없는 모양이다.

수염과 비언어 커뮤니케이션

텔레비전의 역사드라마 속에 나타나는 한국 남성의 수염은 비언어적 커뮤니케이션의 상징과 의미를 보여주는 좋은 사례이다. 역사 드라마에 등장하는 고관대작과 양반은 모두 길이와 빛깔이 좋은 수염을 달고 있다. 특히 모든 임금은 수염을 기른다. 〈태왕사신기〉의 배용준은 젊은 시절에는 수염이 없었는데 왕위에 오른 후반부부터는 수염을 기른 모습으로 등장한다. 민생 중심의 통치를 다루는 〈뿌리 깊은 나무〉에서 세종 역할의 한석규는 보기 좋은 수염을 자랑했다. 이때의 수염은 계급적 신분과 위엄을 대변하는 상징성을 지니는 비언어 커뮤니케이션인 것이다.

수염이 양반에게만 한정된 상징물은 아닌 걸로 보인다. 영화 〈왕의 남자〉에서 광대 장생이 수염을 기르고 있고, 드라마 〈뿌리 깊은 나무〉에서 소리를 잘 흉내 내는 역할을 하는 상민 역할의 개그맨 정종철도 수염을 하고 있다. 드라마 속에서 내시는 모두 수염이 없다. 이때의 수염들은 각 역할이 지니는 저항성, 서민성, 남성성/여성성과 같은 차별적인 특성과 함께 비언어 커뮤니케이션의 의사소통력을 보여준다.

수염은 한 나라의 정권을 바꾸는 가공할 힘도 발휘한다. 고려시대 무신 정중부의 난은 문신 귀족의 일방 독주에 따른 통치의 문란과 사회 기강이 무너진 데서 비롯된 쿠테타였다. 《고려사》에 따르면 정중부는 "그대의 수염이 관우와 같으니 참으로 대장감이요."라고 임금 인종이 예찬한 바 있던 수염을 문신들이 촛불로 그슬리자 큰 모욕감을 느끼고 반란을 결심했다. 무신의 수염은 단순한 수염이 아니라 체면과 위엄과 신분과 계급을 상징하는 것이었다. 그래서 불타고 거슬린 수염은 고려라는 사회의 계급적 균형이 무너졌다는 반증이었던 셈이다.

현대사회에서도 수염은 문화에 따라 다른 가치를 대변하고 차별적으로 수용된다. 서양사회에서는 근본적으로 수염을 기르는 것에 대한 제한이 없고, 자신이 원하는 바에 따라 선택할 수 있는 것으로 보인다. 이와는 대조적으로 한국사회의 경우는 수염을 기른 사람을 찾아보기가 어렵다. 대통령을 포함하여 고관대작이나 기업의 총수 등도 수염을 기르지 않는 게 일반적이다. 예술인, 연예인 등이 상대적으로 수염을 기르는 경우가 많은데 자유로움, 독창성, 창의성 등에 대한 상징적 의미를 대변하는 것으로 받아들여진다.

그러나 대조적으로 아랍권 국가에서 모든 성인 남성은 수염을 기른다. 수염을 통해 남자로서의 권위와 자존심을 상징하고 아랍권 문화의 가치를 대변한다. 2003년 12월, 미군이 사담 후세인 전 이라크 대통령을 검거한 뒤에 맨 먼저 한 일은 수염을 자르는 것이었다. 아랍 사회는 아랍인에 대한 수치일 뿐만 아니라 전 인류에 대한 수치라며 분노했다. 이렇게 비언어 커뮤니케이션은 강력한 상징성과 의사소통력을 지닌다.

우리가 잘 아는 미국의 에이브러햄 링컨 대통령 하면 떠오르는 두 개의 이미지가 있다. 하나는 미국의 남북전쟁을 승리로 이끌어 법적으로 위대한 흑인 노예해방을 이루었다는 것이고, 다른 하나는 양쪽 볼에서부터 이어지는 턱수염이 뚜렷한 얼굴이다.

링컨은 1809년 2월 12일 켄터키의 하젠빌 근처의 초라한 통나무집에서 태어나 1865년 4월 15일 아침 7시 22분에 운명했다. 포드 극장에서 존 윌크스 부스라는 배우의 손에 피격된 다음날이었다. 57세를 산 그가 턱수염을 기른 건 대통령으로 재임하던 4년 동안이었다. 그 전에는 광대뼈가 드러나는 민얼굴로 살아왔다.

이 수염은 '아저씨의 얼굴은 광대뼈가 심하게 튀어나오고 턱 선이 매우 길고 뾰족하여 날카롭고 불안한 인상을 주니 수염을 기르는 것이 좋겠다'는 한 11세 소녀의 조언을 받아들인 것이다. 링컨이 살아왔던 53년 동안의 얼굴보다 4년간의 얼굴이 세계인의 뇌리에 떠오르는 링컨의 대표적 이미지가 된 것이다. 온화한 모습의 편안한 인상으로 국민에게 안정감을 안겨준 링컨의 턱수염은 노예해방이라는 결단력과 함께 지혜를 갖춘 인물이라는 상징이 되었다. 이처럼 4년이라는 짧은 기간에만 갖추었던 수염이 대통령의 일생을 상징하는 강력한 효과가 된 사실은 비언어 행위의 효과를 보여주는 생생한 사례라고 할 것이다.

외모지상주의 시대의 가치관

비언어 커뮤니케이션 행위가 서로 다른 문화권에서만 충돌을 일으키고 의미에 대한 해석에 차이가 있는 것은 아니다. 같은 문화권에서도 차

차갑고 날카로운 얼굴을 편안하고 지혜로운 이미지로 바꾸어 준 링컨의 트레이드마크, 턱수염. 비언어 커뮤니케이션의 위력을 보여준다. ⓒ연합뉴스.

이가 존재한다. 예를 하나 들어 보자. 사춘기의 아이들을 키우는 부모라면, 머리에 알록달록한 물을 들이거나 귀나 코 심지어 혀나 입술에 피어싱을 하겠다는 자녀들과 승강이를 벌인 경험이 있을 것이다. 자식 이기는 부모 없다는 속담도 있듯이 저항도 못하고 투항한 부모나, 저항하다가 자녀들에게 함락된 부모나, 한번 해보라고 전위적으로 동의한 부모나 모두 정도에서는 차이가 있더라도 초기에는 대부분 얼떨떨하고 걱정스러운 기분을 느꼈을 것이다.

이처럼 비언어 커뮤니케이션의 수용을 둘러싸고 아이들과 어른들 사이에 벌어지는 충돌, 해석의 차이, 세대 간의 갈등은 항시 존재한다. 동일한 문화권, 동일한 사회에서도 조건과 상황에 따라 차별적으로 해석되

제14장 — 말로 하지 않는 말 II

고, 큰 의미를 전달하고 영향력을 발휘하기 때문이다.

멋을 내고 외모의 치장을 통하여 자신의 가치를 최대한으로 높이고자 하는 데에 한국인들은 열정적이다. 방학이 되면 압구정동 성형외과의 문턱이 닳도록 문전성시를 이루는 것은 외모에 높은 비중을 두는 한국 사회의 단면을 보여준다. 성형의 부작용으로 인한 의학적·사회적 문제에도 불구하고 외모라는 비언어 커뮤니케이션은 우리 사회에서 강한 생명력을 발휘한다.

외모지상주의는 고도성장을 통해 가난을 떨친 한국사회의 고속성장이 가져온 벼락부자의 허세적 가치관에서 기인한다는 비판론이 있다. 그러나 앞에서 살펴보았듯이 외모는 우리나라뿐만 아니라 외국에서도 강력하게 매력을 유발하는 매우 중요한 비언어 커뮤니케이션 유형이다. 그래서 그런지 외모를 고치고 쉬쉬하던 일은 호랑이 담배 피우던 시절의 옛일이 되었다. 텔레비전에서 성형 이력을 과시하며 사람의 얼굴을 두고 자연산이니 인공산이니 하면서 깔깔거리는 시대에 살게 된 것이다.

여러분은 다른 사람을 만나면 먼저 어떤 부위에 주목하는가. 보통 눈과 얼굴 등의 외모와 옷차림이 처음 만나는 사람들에게 가장 먼저 차별적으로 인식된다고 한다. 매력적인 외모는 영속적인 것은 아니지만 그 사람에 대한 신뢰도를 높인다는 것이 정설이다. 외모가 매력적이지 않다고 느끼면 부정적인 감정을 야기하고 그 사람의 의견이나 해석을 수용하지 않는 경향이 높아진다. 외모가 단순한 요인이 아니라 사람에 대한 판단에 상당한 영향력을 행사하는 것이다. 외모가 사람들의 가치에 영향을 주는 것에 그치지 않고 동행하는 시대로 가고 있다면 과장일까?

목을 부러뜨린 조선 미인의 가체

재미있는 것은 외모에 대한 관심과 지나친 투자, 그에 따른 부작용은 공자, 맹자, 주자의 정신이 단단히 지배했던 조선 사회에도 있었다는 사실이다. 혜원 신윤복이 18세기 말과 19세기 초에 그린 미인도의 여인들은 머리를 땋아서 틀어 올린 모양을 하고 있다. 자신의 머리만으로는 부족하여 다리(달비)를 넣어서 엄청나게 큰 머리 모양을 만들었는데, 가체(加髢)라고 불렀다.

가체의 머리 모양은 크고 무거울수록 멋이 있고 아름다운 것으로 간주되었다. 큰 가체를 만들고 가꾸기 위해 들이는 비용도 엄청나고, 큰 모양에 따른 무게의 고통도 이만저만이 아니었던 모양이다. 빈궁한 유생의 집에서도 전답과 집칸을 팔아서 수백 냥의 돈을 마련하기에 급급하였다. 어떤 부잣집 며느리는 겨우 열세 살이었는데, 얹은머리가 너무 크고 무거워서 방에 들어오는 시어머님께 절을 하려고 일어서다가 머리에 눌려 경골(頸骨)이 부러져 죽기까지 했다고 한다.[8]

이런 풍조는 오래되었던 모양으로 영조(英祖) 35년 부인네들이 큰 머리 모양을 위해 가체하는 풍습을 금지하였으나 잘 지켜지지 않아서 다시 해금을 하되 너무 높고 크고 사치스러운 가체는 하지 말라는 단서를 달았다. 그러나 그로부터 삼십여 년이 지난 정조(正祖) 12년에도 신하들의 상소가 있어 가체의 폐풍을 알리고 금지하는 공지문을 인쇄하여 경향에 반포하면서, 아무 날까지 고치지 않을 때는 엄벌에 처한다고 고지할 정도였다고 한다.

신윤복의 미인도에 보이는 여인의 가체. 머리 치장을 위해 전답과 집칸을 파는 것은 물론
경골이 부러지는 위험을 감수하기까지 했다.

큰 머리 모양은 요즘 유행하는 헤어스타일 취향과 미적 감각의 목록
에서는 사라진 듯하다. 하지만 외모 치장이라는 비언어적 커뮤니케이션
행위가 가공할 유행과 파급력을 지니고 때로는 목숨까지도 위험에 처하
게 하는 점은 옛날이나 지금이나 마찬가지인 모양이다.

외모는 단기적인 효과에 그쳐

필자가 대학생 시절에 읽은 일본 단편소설(제목은 기억나지 않는) 가운
데는 자신의 과거 외모 성형으로 인해 큰 낭패를 당한 부부의 이야기가
나온다. 줄거리는 이렇다.

소통하는 인간, 호모 커뮤니쿠스

좋은 외모를 갖춘 부부가 아이를 낳고는 서로를 의심하는 불신의 늪에 빠진다. 출중한 외모의 두 사람 사이에서 태어난 2세라고는 도저히 믿을 수 없이 못생긴 아이를 출산했기 때문이다. 상대방이 바람을 피웠을 가능성에 대한 의심, 진실에 대한 의혹, 이혼 고려 등 여러 가지 곤욕과 난관을 겪은 끝에 발견한 사실은 두 사람이 결혼 전에 외모를 대규모로 고친 거였다. 성형을 통해 달라진 부부의 얼굴이 아니라 결혼 전 본래 얼굴 모습이 아이를 통해 드러났던 것이다.

우리나라도 예외는 아니다. 가장 많이 고치는 부위는 코와 눈이라고 하는데, 높은 코와 큰 눈이 미인의 기준이 되었기 때문이라고 한다. 시퍼런 칼을 사용하여 코를 째고는 무엇을 넣어서 하늘을 향해 높이거나, 눈의 앞뒤를 찢어서 앞트임과 뒤트임이라는 왕눈을 만든다. 클레오파트라의 코가 조금만 높았다면 세계의 역사가 바뀌었을 거란 얘기를 떠올리면 우리나라의 역사도 앞으로 그 변화가 만만치 않을지 모른다는 쓸데없는 생각마저 든다.

근래 결혼 배우자 선택의 주요 요인에 대한 설문에서 외모는 남성의 경우는 첫 번째, 여성의 경우에는 두세 번째로 꾸준히 거론된다. 최상위 순위를 놓친 적이 없는 외모는 과연 그렇게까지 중요할까? 그렇다면 근래 부쩍 증가하여 세계적으로도 최고 수준인 우리나라의 이혼율 증가는 외모 때문일까? 아니다. 이혼의 가장 큰 사유는 성격 차이이다. 마음이 고와야 배우자지, 얼굴만 예쁘다고 배우자냐는 아닌 모양이다.

외적 요인에 의한 매력이 아주 단기간에 작동하는 것이라면, 가치와 태도 같은 심리적 요인에 대한 매력이 서로의 관계를 장기적으로 지속시켜 주는 요인이라는 점을 상기한다.

언어와 비언어가 함께 조화를 이루어야

비언어 커뮤니케이션의 중요성을 인식하고 비언어적 행위에 대한 이해와 활용을 넓힐 필요가 있다. 앞에서 살펴보았듯이 비언어 커뮤니케이션은 보다 효율적인 인간 커뮤니케이션을 가능케 한다. 특히 상대의 얼굴을 보고 하는 대면(對面) 커뮤니케이션 상황에서는 언어보다 더 중요할 수 있다. 또한 적절한 비언어 커뮤니케이션은 인간관계에서 호감과 친밀감을 촉발하는 강력한 수단이 된다.

말로 하는 커뮤니케이션과 비언어 행위로 하는 커뮤니케이션 행위는 전달하고자 하는 내용을 상호 보완한다. 따라서 두 행위가 일치하지 않는 경우에는 당연히 효율적인 커뮤니케이션이 이루어지지 않고 진정성도 의심을 받게 된다. 만약 두 행위가 다른 경우에는 보통 비언어적 행위가 더 진심을 대변하는 것으로 판단하면 된다. 인간이 언어 행위에 대해 발휘할 수 있는 통제력에 비해 비언어 행위에 대한 통제력이 훨씬 떨어지기 때문이다.

그러나 비언어적 행위도 특정 목적과 효과를 위해 의식적으로 조절될 수 있다. 그러므로 비언어 행위를 사용하는 사람과 비언어 행위가 일어나는 상황에 대한 이해를 함께해야 행위의 진실성 여부와 진정한 의미파악에 정확성을 높일 수 있다.

비언어 커뮤니케이션이 개인의 매력감 형성과 의사소통에 언어를 통한 커뮤니케이션 행위보다 더 큰 영향력을 지닌다고 지적하는 학자들도 많다. 그만큼 비언어 커뮤니케이션의 기능이 많고 다양하며 중요하다는 뜻이다. 인간은 언어와 함께 비언어 커뮤니케이션도 사용해야 하는 동물이다. 언어 행위와 비언어 행위 중에서 한쪽의 행위만으로는 충분히 소통할 수 없다. 언어 커뮤니케이션 못지않게 비언어 커뮤니케이션에 대한 이해와 활용의 폭을 넓히는 것은 보다 적극적이고 풍성하게 자신의 감성을 전달해 매력과 공감의 커뮤니케이션으로 가는 지름길이다.

chapter 15

비 온 뒤에
더 굳어지는 땅

친구에게 전화를 걸지 않은 것, 친구의 전화를 받지 않은 사실, 내 전화를 받지 않은
친구가 이유를 설명하지 않는 것, 친구의 병문안을 못 간 것, 결혼식이나 장례식에
가지 못한 일, 자녀의 결혼식에 오지 않은 지인, 승진 언질을 주고 지키지 않은 상사,
과제를 모두 제출하면 성적을 잘 주겠다고 해놓고 나쁜 성적을 준 선생 등 관계가 있
는 곳에는 사과의 상황이 존재한다. 물론 공적 이슈와 국가 간 이슈도 사과의 주요
대상이다. 사과는 인간의 관계가 있고 소통이 있는 곳이면 상주하는 주제이다. 유쾌
한 사과는 유쾌한 관계와 세상을 만든다.

제15장

○

비 온 뒤에
더 굳어지는 땅

— 사과(Apology) 커뮤니케이션

●

그 사람이 정말 그럴지 몰랐다면서 인상을 쓰며 분통해 하는 모습을 우리는 자주 본다. 미안하다는 말 한 마디만 하면 다 이해할 텐데 아무 말도 하지 않으니 괘씸하기 짝이 없다며 얼굴을 붉으락푸르락 한다. '열 받는 일'이 많아지면 불평, 불만, 유감, 불신, 원망과 같은 좋지 않은 감정이 생긴다. 적절한 사과가 없으면 좋은 관계까지 틀어지게 한다. 일회성 임시변통의 사과는 관계를 오히려 악화시킨다.

적절한 사과는 나쁜 감정을 없애는 묘약

사과(Apology)는 여러 상황에서 여러 유형의 사람과 얽힌 나쁜 경험들에서 출발한다. 심지어 믿어온 친구, 정다운 가족과도 발생하고, 일상에서 흔하게 접하는 일들에서 발생한다. 믿었던 사람이라면 충격과 분노는 더 클 수 있다.

친구에게 전화를 걸지 않은 것, 친구의 전화를 받지 않은 것, 내가 건 전화를 받지 않은 친구가 이유를 설명하지 않는 것, 아픈 친구의 병문안을 가지 못한 것, 부모님 생일에 꽃다발을 보내지 않은 것, 결혼식이나 장례식에 불참한 일, 자녀의 결혼식에 오지 않은 지인, 승진 언질을 주고 지키지 않은 상사, 과제를 모두 제출하면 성적을 잘 주겠다고 해놓고 좋은 나쁜 성적을 준 선생 등 사과가 관련되는 사례는 끊이지 않는다. 공적 이슈, 국가 간 이슈도 사과의 주요 대상이다.

"잠깐 조는 포즈가 아니라 노골적으로 엎드려 자거나 옆자리에 까지 몸을 누이고 자거나, 마음 놓고 코를 골며 자거나, 대한민국 구국 차원의 다양한 레지탕스 활동이 아닌 일로 결석을 하거나, 공인 국제경기와 같은 공적 활동이나 직계 어르신의 경조사 참가가 아니면서 결석하는 학생은 수강신청을 하지 마시옵소서."라는 필자의 강의계획서의 내용을 무시하고 수강한 학생이 자신의 결석 행동에 대해 구체적인 설명을 하지 않는 경우도 마찬가지다.

유쾌하지 않은 경험과 불편한 일들은 상대에 대한 신뢰를 경감시키고 급기야 둘의 좋은 관계가 더 이상 유지되기 어려운 불만상태로 옮겨간다. 불만은 이내 나의 진실함, 우리의 진실함에 대한 배반으로 확대되어 불쾌한 감정이 생긴다. 그리고 그에 대한 설명과 사과마저 없으면 나쁜 평가와 부정적인 영향을 초래한다. 이런 악순환은 자기본위의 경쟁적인 사회로 변모되고 앞으로 더욱 가중될 것으로 예측되는 현대사회에서 대응이 쉽지 않은 문제로 등장하게 될 것이다.

　사과가 고려되는 상황은 인간의 일상생활에서 가장 기초가 되는 부부, 자녀, 친구, 직장, 학교, 회사, 비즈니스 거래 등 생활환경과 인간관계의 기본 토대에 함께 자리하고 있으므로 적극적인 대처가 필요하다. 불평, 불만, 유감, 원망, 원한에 도사린 이유 모두를 일시에 없앨 수는 없을지라도 가장 효과적인 치유는 시의적절한 사과이다. 타이밍을 놓친 지각 사과라도 감정에 크게 영향을 받는 인간에게는 유효하지만 시의적절한 사과라야 진의를 인정받는다.

　진술한 사과는 비난과 원한의 감정을 미연에 방지할 수 있고, 또한 나쁜 감정을 최소화하고 미래에는 좋은 관계로 돌아갈 수 있게 하는 마법이다. 개인은 물론 우리 사회가 협력적인 소통 공동체가 되기 위해 마법이 멋있게 펼쳐져야 한다.

일본의 사과를 못 받고 눈을 감은 220명의 할머님

　사과는 국가와 국가 사이에서 절실한 이슈이기도 하다. 오래된 낙엽이 부서져 내리듯이 할머님 220분이 돌아가시는 바로 그 순간까지 바랐던 건 '일본 정부의 이름으로 사죄합니다.'라는 간명한 표현이었다. 고단했던 생을 마감할 때까지 다른 어떤 것도 바라지 않고 일본의 진심 어린 '잘못했습니다'라는 말을 듣고 싶어 했다. 할머님들이 살아 있는 우리의 역사의 정면에 등장하게 된 것은 한국과 일본의 정치 엘리트들의 노력이 아니었다. 1990년 11월 16일 37개 여성·시민·종교·학생단체들이 연합하여 결성한 정신대문제대책협의회(정대협)의 눈물겨운 노력 덕분이었다. 이분들은 위안부 문제의 진실과 생존자들을 위한 헌신적인 지원노력을 국내외에서 기울이고 있다.

1991년 최초로 강제동원 일본군 위안부 피해자 김학순 할머니의 기자회견을 필두로 정신대 신고 전화를 개설하여 그동안 음지에 있었던 피해를 세상에 알려왔다. 1992년 1월 8일 낮 12시 일본대사관 앞에서 일본군 위안부 문제해결을 촉구하는 정기 수요시위를 시작하여 현재까지 계속하여 2019년 8월 14일(수요일)로 1,400회를 기록했다.

이제 생존해 있는 할머니는 모두 20분. 일본군의 종군 위안부였다는 자신의 슬픈 사연을 공개한 240분 할머님들은 그토록 고대하던 일본 정부의 사죄를 듣지 못한 채 한 분 한 분 사망해왔다. 평균 연령이 91세이니 지상에 남아 있는 분들도 병들고 쇠약해서 살 수 있는 날들이 많지 않다. 일본 총리 아베의 행태로 미루어 짐작하면 이분들도 진정한 사죄는 받지 못하고 죽음을 맞을 것이다. 하늘도 땅도 무심하고 인류의 양심도 허망하다고 할밖에. 유구무언이다.

인간과 인생이 과학적으로 설명되지 않는 업이라고 기꺼이 생각하더라도 할머님들의 삶의 궤적은 너무 뚜렷한 고통이다. 스스로 자주권을 지키지 못하는 힘없는 나라에 태어났고, 가르쳐주지 않으니 배우지 못했고, 모든 물산을 수탈당하는 식민지의 백성이니 가난하고 허기졌던 것이 전부인 삶이었다.

근대 역사상 유례를 찾아볼 수 없을 정도로 잔혹하고 교활했던 일본의 식민지 정책과 법과 감언이설에 속아 생전에 보지도 듣지도 못한 지역과 나라로 이리저리 끌려갔던 거다. 가보니 종군위안부라는 생지옥이었다. 하늘도 무너지고 땅도 꺼졌을 터이다. 그 지독한 한(恨)과 아픔을 짐작할 수 있는 사람은 있을 수 없다. (더 많은 분이 있겠지만) 240분만 공유할 수 있을 것이다. 할머님들은 속이 까맣게 탔을 것이다. 아니 몇 번이고 타서 재가 됐을 것이다.

왜 거의 모든 일본 정치인들은 인간의 존엄과 인류의 양심을 짓밟은 과거 침략범죄 행위에 대해 분명하게 '사죄한다'는 말을 못하는 걸까? 잘못을 인정하면 또 다른 잘못에 대해 자꾸 사죄해야 해야 한다는 계산 때문인가? 보상 때문인가? 한일청구권 협정에 대한 해석의 차이 때문일까? 할머님들은 '이 나쁜 일본놈들'이 아직도 '대동아공영' 같은 군국·제국주의적 향수 망령에 사로잡혀 설쳐대던 옛날에 대한 미련으로 보고 탄식하고 있다.

할머님들은 정말 의문스러웠을 것이다. 왜 모를까, 저들은. 세상이 바뀐 게 언제인데 아직도 무대 위에서 내려오지 않고 미련한 짓거리를 하는 걸까? 원자탄보다 더 쎈 폭탄을 맞아야 정신을 차릴 것인가……

간교하고 뻔뻔한 일본 침략주의

아베로 대변되는 일본 제국주의 향수론자, 부활론자들은 제2차 세계대전 종전 이후부터 일관되게 종군위안부는 기본적으로 허구이고, 있어도 민간인끼리의 계약이었다고 한다. 거짓말도 이쯤 되면 역대급이다. 일본은 1876년 운요호(雲揚號)를 이끌고 조선의 바다에 출현하여 겁박으로 강화도조약을 체결한 이래 무력을 통해 강제적으로 조선을 식민지로 만들었다. 통탄스러운 그 과정을 대목대목 교언영색으로 미화했다. 조선, 중국, 대만을 위시하여 태평양과 접하는 거의 모든 아시아 국가를 침략하여 살육을 저지르며 수탈했다. 겉으로는 아시아가 함께 잘살아야 한다는 대동아공영, 탈아입구(脫亞入歐)니 하는 거짓 철학을 내세웠다.

알고 보니 그들이 추구한 탈아입구는 옆에 있는 나라인 조선, 가까이 있는 나라인 중국, 대만, 필리핀, 인도네시아, 버마 등의 백성들을 죽음과 고통에 빠뜨리고 자기들이 지배하는 대동아를 만들려는 악랄한 짓거리였다. 아시아를 위해 전쟁을 일으켰다는 건 피지배계급을 확보하고 경제공동체를 만들어 지배계급인 일본의 노예로 삼으려는 야욕을 감추는 거짓말이었다.

일본의 거짓말은 부끄러움을 모른다. 일본의 식민정책으로 대한민국이 근대화할 수 있었다는 억지를 부리니 분통이 터진다. 삼천리금수강산의 자원과 물산을 수탈하기 위해 만든 신작로와 철도를 교통의 근대화라고 강변한다. 조선의 토지를 강도질이나 진배없는 간교로 일본인에게 귀속시킨 동양척식의 수법을 국토관리제의 도입, 동양척식 건물은 세계 건축양식의 조류를 조선에 소개했다고 견강부회한다.

일본의 문맹을 교화시키는 문물을 우리 민족이 전달해준 수천 년 역사는 배제하고, 메이지 유신 이래 근대화를 이룬 100여 년도 안 되는 찰나 같은 기간만을 앞세우며 한민족과 한민족의 문명에 대한 편견을 교묘하게 조장한다. 명태와 조선놈은 두드려 패야 한다고. 간교한 일본으로부터 받은 부당한 수모였다.

제국주의 일본은 과거가 아닌 현재이다. 이 책을 쓰고 있는 2019년 7월과 8월 초의 대한민국을 분노로 들끓게 하는 일본의 경제보복 정책을 보라. 대한민국의 반도체 산업에 심각한 피해를 주는 3개 소재의 수출 제한 조치와 8월 2일에 결정한 일본의 수출에서 수입국에게 편의를 보장하는 백색국가군에서 한국을 제외하겠다는 일본 내각의 의결을 보라. 대한민국의 주요 산업의 운용에 막대한 장애를 초래할 수 있는 상황이 온 것이다.

일본 제국주의 시대의 침략주의로 돌아가려는 일본의 몸짓은 당분간 더욱 악취를 풍길 것으로 예측된다. 아베와 일본 우익의 정치적 인기가 일본 국내에서 상당하기 때문이다. 경제적 규제 조치를 철폐하라는 일본의 양심적인 지식인과 아베의 처사를 비판하는 일부 언론이 있지만 그의 롱런을 뒷받침하는 정치인들과 언론이 일본 사회를 주도하고 있다. 일본의 보통 시민들이 경제 규제에 대해 크게 주목하지 않고 비판에도 소극적인 현실이 답답할 뿐이다.

아베는 일제의 침략을 정당화하는 망언과 망동을 일삼아 왔다. 누구보다도 확신범이다. 일본을 전쟁을 할 수 있는 국가로 바꾸기 위해 일본 헌법을 바꾸는 데 전력투구하고 있으니 망언은 앞으로 더욱 기승을 부릴 것이 확실하다. 아베의 망언은 습관적이고 선도적이다.

아베는 신사참배와 관련하여 2005년 4월 '생명을 바친 사람들을 참배하는 것은 당연하고 총리의 책무다', 2007년 3월에는 '위안부 모집의 강제성을 증명하는 증언이나 뒷받침하는 것은 없다.'고 했다. 2012년 12월 16일 총리에 취임한 이후에 아베는 식민지 지배와 침략을 사과하는 내용이 포함된 무라야마 총리의 담화를 그대로 계승하지 않겠다고 했다(2013년 4월 22일). 후안무치한 망언은 이어져서 2013년 4월 23일에는 '침략의 정의는 학계에서도, 국제적으로도 정해지지 않았다. 국가 간의 관계에서 어떻게 보느냐에 따라 다르다.'고도 했다.[1] 이쯤 되면 아베의 심신은 조선의 무고한 양민의 배를 사무라이 칼로 가르고, 살아 있는 사람의 목을 일본도로 자르고, 무릎을 꿇리고 머리에 대고 총을 쏘고, 어린 자식 앞에서 죄 없는 부모를 처참하게 죽인 전쟁의 행동대장이나 하수인 범죄자들보다 더하면 더했지 덜하지 않다. 왜곡과 과장의 말을 사용해 일본도와 총을 조종하여 아시아 이웃 국가를 침략한 백성들을 죽인 무뢰배나 전쟁범죄자와 다를 바 없다.

731훈련기를 탄 정신 나간 정치인

필자의 모골이 송연하도록 아베가 노골적인 침략성향을 또다시 선명하게 드러낸 것은 2013년 5월 12일이다. 필자는 그날 일본 집권여당의 정치하는 인간들에게 환멸을 느꼈다.(나라를 막론하고 허구의 가치와 목표로 국민을 속이고 자기의 이익을 위해 국민을 선동하는 정치인들이 너무 자주 눈에 띈다. 전에는 눈치라도 좀 보던데 이제는 양의 동서를 막론하고 '배 째라'로 나온다.) 그날은 아베가 731이라는 번호가 선명한 자위대의 항공훈련기 조종석에 올라 소원을 풀었다는 듯 우쭐거리며 득의양양하게 사진을 찍었다. 아베는 참 흡족한 미소짓는 표정으로(어찌 보면 미소를 지었다.) 멋지고 신나는 일을 하고 있는 있다는 표시로 왼쪽 엄지손가락을 추켜세

일본 총리 아베가 2013년 5월, 731부대를 방문하여 국수주의의 부활과 향수를 표출하는 망동을 연출했다.(사진 제공 서경덕 교수)

우고 있었다. 이게 정상적인 인간이 할 짓인가. 경제적으로 세계의 2위를 오랫동안 지키고, 아직도 3위를 유지하고 있으며, 법이라면 악법이라도 무조건 지켜야 한다는 문명국가(?)를 자처하는 나라의 수장인 총리가 할 짓인가? '독일 총리가 나치 친위대 유니폼을 입고 나타난 꼴'(미국 넬슨 리포트)이라는 비판에도 아랑곳하지 않고 인류의 양심을 모독했다.

731부대가 어떤 부대인가? 731부대는 일제의 관동군 소속 비밀 생물학전 개발부대로 사람을 쉽게 죽이는 방법을 알려고 인간생체실험을 자행한 괴물이었다. 사람을 살리는 것이 아니라 죽이는 방법을 실험했다. 임산부를 포함하여 살아 있는 사람들을 대상으로 차마 입에 담을 수 없는 악랄한 방법으로 고통을 주면서 죽어가는 과정을 연구(?)하고 기록했다.

소통하는 인간, 호모 커뮤니쿠스

한국 중국 몽골 러시아인들을 마루타(통나무)로 취급하며 차마 입에 담을 수 없는 생체실험을 자행한 집단이 731부대인 것이다. 그래서 유대인을 학살한 나치의 홀로코스트와 함께 최악의 범죄행위로 간주된다.(물론 잡아떼는 데 선수인 일본은 대부분 사실이 아니라고 부인한다.)

731부대가 저지른 인면수심의 만행을 생각한다면 아베의 행위는 인간 말종도 하기 어려운 짓으로 하물며 한 나라의 총리가 할 수 있는 행위가 아니었다. 그런 사고방식의 소유자들이니 식민지시대의 어떤 문제도 1965년 한일 청구권 협정과 5억 달러로 모두 끝난 것이고, 어떤 사과도 있을 수 없다는 괴변을 지껄일 수 있는 것이다.

이미 돌아가신 220분의 할머님들과는 다르게 생존하신 20명 할머님들은 유명을 달리하기 전에 일본 정부의 사죄를 받아서 천추의 한을 푸는 것을 우리 국민들이 볼 수 있기를 고대한다. 그러나 아베와 유사 아베 정치인들은 그런 기대와는 전혀 다른 정신구조와 행동 강령을 가진 집단이어서 일본이 정부의 공식문서를 통해 사과를 하는 일은 요원해 보인다.

사과를 해야 마땅한 개인, 집단, 국가가 적절한 사과행위를 하지 않음으로써 발생하는 모든 책임을 일본이 감당해야 할 것이다. 할머님들은 유명을 달리해도 일본의 책임은 2019년 8월 14일에 개최된 1,400회 수요집회가 일본, 미국 등 12개국 37개 도시 57개 장소에서 동참 집회가 개최되었듯이 더욱 세계의 문제로 커져갈 것이다.

제15장 — 비 온 뒤에 더 굳어지는 땅

사과는 시의적절하게 제대로 해야

사과(Apology)는 잘못한 행위에 대해 사죄하고 용서를 비는 것이다. 설사 의도적인 행위가 아니었더라도 상대방에게 좋지 않은 결과가 발생하는 경우에도 사과를 해야 한다. '죄송합니다. 사죄 드립니다'라며 잘못에 대해 적절한 언어와 자세를 갖추고 해야 한다. 그게 정중한 사죄, 진정한 사죄이다.

영어의 사과(apology)는 그리스어(apologia)에서 유래한 용어로 정당화, 설명, 변호, 변명의 의미를 지닌다. 그리스시대에는 아이디어나 사람의 입장을 변호하는 스피치는 변론(apologia)이라고 하고, 그런 스피치를 실제로 하는 사람은 변론자·옹호자(apologist)라고 불렸다.[2]

사과는 두 사람(혹은 사람들, 그룹들) 사이에서 잘못된 위반 행위(반칙, 공격, 무례, 범죄, 사기 등의 원인 제공자)를 한 쪽이 잘못한 행위에 대한 책임을 인정하고, 유감이나 후회나 양심의 가책을 그 피해를 본 상대에게 표현하는 것이다.[3] 사과는 두 사람 사이뿐만이 아니라 가족, 그룹, 비즈니스, 인종, 국가 간에 발생할 수 있다. 사과는 사적 상황과 공적 상황에서 언어, 비언어 형태로 이루어질 수 있다.

사과는 단순히 말로만 끝나는 행위가 아니다. 위반 행위에 대하여 언어로 정중하게 책임을 수용하고 유감을 표명해야 하고, 위반에 대하여 도덕적인 차원에서 비난을 수용하여 위반 당사자로서 피해자(측)와 상호 관계에서 균형을 다시 복원하고 유감과 책임을 분명히 해야 하며, 피해를 본 피해자(측)의 체면을 본래대로 회복시켜주는 사회적 차원의 실행

소통하는 인간, 호모 커뮤니쿠스

을 이행해야 한다.[4]

따라서 사과는 매우 구체적으로 여러 조건을 충족시키는 세심한 고려가 필요하다.

먼저 ① 발생한 상황에서 무엇이 문제인가를 잘 이해했음을 밝혀야 한다. 무조건 사과가 아니라 문제의 핵심에 대한 파악력을 보여주어야 한다. 또한 피해를 당한 쪽의 감정 상태가 어떠한지 파악해야 한다. 정상화되고 있는지, 전혀 정상으로 돌아가고 있지 않은지. 어떤 상태인가에 대한 이해를 보여주어야 한다.

② 책임이 있음을 인정해야 한다. 변명으로 일관하거나 책임 소재를 더 알아봐야 한다는 식의 표현은 하지 말아야 한다.

③ 위반 행위의 당사자로 행위에 대해 유감임을 밝혀야 한다. 행위에 대해 미안함, 슬픔, 후회와 같은 표현을 포함해야 한다.

④ 피해자 측에 잘못에 대한 용서를 구하고 요청하는 것이 좋다. 진정한 자세를 유지하며 진술하게 용서를 요청하는 정성이 필요하다.

⑤ 다시는 이런 일이 재발하지 않을 것임을 분명히 해야 한다. 재발 방지에 대한 약속은 선언적이 아니라 매우 구체적인 내용으로 약속해야 한다. 그래야 재발방지라는 미래가 현실적인 의미로 사람들 곁으로 다가올 수 있다.[5]

사과는 잘못에 대하여 용서를 비는 것이다. 사과는 어떻게 하느냐에 따라 수동적인 고백, 변명, 무능, 위기관리 전략에 머물지 않고 적극적이고 지혜로운 소통 커뮤니케이션이 될 수 있다. 원망과 불신으로 틀어진 관계를 그 이전보다 더 튼튼한 관계로 변화시킬 수도 있다. 물론 잘못의 원인과 문제점에 대한 객관적인 분석, 재발방지와 개선방안에 대한 명료한 내용, 책임소재를 가려낼 수 있는 분명한 조사와 무한책임의 수용을 담아야 한다. 또한 적절한 타이밍을 놓치지 말아야 한다.

무오류를 주장하는 사이비 교주나 무소불위의 독재자와 같은 무지한 자가 아니고 또 무지한 사회가 아니라면 사과가 불가피한 상황은 언제나 발생할 수 있음을 알아야 한다. 자유민주주의 사회에서 사과는 표현의 자유만큼 일상적이고 중요한 인간의 소통 행위로 보아야 한다. 복수 이상의 사람들이 서로 관계를 맺고 살아가는 세상에서, 생활에서 당연히 발생하는 현상이다.

진정한 사과가 독일 통일의 밑거름

사과는 용서의 공감을 불러온다. 역사상 가장 감동적인 진정한 사과는 1970년 12월 7일 폴란드 전몰자위령탑에서 빌리 브란트 전 서독 수상이 보여주었다. 2차 세계대전 당시 독일 나치에게 무참하게 학살당한 폴란드 희생자들을 기리기 위해 브란트는 빗물로 젖어 있는 바닥에 무릎을 꿇었다. 아무도 예상하지 못한 행동이었다. 위령의 꽃을 바치고 묵념을 할 것으로 생각하는 상황이었다.

빌리 브란트 수상이 사과가 어떤 것이며, 사과의 힘이 얼마나 클 수 있는가에 세계가 감동한 순간이었다. 독일에 대한 폴란드인의 이유 있는 의구심과 유대인의 한을 풀고, 또 프랑스를 비롯한 유럽의 통일 독일에 대한 우려를 불식하는 계기를 일구었다고 해도 과언이 아니다. 어떤 각

나치의 유대인 홀로코스트에 대한 독일 정부의 지속적인 진정한 사과. 제2차 세계대전에서 나치의 침공에 희생된 폴란드 전몰자 위령탑에서 무릎을 꿇고 사죄하는 빌리 브란트 전 서독 수상(1970.12.7). ⓒ연합뉴스

본이나 연출도 흉내 낼 수 없는 역사적인 순간이었다. 비 내리는 젖은 땅에서 낮은 자세로 나치 독일의 폭력에 제물이 된 사람들을 추모하는 모습은 인류사를 더럽힌 나치의 만행을 역사에서 지우지는 못해도 용서하는 지혜로운 인류로 재탄생하는 계기로 길이 남을 것이다.

독일 정부와 독일국민의 나치 독일의 과오에 대한 반성과 사죄는 일본 정부와는 너무나 다르게 일관된 정책이고 자세이다. 독일에서 나치를 집단적으로 옹호하는 행위는 법으로 금지되어 있다. 나치를 단죄하는 단호한 정책과 국민들의 합의는 시간이 흘렀다고 해서 변하지 않는다. 정치 지도자들뿐만이 아니라 일반 국민의 믿음이다.

몇 달 전(2019년 3월) 독일의 라이만 가문(크리스피 크림 도넛 등 식음료 부문의 세계적인 유명 브랜드를 소유한 독일에서 두 번째로 자산이 많음)의 후손들은 선대들이 나치의 군수품 생산에 협력하고 강제로 노동자를 동원한 사실을 발견했다. 역사학자들에게 조사를 의뢰하고 그 결과에 따라서 가문의 선대들이 '유죄'라고 인정하였다.

이 회사는 제2차 세계대전 당시에 네델란드 국영철도로 나치 독일의 강제수용소로 10만 명의 유대인을 실어 나른 행위에 대한 배상 요구에 응하였다. 유대인 생존자에게는 약 2,000만 원, 후손에게는 650만 원 ~900만 원씩을 지급하기로 결정하고, 자선단체에도 1,000만 유로(약 131억 원)을 기부하기로 결정하였다.[6] 일본 정부나 기업들과 얼마나 다른 결정인가. 일본은 한일청구권 협정으로 정부 차원은 물론이고 개인 차원의 보상이나 배상도 끝났다고 주장하며 더 이상의 논의는 국제협약의 정신을 깨는 신뢰할 수 없는 짓이라고 강변한다. 같은 인류일진대 어찌 이리 차이가 나는지 알 수 없는 일이 아닐 수 없다.

일본 정치인과 국민들이 모두 후안무치한 것은 아니다. 하토야마 유키오 전 일본 전 총리는 2015년 서울 방문길에서 옛 서대문형무소 역사관에서 무릎을 꿇고 일제가 저지른 만행에 대해 사죄하였다. 독립투사들을 모질게 고문하고 목숨을 빼앗은 죄악에 대해서 사과한 것이다. 서대문형무소는 일제의 고문으로 대한민국 독립운동가들이 온몸이 부서지고 피를 흘리고 죽어간 현장이다.

순국한 165명의 선열을 기리는 추모비에 그는 "일본의 전 총리로서, 한 사람의 일본인으로서, 한 명의 인간으로서……" "고문이나 가혹한 처사로 목숨까지 잃은 분들에게 마음으로부터 사죄를 드린다"고 썼다. 하토야마 전 총리는 "현재 동아시아 각국의 갈등을 풀기 위해서는 일본이 역사를 진지하게 응시하고 사죄하는 마음을 표출하는 것이 중요하다"고 하면서 "피해를 입은 나라가 더는 사과를 안 해도 된다고 할 때까지 진심으로 계속 사죄"하면 마음이 풀릴 것이라고 했다.[7]

호날두의 무례, 사과를 무시하면 영웅도 추락

사과를 무시하면 영웅도 추락한다. 얼마전에 우리는 아무리 많은 사람들이 좋아하는 스타라도 지나친 행동을 하고 최소한의 사과도 무시하는 무례를 저지르면 어떤 부정적인 결과를 낳는가를 생생하게 목격했다. 대한민국 국민이 좋아하던 축구 스타 크리스티아누 호날두 얘기다. 지난 7월 26일 호날두가 소속된 이탈리아 유벤투스 축구팀과 우리나라 프로축구연맹 K-리그 팀과 경기에서부터 호날두는 추락하기 시작하여 경기 후 하루 만에 '날강두'로 전락하였다.

호날두의 경기는 우리나라 상황에서 매우 비싼 가격인 40만 원짜리 고가 표를 포함해 전 좌석이 온라인 판매에서 2시간 만에 매진되는 기록을 세웠다. 가족이 함께 관전하기 위하여 복수의 표를 산 팬들이 많았다. 호감 1위 축구 선수 호날두의 인기를 증명하는 증거이다. 그러나 이날 호날두는 경기를 뛰는 대신 관중처럼 벤치에 앉아 있기만 했다. 팬들의 열화 같은 몇 차례 요청에도 전혀 아랑곳하지 않고 선수로 뛰는 것을 포기했다. 후반전이 30분 정도 지날 때까지 관중들은 호날두를 연호하며 뛰어 줄 것을 몇 차례 간청했다. 호날두가 출전하지 않는 것이 거의 확정된 후반전이 끝날 무렵에 관중들은 호날두의 경쟁자인 '메시'를 연호할 만큼 호날두의 잘못된 처사에 실망을 표시했다. 영국 일간지 가디언은 '경기 내내 벤치를 지킨 호날두가 한국인들의 분노를 자아냈고 벤치에 앉아 자살골을 넣었다'고 보도했다.

그 이후 밝혀진 유벤투스의 무례는 한두 가지가 아니었다. 공항에 지각 도착한 것은 물론, 한국에 체류한 10여 시간 동안 호날두의 행동도 실망스러웠다. 인천공항에서 새벽부터 줄지어 기다린 1,000여 팬에게 사인 한번, 기념촬영 한번 응하지 않았다. 더 기가 차는 건 한국프로축구연맹이 공식 항의문을 유벤투스에 보냈는데 사과할 것이 아무것도 없다는 게 유벤투스 회장의 답신이었다. 호날두의 불참은 근육통과 피로에 따라서 경기를 뛰지 말라는 의료진의 의견 때문이었다면서 책임을 한국측에 전가하고 전혀 사과의 뜻이 없음을 밝혔다. 계약 내용과 조건에 관한 설명이나 논거 없이 변명만 장황한 답신은 더 큰 비난을 초래했다.

'미안하다' '죄송했다'는 단 한마디 사과를 하지 않음으로써 호날두와 유벤투스는 한국에서 인기가 추락했다. 어느 기자가 지적했듯이 '형을 보기 위해 모인 수많은 사람 앞에서 뛰고 싶었지만 연이은 비행과 빠듯한 일정으로 몸 상태가 좋지 않아 미안하다'는 간단한 사과, '다음 방한에는 꼭 경기에 나와서 성원에 보답하겠다'는 뻔한 팬서비스용 멘트조차 없었기 때문에 극호감의 호날두가 극비호감의 '날강두'로 내려앉은 것이다. 적절한 사과가 얼마나 중요한지를 극명하게 보여준 사례인 것이다.[8]

적절한 사과가 지니는 힘

독일과 일본, 호날두의 사례에서 보듯이 적절한 사과의 유무는 하늘과 땅의 차이와 같은 엄청나게 대조적인 결과를 낳을 수 있다. 세상에는 좋은 일과 함께 나쁜 일도 발생한다. 잘못된 만남, 잘못된 관계, 잘못된 행동, 잘못된 말, 잘못된 현혹이 일어난다. 사과는 '잘못'에 대한 최선이자 최소의 설명이고 책임이고 동시에 옳지 않은 일은 되풀이하지 않겠다는 다짐이다.

사과의 유용성은 비온 뒤의 땅이 더 굳어지듯이 제대로 사과를 하게 되면 더 좋은 결과를 낳을 수도 있다는 것이다. '잘못'이 초래하는 가해자(측)와 피해자(측) 사이에 발생하는 굴욕감을 치유하고, 죄의식으로부터 탈출하여 자유를 얻고, 복수하고 싶은 마음을 없애서, 궁극적으로 깨어진 관계를 복원하게 하는 힘을 지니기 때문이다. 따라서 사과의 유무와 사과의 성패는 사람들의 커뮤니케이션에서 중요한 의미를 지닌다. 당연히 피해자가 원하는 한 적절한 사과는 있어야 하고, 하더라도 실패하지 않고 성공하는 사과가 되어야 한다.

성공적인 사과는 상대인 피해자의 입장을 우선적으로 고려해야 한다. 세계적으로 인기작가인 무라카미 하루키가 '사과는 피해자가 이제 됐다고 할 때까지 계속해야 하는 것'도 같은 의미이다.

영화 〈아이 캔 스피크〉에서 일본군의 잔혹한 성노예 범죄를 미국 하원 청문회에서 증언하기 위하여 불가능하다고 여겨지는 영어공부를 하는 위안부 피해자 주인공(나문희 역)은 조롱과 냉대를 일삼는 주위 일본인들에게 "아이 엠 소리(I am sorry) 그 한마디가 그렇게 어렵냐?"고 물으면서 "오래오래 살아서 일본놈들 무릎 꿇는 것 봐야지"라고 절규한다. 적절한 사과가 성공적으로 이루어지지 않을 때 부끄러움, 굴욕감과 복수심은 사라지기 어렵다. 가해자가 틀림없이 느끼고 있을 심리적 죄의식, 두려움도 마찬가지다. 피해자의 마음까지 강제로 막을 수 있는 가해자는 있을 수 없는 것이다.

피해자의 의견을 경청하여 책임, 배상과 같은 후속 조치를 강구해 가는 것이 중요하다. 피해자 중심의 문제해결을 모색해야만 피해자와 가해자의 진정한 소통이 가능해 진다는 점을 명심해야 한다. 이 점은 사과 커뮤니케이션이 어떻게 성공적인 소통을 해야 하는가에 대한 방향에 지혜를 준다.

또한 성공적인 사과가 되기 위해서는 책임을 무마하거나 회피하는 임시변통 사과를 해서는 안 된다. 사과의 성공과 실패는 사과를 해야 하는 쪽에 의해서 일방적으로 결정될 수 있는 것이 아니다. 상대방의 이해와 태도도 가해 측의 이해와 태도와 동일한 비중으로 중요하다. 사과하는 측과 사과받는 측의 이해와 태도가 상호작용한 결과, 즉 한쪽이 아니라 양쪽이 함께 결정해야 한다는 것을 잊지 말아야 한다.

사회적으로 크나큰 문제였던 살인가습기 피해도 사과와 관련해 석고대죄의 반성이 요구되는 대표적인 사례이다. 오래전부터 위험성에 대한 지적이 있었지만 서로 책임을 미루며 미온적으로 대처한 것이 2019년 8월 28일 현재 환경부가 집계한 가습기 살균제로 인한 사망자 수는 1424명이고 피해등급을 기다리는 피해자와 잠재적 피해자는 수백만 명에 이르게 된 사건이다.

살균제가 판매된 게 1994년이고 질병관리본부가 살균제를 폐 손상의 위험요인으로 추정한 것이 2011년 8월이니, 17년간 억울한 죽음의 행진이 대명천지에서 진행되었다. 그러나 탐욕과 직무유기가 낳은 재앙에 대해 기업, 관련 부처, 정부의 사과는 거의 없었거나 있어도 면피성으로 형식적이고 시간만 질질 끄는 무책임의 전형이었다. 적절한 사과가 구체적인 내용으로 이루어졌다면 ① 무엇이 문제인가 하는 원인과 피해 측의 상황에 대해 체계적으로 이해할 수 있었을 것이고, ② 책임이 있음을 인정했을 것이며, ③ 잘못에 대해 죄송함과 유감을 밝히게 되었을 것이고, ④ 잘못에 대한 용서를 구하고, 합당한 배상을(약속)하고, ⑤ 재발 방지에 대한 구체적인 방안에 합의하여 문제해결에 이르렀을 것이다.

그러나 이러한 과정이 생략되었기 때문에 가습기의 피해에 대한 내용도 검증도 정부의 대책도 부재했던 것이다. 결과는 정상적인 사회에서는 도저히 있을 수 없는 결과가 터진 것이다. 무고하게 생명을 잃은 아픔은 말할 것도 없지만 생명을 가까스로 건진 아기는 일생을 산소호흡기통과 함께 살아야 하는 기막힌 일이 생긴 것이다.

성공적인 사과의 마법

강조하지만 사과는 문제해결과 예방의 지혜를 강구하게 하여 역전승의 힘을 지닌다. 불리했던 형세를 유리하게 바꾸는 능력이 있기 때문이다. "사과는 뒤틀린 관계를 회복하고 전에는 생각할 수 없었던 좋은 일들을 가능하게 하고 미래를 생각할 수 있도록 돕는 신비한 힘이 있다."[9] 사과는 비 온 뒤의 땅이 더 굳어진다는 지혜를 그대로 재현할 수 있는 마법을 지닌다.

진정한 사과는 관계가 잘못되기 이전의 상태로 되돌려 보내는 괴력을 발휘한다. 적절한 사과는 사후약방문을 방지한다. 잘못에 대한 용서를 구하고, 잘못의 원인을 밝히고, 책임을 인정하고 수용하고, 적극적으로 개선방안을 제시하는 사과는 사과 이전의 상태보다 더 나은 상태로 나아가게 할 수 있다.

"인류의 역사를 통틀어 복수와 그에 따른 이루 말할 수 없는 고통의 끊임없는 악순환은 효과적인 사과가 부재하기 때문에 초래되었다……. 사과는 인간관계에서 발생하는 어떠한 종류의 갈등이라도 완화할 수 있는 엄청난 파워를 가지고 있다."[10]

진정한 사과는 최고 수준의 소통이다. 가해자와 피해자 양측을 모두 유쾌하게 만든다. 남자든 여자든, 남편이든 아내이든, 부모든 자녀든, 개인이든 집단이든, 친구이든 적이든, 학생이든 선생이든, 상급자든 하급자든, 가진 자든 못 가진 자든, 야당이든 여당이든, 경영자든 노동자조합이든, 그리고 장관이든 대통령이든 그 누구라도 사과를 해야 할 때 진정으로 사과할 줄 아는 게 멋진 소통 공동체를 이루어가는 멋진 구성원의 모습이다.

소통하는 인간, 호모 커뮤니쿠스

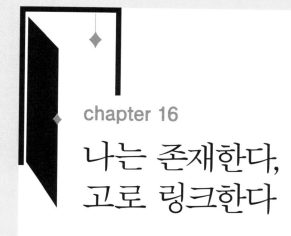

chapter 16

나는 존재한다,
고로 링크한다

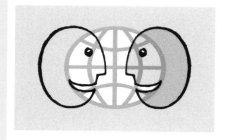

이 바람은 필자가 아주 좋아하는 낙산사 의상대에서 만나는 바람은 아니다. 그렇다고 점령군처럼 진주하며 격렬하게 숨길을 압도하는 대관령 선자령의 산더미 파도 같은 격렬한 바람도 아니다. 이 바람은 사람들의 이야기 바람, 소통의 바람이다. '우리는 링크한다, 고로 존재한다'는 디지털 시대를 리드하는 소셜미디어의 바람은 세차게 세상을 흔들고 바꾸고 있다. 앞으로 그 바람은 더욱 거세질 것이고 앙시앵레짐을 뒤흔들 것이라는 예측이다. 그래서 우리는 존재한다, 고로 링크한다.

제16장

○

나는 존재한다,
고로 링크한다

― 소셜 커뮤니케이션

●

　페이스북, 유튜브, 카카오톡, 트위터 같은 소셜미디어(social media)를 따라 인류가 경험해 보지 못한 새로운 소통이 출현하고 있다. 자신이 하고 싶은 이야기를 자신이 직접 정보로 생산하여 다른 사람들에게 유통시키는 커뮤니케이션의 주체가 되고 있는 것이다.

　나의 이야기가 친한 사람이나 아는 사람에게 돌고, 모르는 사람에게 돌고, 온 나라를 돌고, 세계를 돌면서 세상 사람들에게 전달될 수 있다. 신문, 텔레비전, 라디오, 책, 잡지 같은 매체가 생산하는 정보를 일방적으로 전달받던 수동적인 정보 소비자에서 탈피하여 정보 생산자의 속성을 획득하고 있다.

　소셜미디어는 이야기의 무한한 연장이고 순환이다. 나는 이야기꾼이 되어 어디든 찾아가고 누구에게든 다가가서 내 맘속 이야기를 전하는 것

　　　　　　　　　　　　소통하는 인간, 호모 커뮤니쿠스

이 가능해진 것이다. 소셜미디어의 링크를 통하면 나만의 존재에서 벗어나 세계의 존재가 된다. 세상은 무수한 사람들의 관계로 이루어지고, 그 관계 속에서 자신의 세상도 만들어 가는 것임을 체감한다.

소셜미디어 시대, 디지털 시대가 서로 연결망의 관계로 이어지면서 있을 법하지 않던 기상천외한 커뮤니케이션 은하계를 창조하고 있는 것이다. 세상은 서로 관계하면서 이어지는 소통의 세계임을 소셜미디어가 가시적으로 보여주고 있다. 내 손안에서 내 눈앞에서 경험하게 한다. 최첨단의 과학 기술인 소셜미디어가 삼라만상과 인간세계는 끝없이 중첩되고 융합하는 제한 없는 관계라는 불교 화엄의 중중무진(重重無盡) 세계관을 보여주는 것은 신기하고 흥미로운 일이다.

나의 이야기는 세상의 이야기

딸: 아빠 나 갠찬으니깐 엄마 잘 돌봐주슈 ㅋ.

딸: 어제 ……문제로 신경을 써서 그런거 같은뎅 ㅎㅎ

딸: 병원을 가봐야 하는거 아닌가 몰라ㅠ

딸: ……얘긴그만하라구해죠 아빠 ㅠㅠ 나징짜

딸: 우리 다 스틀헤스(스트레스)에 엄청 약한거알징;;;

아빠: 미안혀 3시 너머 잤더니 완벽한 송장이었네 (네가) 나가는 꽝음을 듣고 이름을 부르며 뛰쳐나갔는데 그댄 떠났더라. 미안 근데 알지 난 떠난 여자 잡지 않는거……

딸: ㅋㅋㅋ 엄마머린 이제 개아늠?

아빠: 엡 나보러 자꾸 보호를 바란다더니 이젠 알겠지!(평소 우리 집
　　　가족들은 필자가 엄살이 심하며 과보호를 요청한다는 냉정한 평가
　　　를 내리고 있음.)
　딸: ㅋㅋㅋ

　오래전에 필자와 딸아이가 카카오톡을 통해 나눈 이야기를 그대로 옮
긴 거다. 아침 일찍 출근하는 딸아이를 지하철역까지 데려다주는 엄청
난 일을 시작한 필자가 어느 날 딸아이와 주고받은 톡이다.
　그날은 바래다주지 못한 날이었다. 출근한 딸아이와 필자가 간단한
손놀림을 통해 예전 같으면 실제로 생산하기도 어렵고 교환되기도 어려
운 내용을 상대방에게 들려주고 듣는 이야기 친구가 된 것이다. 얼굴을
맞대고 하는 대면(對面) 커뮤니케이션 상황에서도 이런 내용을 자연스럽
게 얘기하기는 쉽지 않다. 주고받은 문자에서 볼 수 있는 농담이나 생략,
줄임말 속의 감정 표현, 가벼움, 자유로움, 개방성을 담는 표현은 일상적
인 대화에 비해 오히려 더 편안하게 소통된다.
　소셜미디어를 사용하기 이전에는 이런 커뮤니케이션이 가능하리라고
상상하기 어려웠다. 그러나 이제 채팅이라는 형식으로 얼굴을 마주하는
현장감을 느끼면서 나이와 직업, 교육 수준과 계층에 구애를 덜 받으며
하고 싶은 이야기를 하게 되었다. 인간의 오감을 자극하는 다양한 유형
의 정보를 주고 받으며 정서적 유대감을 증진시키는 게 가능해졌다.
　어떤 내용이든 생산과 삭제와 추가를 자신의 뜻에 따라 할 수 있고,
강제와 제한도 없는 자유로움 또한 이전의 다른 커뮤니케이션 양식과 비

소통하는 인간, 호모 커뮤니쿠스

교해도 탁월하다. 이야기 세계를 다른 사람이 아니라 나 자신이 주도하는 새로운 경험을 하고 있다. 말하자면 자기 주도의 소통인 것이다.

개인이 타인과 커뮤니케이션을 하는 양식은 크게 두 가지로 나눌 수 있다. 하나는 상대와 직접적으로 얼굴을 보면서 면대면(面對面)으로 이야기를 주고받는 대인커뮤니케이션(interpersonal communication) 양식, 다른 하나는 직접적으로 만나지 않고 신문이나 방송 등 미디어의 매개를 통하여 사람들과 정보를 공유하는 매스커뮤니케이션(mass mediated communication) 양식이다.

신문과 방송을 통한 매스커뮤니케이션은 저널리스트로 불리는 언론인이나 전문성이 있는 것으로 평가받는 직업인들이 정보를 생산하고 운용한다. 따라서 평범한 사람이 정보생산과 유통과정에 참여할 수 있는 가능성은 거의 없을 정도로 무척 낮다. 평범한 시민들이 신문이나 방송 내용의 중심이 되어야 한다는 공동체 저널리즘, 시민 저널리즘과 같은 노력이 없었던 건 아니지만 보통 사람들의 참여는 그 한계가 뚜렷했다.

이에 비하면 소셜미디어를 통한 커뮤니케이션은 대인커뮤니케이션과 매스커뮤니케이션의 특성을 겸비하는 독특함을 지닌다. 말을 주고받듯이, 서로 이야기를 나누듯이 커뮤니케이션할 수 있고, 동시에 신문이나 방송처럼 많은 사람에게 정보를 전할 수 있다. 이렇게 언제든 어디서든 누구에게든 자신이 원하는 정보를 정보기술에 제공하는 용기에 담아 커뮤니케이션할 수 있는 능력을 지닌다는 점에서 매개대인(媒介對人) 커뮤니케이션(mediated interpersonal communication)이라고 부를 수 있다. 대인커뮤니케이션과 매스커뮤니케이션을 구분해오던 오랜 경계가 무너지고 각각의 강점을 함께 보유한 커뮤니케이션 시대가 열린 것이다.[1]

소셜미디어 시대의 개인은 링크만 하면 타인(들)에게 자신의 이야기를 전할 수 있다. 외부로부터 방해나 간섭을 받지 않고 간단한 손놀림만으로 자신의 정보를 이야기로 만들어 세상으로 내보낸다. 의견이나 감정을 드러내는 것도 어렵지 않다. 자신의 기분을 속이지 않고 솔직하게 전하기에 안성맞춤이다.[2] 외부의 강제가 없는 커뮤니케이션 환경에서 마음대로 주고받는 정보를 따라 자유와 카타르시스를 최대화한다.

세상을 바꾸는 소셜미디어 바람

소셜미디어의 소통 양식은 영향력도 매우 커서 우리 개인의 삶은 물론

소통하는 인간, 호모 커뮤니쿠스

이고 사회의 모습 또한 크게 바꾸어 갈 태세이다. 예를 들어 지난 2011년 무소속 후보가 서울시장으로 당선되는 데는, 소셜미디어가 절대적인 영향력을 행사했다는 게 중론이다. 이를 두고 당시의 신문과 방송은 소셜미디어가 양대 정당인 한나라당과 민주당을 거꾸러뜨린 것이라며 '정당정치, 굴욕의 날' '50년 정당, 50일 바람에 무너지다'라고 태풍이 된 소셜미디어 바람의 위력을 대서특필했다. 8년 집권 후에 퇴임한 미국 오바마 전 대통령도 소셜미디어의 도움을 크게 받았다는 것이 선거 분석가들의 중론이다.

물론 이 바람은 필자가 좋아하는 양양 낙산사 의상대에서 만나는 바람은 아니다. 바다와 나무들이 서로의 속살을 비비며 내는 소리를 머금은 엄마의 젖 같은 아늑한 바람이 어디 쉽게 일어나겠는가. 그렇다고 점령군처럼 진주해 오며 사람들의 숨길을 압도하며 몰아붙이는 대관령 선자령의 산더미 파도를 닮은 바람도 아니다.

이 바람의 정체에 대해 다양한 진단이 있었으되 공통되는 한 가지는 사람들의 이야기 바람, 소통의 바람이었다. 디지털 시대를 리드하는 페이스북, 유튜브, 트위터, 카카오톡 같은 소셜 네트워크 서비스(SNS: social network service)의 이야기 바람이 정치 경제 사회 문화 등 사람들이 살아가며 형성하는 모든 영역에 막강한 영향을 미친다는 것이다. 이 바람은 앙시앵레짐을 뿌리채 흔들 만큼 강력하며, 그 바람은 더욱 세찰 것이라는 예측이다.

개인적으로 타인에게 이야기하는 커뮤니케이션이 자기들끼리의 사적인 커뮤니케이션으로 멈추지 않고 사회 구성원들 간의 공적 커뮤니케이션으로 확장하는 것이다. 이 확장은 공적 이슈에 대해 발언하게 하고 행

제16장 — 나는 존재한다, 고로 링크한다

동하게 하여, 정책 형성과 결정에 영향을 미친다. 소셜미디어가 개인의 이야기를 개인의 의사소통, 사회의 의사소통이라는 공적 담론이 되게 하여 세상을 세차게 흔드는 것이다.

소셜미디어 제국의 등장

소셜미디어를 매개로 역사상 유례없이 빠른 속도로 새로운 소통 제국이 탄생했다. 2004년 1월에 출범한 페이스북의 가입자 수는 2012년 1월로 8억 1,213만 명을 넘어섰다. 이런 속도전이면 인도를 제치고 중국 다음으로 세계 2위의 대국에 등극하는 건 시간 문제였다. 같은 시기, 대한민국의 가입자 수는 570만 명을 돌파했다. 서울보다는 적지만 부산광역시에 거의 2배 숫자였다. 국경, 인종, 언어, 문화, 세금, 복지 등의 문제나 차이에 관계없이 이 제국은 팽창을 거듭할 것으로 예측되었다.

예측은 틀리지 않았다. 2016년 9월 페이스북의 월 사용자 수 17억 9,000만 명은 중국 인구를 능가하고, 일 사용자 11억 8,000만 명은 인도의 총인구를 추월한다. 2016년 하계 올림픽과 관련해 2억 7,000만 명 이상의 사람들이 15억 건 이상의 이야기 대화를 생성하였다. 팽창은 어디까지 갈까? 또 다른 유형의 소셜미디어의 제왕은 언제 어떻게 모습을 드러낼까? 정답은 알 수 없지만 새로운 소셜미디어 제국의 건국 신화는 계속될 것이다.

유튜브. 불과 몇 년 사이에 유튜브가 소셜미디어 세계의 새로운 강자로 떠오르고 있다. 앱 분석업체 '와이즈 앱'에 따르면 2019년 4월 우리나라 유튜브 이용자는 3,271만 명으로 작년 4월의 2924만 명에 비해 12% 증가했다. 이용시간은 작년 4월 총 258억 분에서 올해 4월 388억 분으로 50% 늘어났다. 이는 카카오톡(225억 분), 네이버(153억 분), 페이스북(42억 분)보다 월등한 양이다. 또한 전 연령층에 걸쳐 사용시간 1위이며, 스마트폰 사용시간의 86%를 차지했다. 새로운 커뮤니케이션 방식의 소셜미디어를 따라 새로운 소통 제국이 출현하는 것이다.

한국은 2019년 유튜브 이용에서 세계의 다른 나라에 비해 가파른 증가세를 보인다.[3] 2018년도와 비교하면 조사대상국들은 평균 30% 증가하였는데, 한국은 45%로 15%나 더 높다. '지난 1년 동안 이용'에서 페이스북과 카카오스토리의 이용이 감소하는 것과는 대조적으로 유튜브는 33%나 증가하였다. 유튜브와 함께 사는(living with YouTube) 세상이 되고 있다. 불과 얼마 전까지 거브너(Gervner) 등 많은 학자들은 현대인은 TV와 함께 살고, TV가 보여주는 내용을 현실세계로 받아들인다고 할 만큼 TV가 강력한 미디어였다.[4] 초고속 소셜미디어 제국의 면모에 부족함이 없다.

소셜미디어에 대한 관심은 초기부터 그 기세가 심상치 않았다. 스티브 잡스, 빌 게이츠와 함께 디지털 시대를 리드하는 기업가로 명성이 높은 일본의 소프트뱅크 회장 손정의는 2009년 12월 24일에 처음으로 트위터를 시작하였다. 트위터의 소통 능력은 상상을 초월할 정도여서 "인생에서 가장 슬픈 일은 뭘까요?"란 그의 질문에 2,500개의 답글이 한 시간 만에 쇄도했다. 그는 트위터를 통해 회사의 업무파악, 문제해결, 업무보고와 지시 등을 처리한다. 손정의는 고객의 속마음을 헤아리게 된 것

을 소셜미디어 커뮤니케이션으로부터 얻은 가장 큰 소득이라고 했다.[5]

2000년이 넘어서야 본격적으로 등장한 소셜미디어가 10년도 안 되어 전 세계에 걸쳐 사람들의 유력한 커뮤니케이션 수단으로 대세가 된 것이다. 개인의 정보 생산, 정보 이용의 비중, 타인과의 정보 교환 도구로서의 역할, 사회·경제·문화적 영향력 면에서 아무도 상상하지 못했던 초고속 급성장을 이루었다. 소셜미디어가 사람들의 생활과 분리될 수 없는 일심동체가 되면서 디지털 시대를 견인하는 가장 강력한 도구로 자리를 잡은 것이다. 한국사회에서도 소셜미디어는 한국인의 공식·비공식적 커뮤니케이션 행태에 엄청난 변화를 가져오고 있다.

부재했던 나 자신을 찾아서

소셜미디어 중에서 특히 페이스북, 트위터, 유튜브, 블로깅 같은 소셜 네트워크 서비스(SNS)는 개인이 정보를 제작해서 타인에게 공개적으로 전달할 수 있는 자기표현(self-presentation) 도구이다. 개인의 취미, 오락, 기호, 습관과 같은 개인적인 정보에서부터 정치, 경제, 사회의 현안과 관련한 공공적인 이슈와 쟁점에 이르기까지 다양한 내용의 정보를 유통할 수 있다. 자신의 정체성과 의견을 대변하는 정보를 생산하는 공장이고, 다른 사람과 정보를 교환하면서 서로 관계를 맺을 수 있는 무대이다.

인간은 다른 사람 특히 관심이 있는 타인에게 자신의 이미지를 긍정적으로 형성하기를 원한다. 따라서 선택적으로 자신에게 긍정적인 정보를 커뮤니케이션한다.[6] SNS의 커뮤니케이션 환경은 지금까지 개발된 어떤 도구보다도 훨씬 효율적으로 자기 정보를 제작하고 상대와 친근하게 커뮤니케이션을 할 수 있는 편리한 구조를 갖추고 있다. 전문가가 아닌 평범한 사람들 위주, 즉 이용자 위주의 커뮤니케이션 환경이 도래한 것이다.

특별한 기술이나 훈련 없이 텍스트, 사진, 동영상, 차트, 그래픽 등을 활용하여 다양하게 자신의 생각, 의견, 희로애락을 담아서 외부에 알릴 수 있게 되었다. 하고 싶은 말이 많은 사람의 가슴을 후련하게 풀어준다. 스스로의 책임하에 자신을 알리고, 동시에 타인에 대한 정보를 지속적으로 습득한다. 자신의 정체성을 타인과 어렵지 않게 소통하는 커뮤니케이션은 보통 사람들은 처음 맞보는 매력적인 경험이고, 전혀 안면이 없는 타인과 연결되는 네트워크는 소중한 자산이 아닐 수 없다.

이 소통 커뮤니케이션 과정에 참여할 때 주변부에서 정보생산과 같은 일과는 관련이 없다고 여겼던 본인 자신도 자신의 정보를 가지고 타인과 공유하고, 세상의 중심이 될 수 있다는 충족감이 생성되고 존재에 대한 만족감도 커질 것이다. 외부의 이야기를 수용하는 존재로 머물던 위치에서 벗어나 자신의 방식으로 세상과 커뮤니케이션하는 즐거움을 느끼고 적극적인 참여자가 되어 오랫동안 의식하지 못하고 살아온 정보주권을 회복하는 기분을 누리게 된다.

SNS를 통해 연결되는 다른 사람들과의 네트워크는 자율적이며 이용자 자신의 필요에 의해 형성된다. 어떤 구속, 책임. 의무로부터 일단 자유롭다. 가입과 탈퇴는 물론이고 상호작용이나 커뮤니케이션에 강제가 없는 관계망이다. 상대방과의 밀접한 유대감을 형성하면서 지키고 싶은 개인의 프라이버시를 보호받을 수 있다. 동시에 SNS는 잘 알지는 못하지만 자신과 이질적인 다른 많은 사람들과 관계를 맺기를 소구하는 인간의 관계지향 본능을 충족시키는 네트워크이다. 이런 개인 프라이버시 보호 특성과 무수한 타인에 대한 개방 특성은 인간이 자기정체성을 확인하고 싶은 본능과 사회적으로 활동하고 싶은 본능을 충족하고 사람들이 SNS로 몰려오게 하는 요인으로 작동한다.[7]

타인의 이야기만을 접하고 수용하던 처지를 벗어나 내가 원하는 내 이야기를 들려줄 수 있는 소셜미디어는 매력적인 커뮤니케이션 수단이 아닐 수 없다. 자신에 대해서 누구보다도 잘 아는 자신이 스스로 이야기를 만들어 다른 사람과 세상에 들려주는 일은 신나는 일이다. 자신의 이야기를 들려주고 타인의 이야기를 들으려고 인간은 오늘도 링크한다.

나도 세상을 변화시킬 수 있다!

마음대로 자유롭게 만든 콘텐츠를 네트워크 구성원들에게 전달하는 SNS는 기존의 매스커뮤니케이션과 같은 공공적 성격의 소통 커뮤니케이션을 발생시킨다. 사적인 존재로서 커뮤니케이션을 하던 개인에게 사회적 존재로서 커뮤니케이션에 참여할 수 있는 기회를 제공한다. 커뮤니케이션과 관련하여 공적 존재로서의 의미를 부여받는 것이다.

일제의 한국인 강제징용에 대해 배상을 요구하는 대법원 판결과 그에 따른 조치들을 문제 삼아 일본 총리 아베가 내린 경제보복조치에 대해 우리 국민들은 2019년 8월 1일 현재 다양하게 대응하고 있다. 그 중에 가장 눈길을 끄는 건 공권력이나 정치나 정치인들의 개입 없이 국민들이 자발적으로 벌이는 일본기업제품 불매운동이다. 정치인들이 친일, 반일, 이적 행위, 죽창가, 토착왜구 등의 말싸움으로 시간을 낭비하며 국민의 속을 태울 때 보통 사람들이 실제적으로 실행 가능한 행동들을 알리는 소통의 첨병 역할을 하고 있는 것이다. 개인 스스로 생활 속에서 실천할 수 있는 자발적 운동을 통해 나도 세상을 변화시킬 수 있는 존재가 되는 것이다.

2019년 7월 1일부터 7월 31일까지 불매운동에 따른 일본 맥주의 감소율은 62.7%, 라면 52.6%, 조미료 32.9%, 화장품 20% 이상, 유니클로의 매출 감소는 30%이다. 특히 일본 여행 예약 감소 수는 작년 같은 기간에 비해 70~80%에 이를 정도로 높다. 일본 여행 취소 건수도 지난해 같은 기간에 비해 2배가량 증가했다.[8] 불매운동은 일본의 유력지인 〈요미우리〉가 보도했듯이 '오래가지 못했던 과거와 달리 이례적으로 장기화'하며 '갈수록 참가자가 증가하는' 운동이 되고 있다.

특히 일본 불매 사이트 '노노재팬'은 대한민국 국민이 잘 사용하는 용품 항목별로 일본 기업 리스트를 게시해놓은 사이트로 해당 일본 제품을 대체할 수 있는 국산 제품을 추천하고 있어 호응이 뜨겁다. 댓글을 포함해 소셜미디어의 정보생산이 각종 비이성적 역기능으로 문제를 야기하고 있는 것과는 다르게 SNS가 지혜로운 이성적인 정보를 생산하여 유통하는 사례이다.

몇 년 전(2011년) 광복절에 있었던 사례도 SNS 덕분에 21세기를 사는 한국의 젊은이가 일본이 저지른 침략주의의 만행과 책임의식의 결여에 대해 한편 즐기면서 한편 엄숙하게 비판할 수 있었다. 서로 알지 못하므로 함께 만날 수 없어서 각자의 생각을 집단적으로 표현할 수 없는 청년들이 SNS 소통을 통해 공적 의미의 공동 행동을 한 것이다.

서울에 사는 어느 학생은 마음속에 품어오던 일본 제국주의자들의 한국 침략과 주권 강탈에 대한 분노를 명동에서 열린 행사에서 표출하였다. 서울과 한참 떨어져 있는 광주에 사는 또 어떤 학생은 인류 역사에 유례가 없는 식민지 한국인의 이름을 일본식으로 바꾸는 창씨개명을 강제하고 조상을 기리는 제사에 사용하는 놋그릇마저 무기 제조를 위해 강제로 공출한 일본의 군국주의에 대해 비판하는 기회를 가질 수 있었다.

광주와 반대편인 울산에 사는 또 다른 학생은 꽃다운 대한의 어린 처녀들을 속이고 위협해서 정신대라는 이름으로 일본군의 성적 노리개로 강제한 무지막지한 일본의 전쟁광들에게 품어오던 적개심을 행동으로 발휘했다.

이것이 가능했던 것은 광복절인 8월 15일 오후 5시부터 서울 명동, 대전, 대구, 부산, 광주, 창원, 전주, 울산 등 8개 지역에서 '광복절 플래시몹'이라는 일본을 비판하는 공공성을 띤 행사를 동시에 진행할 수 있었기 때문이다. SNS가 없었다면 이처럼 짧은 시간에 여러 지역에서 동일한 의의를 지니는 대규모 행사를 개최하는 것은 불가능했다.

플래시몹은 불특정 다수가 약속된 시간과 장소에 모여 짧은 시간 동안 예정한 공동의 집단행동을 하는 것이다. 영남대 학생들이 대구와 경북 지역을 중심으로 독도에 대한 일본의 침략적 야욕을 비판하기 위해 조용히 준비하던 행사가 SNS를 통해 알려지면서 전국의 대학생들이 동시 다발적으로 참여하는 대규모 행사로 확대된 것이다.[9]

소통하는 인간, 호모 커뮤니쿠스

국제적으로도 이미 많은 사례가 생겼다. 예를 들어 튀니지에서 비롯되어 이집트, 예멘, 리비아, 시리아 등으로 확산된 독재정권에 저항하는 중동의 시민혁명은 트위터, 유튜브, 페이스북을 통한 매개대인 커뮤니케이션 때문에 가능했다고 해도 과언이 아니다. 기존의 미디어가 정부의 통제로 억압받는 시민의 진정한 의견과 목소리를 제대로 전달하지 못하고, 사회의 이슈에 대하여 비판적 커뮤니케이션이 봉쇄된 상황에서 SNS는 진상을 알리는 사실 전달과 효율적인 저항 수단으로 기능했다.(필자가 연구년으로 당시 미국 대학에 연구교수로 체류 중이던 때여서 CNN의 중동 현지 직접 중계와 미국 언론의 보도를 통해 확인한 사실이다.)

SNS가 꽃피운 중동의 재스민 혁명

2010년 12월 17일 노점상을 하던 청년 무함마드 부아지지는 무허가 노점이라는 이유로 벌금을 받고 과일과 채소를 압수당하고 경찰관에게 손찌검도 당했다. 무엇보다 비참하고 분노했던 것은 돌아가신 부모님에 대한 모욕적인 언사였다. 호구지책의 유일한 수단을 잃고 부당한 취급을 당한 노점상은 항의하고자 지방청사를 찾았으나 무시당하고 쫓겨난다.

그는 최후의 항의 표시로 분신자살을 택한다. 자신의 몸을 불사르면서 공정하지 않은 사회를 고발했다. 그리고 이 사건은 SNS로 튀니지 국내와 세계에 알려졌다. 튀니지는 1987년 무혈 쿠테타 이래 벤알리 독재정부에 의해 장악된 사회체제였으므로 SNS가 아니었다면 일회성 사건으로 그저 몇 사람만 알고 아무 일도 없었던 것처럼 지나갔을 것이다.

결국 재스민 혁명으로 불린 튀니지의 시민봉기로 튀니지 대통령은 하야하고 막대한 금괴와 함께 도주 망명을 했다. 이후 시민혁명은 장기집권 독재정권이 통치하던 이집트, 예멘, 리비아, 시리아로 불길이 옮겨갔다. 이집트의 무바라크 대통령은 권좌에서 쫓겨났다. 리비아의 카다피는 죄 없는 국민을 죽이는 천인공노할 만행을 저지르며 저항했으나 쫓겨 다니다 숨어 있던 수도관에서 끌려나와 현장에서 총을 맞고 사체가 전시되는 비참한 최후를 맞았다.

페이스북, 트위터, 유튜브, 인스타그램 등의 SNS 수단이 없었다면 이들 혁명이나 공정한 사회를 위한 시민운동은 더 오랜 시간과 무고한 시

아랍권 민주화의 기폭제가 된 튀니지의 '재스민 혁명'. SNS의 위력을 여실히 증명한 사례였다. ⓒ연합뉴스.

소통하는 인간, 호모 커뮤니쿠스

민들의 더 많은 피가 필요했을 것이다. 어쩌면 잘못된 기존의 정치 체제에 도전하는 일 자체가 불가능했을지도 모른다. 찰나 같은 시간에 SNS로 전 세계로 알릴 수 있었기에 평범한 시민들도 저 리바이어던 같은 절대왕정의 무자비한 폭력과 죽음의 공포에 대항할 수 있었다.

정의감을 지닌 평범한 시민들이 자신이 만든 정보와 타인이 만든 정보를 SNS를 통하여 소통할 수 있음으로서 혁명의 일원이 되고 역사를 변화시키는 데 동참하는 거였다. 특정 집단의 독점물이던 정보생산과 유통이 개인에게 열림으로써 정보의 수동적인 수용자가 아니라 능동적인 생산자가 되어 역사의 한 주역이 된 것이다.

SNS의 네트워크 커뮤니케이션은 사람들을 동원하는 공적 기능에 적합한 특징을 지닌다. 사회운동을 조직하고 전개하려면 큰 비용과 인력이 필요하기 때문에 공적으로 집단행동을 지속하는 데 어려움을 야기한다. 소셜미디어의 네트워크는 이 같은 문제들을 해결하는 수단을 제공한다. 소셜미디어를 통해 효율적으로 각계각층의 사람들을 조직하고, 집단 의사표시와 행동을 통한 참여로 시민사회의 활성화에 기여할 수 있다.

자신이 만든 정보, 자신의 이야기가 다른 사람과 사회에 공감을 주는 공공성을 띄는 것에서 개인은 혼자만의 고립된 존재가 아닌 사회적·공적 존재감을 느낄 수 있다. 변방을 벗어나 중심으로서의 존재감을 획득한다. 나의 이야기가 세상으로 나가서 타인과 유대감을 높이고 세상의 공감을 얻고 세상을 변화시키는 것은 이전에는 경험할 수 없는 즐거움이고 행복이다.

SNS의 역기능도 범람

인간사회에는 좋은 일만 발생하는 건 아니다. 나쁜 일도 발생한다. SNS 경우도 그러하다. 개인과 사회에 심각한 문제와 아주 나쁜 부정적인 영향을 미치는 내용들도 SNS에는 넘치도록 널려 있다.

예를 들어 인터넷에서 동반자살을 뜻하는 'ㄷㅂㅈㅅ'이란 문구를 트위터에 치면 'ㄷㅂㅈㅅ 확실한 분 여자끼리 같이 가요.' 'ㄷㅂㅈㅅ 구해요. 서울입니다.' '디엠(다이렉트 메시지) 주세요'라는 내용의 트윗이 검색된다. 생명을 포기하자는 공개적인 요청과 권유 및 방법에 소셜미디어가 적극적으로 이용되고 있는 것이다.[10] 보건복지부가 2019년 6월 3일부터 2주간 '국민참여 자살유발 정보 클리닝 활동'을 통해 인터넷에 유포된 자살유발 정보를 적발한 건수는 모두 1만 6,966건으로 하루 평균 1,212건이나 되었다.

자살 관련 사진, 동영상, 자살의 희화화, 자살 동반자 모집, 독극물 등 자살 물품판매, 자살 실행 및 유도 문서와 사진 및 동영상 등 위해한 정보들이 자세하게 소개되고 있다. 글로 표현하기가 적절치 않아서 옮기지는 않지만 내용은 도를 넘는 것이 많다. 가장 확실한 자살 방법을 소개하며 '철저히 준비할 겨우 실패확률이 낮고, 고통이 없는 장점이 있다'고 했다. 트위터(70.5%), 인스타그램(22.8%) 등 SNS가 정보 확산의 통로가 되고 있는 것이다.(복지부는 적발된 자살유발정보 가운데 5244건(30.9%)를 삭제하고, 나머지는 방송통신심의위원회에 삭제를 요청했다. 7월 16일부터 개정된 자살예방법이 시행되어 함부로 정보를 올리면 2년 이하의 징역이나 2000만원이하의 벌금형에 처해진다. 인스타그램은 2017년 영구의 14세 소녀 몰리 러셀의 자살 사건이 발단이 되어 1019년 2월부터 자살이나 자해 관련 내용을 전하는 사진은 퇴출하기로 결정했다.)

증오범죄에 활용된 사례도 있다. 2019년 3월 15일 뉴질랜드에서 많은 사상자를 낸 인종편견에 따른 테러 범죄를 저지르면서 범인이 범행 동영상을 페이스북에 중계하고, 이를 복제한 동영상이 각종 소셜미디어에 퍼지는 사건이 발생했다. 페이스북은 이 사건 발생 이후 24시간 동안 150만 건의 영상을 삭제하고 차단하는 노력을 기울였지만 늦장 대응으로 30만 건이 이미 업로드 된 상태였고 순식간에 증식되어 손을 쓰기 어려운 지경이 되었다.[11]

소셜미디어의 디지털 정보기술이 정보를 무한 복제하고 무한 유통시킬 수 있다는 점을 새삼 일깨우는 사건이었다. 페이스북만이 아니라 유튜브, 트위터 같은 거대 정보기술(InformationTechnology) 기업이 테러 동영상이 유포되는 통로가 되어 모방범죄를 부추기고 사회갈등을 야기할 수 있음을 보여주는 사례이다. 문제는 이런 문제와 재발 가능성을 원천적으로 통제할 방안 마련이 쉽지 않다는 것이다.

소셜미디어의 등장 초기에는 무지개 같은 여러 근사한 기대가 흘러넘쳤었다. 특히 소셜미디어가 사람들에게 표현의 자유를 확대하고 소통의 공간을 넓혀주는 역할을 하여 공적 사안 참여에 소극적인 사람들도 적극적으로 참여하게 함으로써 풀뿌리 민주주의의 발전에 크게 기여할 것으로 기대가 컸다.

이런 기대가 완전히 무너진 것은 아니지만 소셜미디어가 본격적으로 이용된 지 20년도 안 되어 오히려 민주주의의 성장과 발전에 부정적인 여러 행태들이 노정되기 시작했다. 사람들이 자신의 기존 이해관계에 따라 여론을 형성하고, 특정 목적을 위해 여론을 이용하는 현상이 발생한 것이다. 소셜미디어를 통해 결속한 배타적인 공동체가 불법댓글 등으로 민의를 변질시켜 오히려 민주주의에 치명적인 손상을 입힐 수 있는 가능성이 상존하게 되었다. 가짜뉴스도 마찬가지다. 소셜미디어가 가짜뉴스의 온상이 됨으로써 오히려 공동체 사회의 통합과 구성원들의 협력에 혼란을 초래하고 갈등의 원인이 되고 있는 것이다.

또한 사회문제에 대한 다양한 관점의 교환보다는 특정 관점 일변도로 응집하는 양극단화 특성과 다른 의견에 관한 지나친 비난으로 인하여 객관적인 의견을 중시하는 지식인들의 참여를 위축시킨다. 이는 정치적 무관심과 냉소를 야기할 수도 있다.

적극적인 소셜미디어 이용자들이 자신이 동의하는 정보에만 선택적으로 노출하고, 가치가 다른 정보에는 선택적으로 회피하는 경향도 에코 체임버(edho chamber: 같은 소리가 반복되고 중복되는 현상) 효과가 발생해, 이를 매개로 극단적인 주장이 여과 없이 유통되면서 진영 논리와 정치적 극단화가 심해지고 있다.

스토리 텔러로서 인간

인간은 이야기꾼의 특성을 지니는 동물이다. 말을 통하여 자신의 생각과 감정을 다른 사람들에게 전달하는 유일한 동물이다. 할아버지 할머

소통하는 인간, 호모 커뮤니쿠스

니가 들려주던 옛날이야기, 아버지와 어머니가 알려주던 살아온 이야기 등 가족 공동체의 가치를 강조하는 이야기를 들으며 가족을 알게 되고 가족애를 느끼며 가족의 일원이 된다. 어린이들은 이순신 장군과 세종대왕의 이야기를 들으며 대한민국과 한국인으로서 정체성을 형성한다. 양만춘 장군이 100만 병사를 이끌고 온 당 태종을 물리친 안시성이 마음속에 자리 잡고 자부심의 원천이 된다. 그리고 이야기는 샘물처럼 흐르고 또 흐르면서 한국인으로서 정체성을 배양하는 데 자양분이 된다.

필자 또래의 세대들은 어릴 적에 형제자매나 친구들이 모여 한 사람씩 돌아가면서 '사람으로 변하여 밥상을 차려 놓던 우렁이 각시 이야기'나 '떡 하나 주면 안 잡아먹는다는 호랑이 이야기'를 나누던 기억을 공유한다. 학교 변소에 빠져 죽은 학생 귀신이 나온다는 이야기에 소변을 보며 몇 번이나 뒤를 돌아본 경험이 있다. 어릴 적 동네 개울의 꽤 큰 바위 밑에는 그곳이 어디든 죽은 처녀귀신이 있었다. 물속으로 발을 잡아끈다는 스토리에 얼마나 빨리 발을 움직이며 헤엄쳤던가. 이런 기억을 우리는 공유한다.

팥쥐와 그 엄마에게 당하던 콩쥐의 수난사에 참으로 애달파했다. 가족애, 권선징악, 정의감, 도덕을 강조하는 해피엔딩의 이야기를 통해 그 어떤 교육보다도 더 확실하게 개인과 집단의 정체성과 유대감을 키워왔다. 그런 이야기 속에서 저절로 감정이 교류되고 정서적 동질성이 배양되었다.(하늘, 지상, 바다, 지하에서 생명을 무자비하게 죽이는 사건들로 점철되는 서양 영웅담 신화에 비해 우리나라 신화와 설화는 참 선하고 정겹다.)

이야기 소통을 통해 인간은 사회화된다. 이야기는 정치, 경제, 사회,

제16장 ─ 나는 존재한다, 고로 링크한다

문화, 교육과 같은 여러 요소가 지니는 의미를 전달하는 상징적 환경의 핵심이다. 이야기에 둘러싸여 이야기에 반응하고 참여하며, 울고 웃으며 인간은 살아왔다. 고대의 신화들도 신들의 이야기를 통해 인간의 본성과 삶의 모습을 전해주고 공유하게 한다. 그래서 인간의 삶, 인간의 역사가 있는 곳이면 이야기가 있다. 사람들은 그런 이야기에 목말라하고 고대한다.

SNS 커뮤니케이션은 사람들에게 이야기를 되돌려주었다. 복잡해진 세상살이로 잊혀가던 이야기 문화를 복원해 주었다. 텔레비전의 등장, 컴퓨터 게임, 직장에 얽매인 삶, 돈벌이에 치인 세상, 사교육 확산, 부모와 자녀의 대화 부재 등으로 사라진 이야기를 되찾아 주고 있다. 다양한 형태로 개발된 애플리케이션은 사람들의 의식주, 취미, 기호와 관련된 이야기를 알려주고 태도, 가치, 의견에 대한 이야기를 실감나게 들려준다.

기존의 메시지 생산과 유통 구조가 지니는 엄숙함 때문에 자리할 곳이 없던 희로애락의 일상사가 담긴 SNS 이야기에 사람들은 편안함과 동질감을 느낀다. 스토리 텔러로서의 인간 본능을 충족하고 이야기 커뮤니케이션의 일상화 시대가 도래한 것이다.

오늘도 링크한다, 고로 오늘도 존재한다

SNS를 통해 사람들은 자신의 느낌과 행동에 대해 스스로 털어 놓을 수 있게 되었다. 아무도 제지할 수 없는 자유로운 이야기 교류를 통해 내 이야기는 타인과 타인의 이야기는 나와 공유된다. 욕망·시기·놀이

하는 동물로서, 정치적·경제적·사회적 동물로서 의견을 생산하고 주장하고 불화하면서 공존한다. 개인적 인간과 사회적 인간이 이야기를 통해 공생하는 것이다.

SNS를 통한 커뮤니케이션은 ① 기술 장치를 이용하여 시공간의 한계를 극복하고, ② 인간의 오감을 충족하는 콘텐츠를 제공하고, ③ 이용의 편의성을 극대화하고, ④ 자기표현을 통한 인간의 자기 존재감 본능을 충족하고, ⑤ 네트워크를 통해 사회적 동물로서 본능인 사회성 욕구를 충족하고 ⑥ 상호작용성을 통해 디지털 시대의 현대인들에게 유력한 이야기 커뮤니케이션 수단으로 급속하게 비중을 높여가고 있다.[12]

SNS는 개인의 자기표현과 사람들의 사회적 교류 행태에 지속적으로 큰 영향을 미칠 것이다. 표현과 교류에 장애가 되는 물리적 요인과 심리적 요인들을 재빨리 극복해 가면서 무수한 개인이 자신의 이야기를 다발적으로 생산하고 다발적으로 수용하는 복합적인 상호작용 네트워크로 기능할 것이다.

관심을 공유하는 사람들을 찾아내고 소외되고 고립된 개인들을 연결하고, 공공적인 의제들에 대한 의견 공동체적 네트워크 구성에도 기여할 것이다. 이제 소수 엘리트들이 사회적으로 막강한 힘을 가지고 사회의 의사결정과 권력을 지배하던 수직적 사회는 빠르게 퇴조하고 있다. 사람들의 이야기가 사회의 담론과 공종체의 의사소통을 지배하는 보다 투명한 수평적 사회로 전환하고 있다.

물론 좋은 일만 있는 건 아니다. 판도라의 상자처럼 소셜미디어도 빛과 그림자를 함께 지닌다. 긍정의 밝은 빛만큼 부정의 어두운 그림자도 짙다. 배려, 정직, 유머, 신뢰, 협조의 이야기 와 함께 왜곡, 속임수, 막말, 언어폭력, 분노, 저주, 프라이버시 침해의 정보가 넘치고 있다. 타인과 사회에 상처를 주고 갈등과 혼란을 야기하고, 새로운 소외를 낳고,[13] 악의적인 카오스(혼돈)를 야기하는 이야기들이 난무하여 우려를 낳고 있다.

오늘도 우리는 SNS에 링크한다. 인간의 알고 싶어 하는 인식욕구와 알리고 싶어 하는 공시욕구의 유혹을 따라 우리의 손은 문자판을 두드려서 이야기를 만든다. 그리고 그 이야기를 들려주려고 또 들으려고 링크한다. 링크를 통해 나의 이야기는 너의 이야기가 되고, 너의 이야기는 나의 이야기가 된다. 우리는 이야기하는 동물이다.

소셜미디어의 이야기는 이제 중요한 사회의 소통 커뮤니케이션 시스템으로 작동한다. 손쉬운 참여, 공유, 활용, 비판과 같은 상호작용을 통하여 개인, 집단, 조직, 공동체, 사회의 상호의존성을 공감하고 공동체로 묶는 역할을 한다. 정보와 오락기능은 물론이고 정치, 경제, 문화 분야에서도 새로운 변화를 견인하고 있다. '자신과 이웃과 세계를 향해 열린 소통의 창' 소셜미디어는 우리의 일상생활, 그 자체가 되었다. 그래서 오늘도 '우리는 링크한다, 고로 오늘도 존재한다'. 아니 결국 '우리는 존재한다, 고로 소통한다.'

소통하는 인간, 호모 커뮤니쿠스

참고문헌과
주석

1장

1. Harari, Y. N. (2014). *Sapiens: A brief history of humankind.*/ 조현욱(역). 사피엔스(2015). 서울: 김영사.

2장

1. 김대식 (2014). 《빅퀘스천》 서울: 동아시아; Hoking, S. (1996). *The illustrated a brief history of time.*/ 김동광(역) (1998). 《그림으로 보는 시간의 역사》 서울: 까치.
2. Sagan, C. (1980). *Cosmos.*/ 서광운(역) (1981). 《코스모스》 서울: 문화서적.
3. 《불교사전》 (김수동 편저, 서울: 민족사)에 따르면 '중중무진'은 삼라만상이 서로 관계하면서 중첩으로 융합되어 구별하기조차 어렵도록 제한이 없다는 것을 의미한다. 불교 《화엄경》의 〈금사자장(金師子章)〉에 따르면 사방에 거울을 10개 만들어 놓고 중앙에 촛불을 놓으면 촛불이 10개의 거울에 반사되고, 동시에 다른 거울에 겹겹이 서로 비춰지는 형국을 이른다.
4. Maslow, A. H. (1954). *Motivation and personality.* New York: Harper.
5. 세 가지 관점과 커뮤니케이션 정의에 대한 내용은 차배근 (1987). 《커뮤니케이션학 개론》 서울: 세영사; Littlejohn, S. W. (1989). *Theories of human communication.* Belmont, CA: Wadsworth 참조.
6. Shannon, C., & Weaver, W. (1949). *The mathematical theory of communication.* Urbana, IL: University of Illinois Press. 섀논과 위버는 당시 최첨단의 정보기술회사인 벨 컴퍼니에 근무했다. 벨 컴퍼니는 전신전화 회사로 오늘날의 구글, 애플, 아마존과 같은 정보기술을 다루는 회사로 보면 된다.
7. Infante, D. A., Rancer, A. S., & Avtgis, T. A. (2009). *Contemporary communication theory.* Dubuque, IA: Kendall Hunt publishing.
8. Bauer, R. A. (1964). The obstinate audience: The influence process from the point of view of ocial communication. *American Psychology,* 19, 319-328.

3장

1. Andrew D. Wolvin & Carolyn G. Coakley (1985). *Listening.* Dubuque, IA: Wm. C.

소통하는 인간, 호모 커뮤니쿠스

Brown Publishers.

2. Paul T. Rankin (1926). *The measurement of the ability to understand spoken language.* Unpublished Ph. D. dissertation, University of Michigan, Dissertation Abstracts 12(1952), 847-848.

3. Lila R. Brieter (1971). Research in listening and its importance to literature. Larry L. Barker (1971). *Listening behavior.* Englewood Cliffs, NJ: Prentice-Hall 에서 재인용

4. Elyse K. Werner (1975). *A study of communication time.* M.A. thesis, University of Maryland at College Park.

5. Fornaciari, S (1981). How to talk to kids about drugs', cited by John Barbour, Lines of communication, The Evening Sun, 18 March, 1981. p.B-1.

6. 여성가족부가 2016년에 발표한 '2015년 가족실태조사'의 결과임. 이 보고서에 따르면 부부간 대화의 부족은 40대와 ,50대 부부에서 두드러졌다. 40대 부부의 경우, 대화하는 시간이 30분 미만인 비율이 36.7%로 전 연령대에서 가장 높았다. 대화를 전혀 하지 않는 비율도 2.3%로 가장 높았다. 50대 부부의 경우, 30분 미만이 36.1%로 높은 수치를 보였다.

7. 〈한국일보〉 2015년 6월 8일 자 보도 내용. 여성가족부의 실태조사를 인용하여 분석한 보도에서 재인용. 이 보도에 따르면 부부관계 만족도는 부부간 대화와 자녀 돌봄 분담에 대한 만족도에 따라서 큰 영향을 받는 것으로 나타났다. 의사소통 만족도가 낮은 남성은 부부관계에 대한 만족도 역시 2.76점(5점 만점)으로 낮았고, 만족도가 높은 남성은 3.99점으로 훨씬 높았다. 여성의 경우도 의사소통 만족도가 낮으면 부부관계 만족도가 2.61점이었지만, 높은 여성은 3.90점으로 차이가 많았다. 부부 간 자녀 돌봄 분담 문제, 분담에 대한 만족도가 높을수록 부부 관계에 대한 만족도는 높았다.

4장

1. 최인훈 (1961). 《광장》 서울: 정향사.

2. Maslow, A. H. (1954). *Motivation and personality.* New York: Harper.

3. 김정기 (2016). 《이용과 충족 연구》 서울: 커뮤니케이션북스.

4. 그리스시대의 소피스트 모두를 궤변론자라고 호칭하며 사실이나 진실을 기만한다는 식으로 부정적으로 보는 것은 문제가 있다. 소피스트라는 용어는 '선생

참고문헌과 주석

(teacher)'이라는 뜻이다. 나쁜 선생이 존재한다는 것은 우리도 경험하지만 선생은 기본적으로 좋은 일을 하는 사람들이다. 일부 소피스트들이 지나친 강습료 등을 요구하며 부를 축적했다고 하지만 그리스시대도 마찬가지였다. 토론의 아버지로 불리는 프로타고라스(모든 명제(주장)는 양면성을 지니며, 그 양면에 대해서 어느 쪽이 되더라도 각각 논리적으로 설명할 수 있어야 한다고 했음), 효율적인 설득을 위해 '감정'의 중요성을 다룬 고르기아스(Gorgias), 연설에서 스타일의 중요성을 강조하고 연설가는 문법, 논리학, 수사학, 수학, 기하학, 음악, 천문학 등 모든 학문을 폭넓게 교육받아야 한다고 주장한 이소크라테스(Isocrates)도 소피스트였다. 이소크라테스는 로마시대의 유명한 수사학자인 키케로(Cicero)와 퀸틸리안(Quintilian)에게 가장 큰 영향을 준 것으로 알려지고 있다.

5. Rubin, R. B., Perse, E. M., & Barbato, C. A. (1988). Conceptualization and measurent of inrerpersonal cammunication motives, *Himan Comamunication Research,* 14(4), 602-628

6. Arnold, C. C., & Bowers, J. W. (1984). *Handbook of rhetorical and cammunication theory* (Eds.). Newton, MA: Ally and Bacon.

7. 예를 들어 김정기 (2012). 〈커뮤니케이션 스타일, 동기, 주목도, 만족감, 교육효과의 관계〉《스피치와 커뮤니케이션》18, 202-234; Martin, M. M., Mottet, T. P., & Myers, S. A. (1999). Students' motives for communicating with their instructors and affective and cognitive learning. *Psychological Reports,* 87, 830-834.

5장
—

1. Berger, C. R., & Calabrese, R. J. (1975). Some explorations in initial interaction and beyond: Toward a developmental theory of interpersonal communication. *Human Communication Research,* 1, 99-112.

2. Sunnafrank, M. (1986). Predicted outcome value during initial interactions: A reformulation of uncertainty reduction theory. *Human Communication Research,* 13, 3-33.

3. Infante, D. A., Rancer, A. S., & Avtgis, T. A. (2010). *Contemporary communication theory* (Eds.). Dubuque IA: Kendall Hunt.

4. Berger, C. R. (1979). Beyond initial interaction: Uncertainty, understanding, and the development of interpersonal relationships: In H. Giles & R. N. St. clair Eds.), *Language and social psychology.* (pp.122-144). Oxford: Basil Blackwell.

5. Tidwell, L. C., & Walther, J. B. (2002). Computer-mediated communication effects on disclosure, impressions, and interpersonal evaluations: Getting to know one another a bit at a time. *Human Communication Research,* 28(3), 317-348.

6. Berger, C. R. (1986). Uncertainty outcome values in predicted relationships: Uncertinty reduction theory then and now. *Human Communication Theory,* 13, 34-38.

6장

—

1. Bell, R. A., & Daly, J. A. (1984). The affinity-seeking function of communi-cation. *Communication Monographs,* 51(June), 91-115.

2. Berscheid, D. K., & Walster, E. (1972). What is beautiful is good. *Journal of Personality and Social Psychology, 24(3),* 285-290; Pike, G. R. (1999). The constant error of the halo in educational outcomes research. *Research in Higher Education,* 40(1), 61-86.

3. Abelson, R. P.(1981). Psychological status of script concept. *American Psychologist,* 36, 715-729; Bell, R. A., & Daly, J. A. (1984). The affinity-seeking function of communication. *Communication Monographs,* 51, 91-115; Kellermann, K. (1986). Anticipation of future interaction and informa-tion exchange in initial interaction. *Human communication Research,* 13, 41-75; O'Keefe, B. J., & Delia, J. G. (1982). Impression formation and message production. In M. E. Roloff & C. R. Berger (Eds.), *Social cognition and communication* (pp.33-72). Berverly Hills, CA: Sage; Roloff, M. E., & Kellermann, K. (1984). Judgments of interpersonal competence: How do you know, what you know, and who you know. In R. N. Bostrom (Ed.), *Competence in communication: a multidisciplinary approach* (pp.175-218). Beverly Hills: Sage.

참고문헌과 주석

4. Martin, M. M. (1992). *The affinity-seeking process in initial interaction*. Ph. D. Dissertation of the School of Communication Studies, Kent State University.

5. Altman, I., & Taylor, D. (1973). *The development of interpersonal relationships*. New York: Holt, Rinehart & Winston; Bell, R. A., & Daly, J. A. (1984). The affinity-seeking function of communication. *Communication Monographs*, 51, 91-115.

6. Byrne, D. (1971). The attraction paradigm. New York: Academic Press; Berscheid, E., & Walster, E. (1978). *Interpersonal attraction*. Reading, MA: Addison-Wesley.

7장
—

1. McCroskey, J. C. (1993). *An introduction to rhetorical communication*. Englewood Clifs, NJ: Prentice Hall.

2. Norton, R. (1978). Foundation of a communicator style construct. *Human Communication Research*, 4, 99-112; Norton, R. (1983). *Communicator style: Theory, application, and measures*. Beverly Hills, CA: Sage.

3. Infante, D. A., Anderson, C. M., Martin, M. M., Herington, A. D., & Kim, J. (1993). Subordinates' satisfaction and perceptions of verbal aggressiveness and style. *Management Communication Quarterly*, 6, 307-326; Infante, D. A., & Gordon, W. I. (1981). Similarities and differences in the communicator styles of superiors and subordinates: Relations to subordinate satisfaction. *Communication Quarterly*, 30, 67-71; Gordon, W. I., Infante, D. A., & Braun, A. A. (1986). Communicator style: Is the metaphor appropriate? *Communication Research Reports*, 3, 13-19.

4. Fassett, D. L., & Warren, J. T. (2010). *Communication and instruction* (Eds.). Los Angeles, CA: Sage; Martin, M. M., & Myers, S. A. (2010). The relational side of instructional communication: An Examination of instructors' presentational communication traits. In D. L. Fassett & J. T. Warren (Ed.), *The Sage handbook of communication and instruction* (pp.263-280). Los Angeles, CA: Sage; Myers, S. A., Mottet, T. P., & Martin, M. M. (2000).

소통하는 인간, 호모 커뮤니쿠스

The relationship between student communication motives and perceived instructor comm-unication style. *Communication Research Reports,* 17, 161-170.

5. 김정기 (2012). 〈커뮤니케이션 스타일, 동기, 주목도, 만족감, 교육효과의 관계〉《스피치와 커뮤니케이션》18, 202-234; 김정기, 안호림 (2014). 〈교수자와 학생의 커뮤니케이션 요인과 교육효과의 관계〉《커뮤니케이션학 연구》22(1), 65-910.

6 Leith, S. (2012). *You talkin' to me?/* 정미나(역) (2014).《레토릭: 세상을 움직인 설득의 비밀》서울: 청어람미디어.

8장

—

1. Goffman, E. (1959). *The presentation of self in everyday life.* New York: Doubleady Anchor Press; Jourard, S. M. (1971). *The transparent self* (Rev. ed.). New York: Van Nostrand Reinhold.

2. Jourard, S. M. (1971). *Self-disclosure.* New York: Wiley.

3. Berger, C. R. (1979). Beyond initial interaction: Uncertainty, understanding, and the development of interpersonal relationships: In H. Giles & R. N. St. clair Eds.), *Language and social psychology.* (pp.122-144). Oxford: Basil Blackwell.

4. Jourard, S. M. (1971). *Self-disclosure.* New York: Wiley.

5. Luft, J. (1984). *Group process: An introduction to group dynamics.* (3rd ed.). Palo Alto, CA: Mayfield.

6. Infante, D. A., Rancer, A. S., & Avtgis, T. A. (2009). *Contemporary communi-[cation theory.* Dubuque, IA: Kendall Hunt.

7. Joinson, A. (2001). Self-disclosure in computer-mediated communication: The role of self-awareness and visual anonymity. *European Journal of Social Psychology,* 31, 177-192.

8. Petronio, S., & Durham, W. T. (2008). Communication privacy management theory: Significance for interpersonal communication. In L. A. Boxter & D. O. Braithwaite (Eds.), *Engaging theories in interpersonal communication: Multiple perspectives* (pp.309-322). Thousand Oaks, CA: Sage.

9. Petronio, S. (2002). *Boundaries of privacy: Dialectics of disclosure.* Albany:

SUNY Press.

10. Petronio, S., & Durham, W. T. (2008). Communication privacy management theory: Significance for interpersonal communication. In L. A. Boxter & D. O. Braithwaite (Eds.), *Engaging theories in interpersonal communication: Multiple perspectives* (pp.309-322).

11. Mandela, N. (1995). *Long walk to freedom*/ 김대중(역) (2006). 《자유를 향한 머나먼 길》 서울: 두레.

12. DeVito, J. A. (2008). *Essentials of Human Communication* (6th ed.). Boston, MA: Allyn and Bacon.

9장

1. Knapp, M. L., & Miller, G. R. (1985). *Handbook of interpersonal communication* (Eds.). Beverly Hills, CA: Sage; Trenholm, S. (1986). *Human communication theory*. Englewood Cliffs, NJ: Prentice-Hall.

2. Janis , I. L. (1972, 1982). *Groupthink: Psychological studies of policy decisions and fiascoes* (2nd ed.). Boston: Houghton Mifflin.

3. Jaffe, C. (2004). *Public speaking: Concepts and skills for a diverse society* (4th ed.). Belmont, CA: Wadsworth/Thomson Learning.

4. Tedford, T. L, & Herbeck, D. A (2001). *Freedom of speech in the United States* (4th Eds.). State College, PA: Strata Publishing.

5. http://www.ohmynews.com/NWS_Web/View/at_pg.aspx?CNTN_CD=A0002457301

6. Infante, D. A., & Rancer, A. S. (1982). A conceptualization and measure of argumentativeness. *Journal of Personality Assessment, 46*, 72-80.

7. Avtgis, T. A., & Rancer, A. S. (2010). *Arguments, aggression, and conflict: New directions in theory and research* (Eds.). New York: Routledge; Rancer, A. S. (1998). Argumentativeness. In J. C. McCroskey, J. A. Daly, M. M. Martin, & M. J. Beatty (Eds.), *Communication and Personality: Trait perspectives* (pp.149-170). Cresskill, NJ: Hampton Press.

8. 김정기. 〈여의도에 토론을 허하라〉 〈중앙일보〉 2010년 2월 25일, 35면.

소통하는 인간, 호모 커뮤니쿠스

10장

—

1. McCroskey, J. C. (1970). Measures of communication-bound anxiety. *Speech Monographs,* 37, 269-277.

McCroskey, J. C. (1977). Oral communication apprehension: A summary of recent theory and research. *Human Communication Research,* 4, 75-96.

2. McCroskey, J. C. (1982). *An introduction to rhetorical communication* (4th ed.). Englewood Cliffs, NJ: Prentice Hall.

3. McCroskey, J. C., & Beatty, M. J. (1987). Communication apprehension. In J. A. Daly (Eds.), *Personality and interpersonal communication* (pp.215-231). Newbury Park, CA: Sage.

4. Root-Bernstein, R, & Root-Bernstein, M. (1999). *Spark of genius/* 박종성(역). 《생각의 탄생》 서울: 에코의 서재.

5. Infante, D. A., Rancer, A. S., & Avtgis, T. A. (2009). *Contemporary communication theory.* Dubuque, IA: Kendall Hunt.

6. Richmond, V. P., & McCroskey, J. C. (1985). *Communication: Apprehension, avoidance, and effectiveness.* Scottsdale, AZ: Gorsuch Scarisbrick.

7. Infante, D. A., Rancer, A. S., & Avtgis, T. A. (2009). *Contemporary communication theory.* Dubuque, IA: Kendall Hunt.

8. McCroskey, J. C. (2011). Communication apprehension: What have we learned in the last four decades. *Human Communication,* 12(2), 157-171.

11장

—

1. Infante, D. A., & Wigley III, C. (1986). Verbal aggressiveness: An interpersonal model and measure. *Communication Monographs,* 53, 61-69.

2. Avtgis, T. A., & Rancer, A. S. (2010). *Arguments, aggression, and conflict: New directions in theory and research* (Eds.). New York: Routledge.

3. Infante, D. A. (1987). Aggressiveness. In J. C. McCroskey & J. A. Daly (Eds.), *Personality and interpersonal communication* (pp.157-192). Newbury Park, CA: Sage.

4. Avtgis, T. A., & Rancer, A. S. (2010). *Arguments, aggression, and conflict: New*

directions in theory and research (Eds.). New York: Routledge.

5. 김정기. 〈바른 말, 바른 표현, 바른 소통에 대한 교육〉 〈중앙선데이〉 2018년 9월 15일.

6. 홍주현, 나은경 (2016). 〈온라인 혐오표현의 확산 네트워크 분석: 이유 속성별 확산 패턴 및 혐오표현의 유형과 강도〉 《한국언론학보》 60(5), 145-175. 이 숫자는 2011년 12월 29일 국립국어원에 제출된 '청소년 언어실태 언어의식 전국 조사'에 따른 것이다.

7. 김택환. 〈풍자와 조롱의 정치학〉 〈중앙선데이〉 2012년 1월 8일.

8. 예를 들어 Infante, D. A. (1988). *Arguing constructively.* Long Grove, IL: Waveland.

9. 2011년 12월 29일 국립국어원에 제출된 '청소년 언어실태 언어의식 전국 조사' 결과.

12장

―

1. DePaulo, B. M., Kashy, D. A., Kirkendol, S. E., Wyer, M. M., & Epstein, J. A. (1996). Lying in everyday life. *Journal of Personality and Social Psychology,* 70, 979-995.

2. Bond, C. F., & DePaulo, B. M. (2006). Accuracy of deception judgments. *Review of Personality and Social Psychology,* 10, 214-234.

3. Buller, D. B., & Burgoon, J. K. (1996). Interpersonal deception theory. *Communication Theory,* 6, 203-242.

4. Maslow, A. H. (1943). A theory of human motivation. *Psychological Review,* 50, 370-396.

5. Burgoon, J. K., Buller, D. B., Guerrero, L. K., & Feldman, C. (1996). Interpersonal deception: XII. Information management dimensions underlying types of deceptive messages. *Communication Monographs,* 63, 50-69.

6. Mille r, G., & Stiff, J. (1993). *Deceptive communication.* Newbury Park, CA: sage

7. Bryant, E. (2008). Real lies, white lies and gray lies: Towards a typology of deception. *Kaleidoscope,* 7, 23-48.

8. 최인호 (2010). 《천국에서 온 편지》 서울: 누보.

9. 양정애 (2019). 〈일반 시민들이 생각하는 '뉴스'와 '가짜뉴스'〉 《미디어 이슈》 5(1). 한국언론진흥재단.

10. DePaulo, B., Lindsay, J., Malone, B., Muhlenbruck, L., Charton, K., & Cooper,

H. (2003). Cues to deception. *Psychological Bulletin,* 129(1), 74-118.

11. Levin e, T. R., Shaw, A., & Shulman, H. C. (2010). Increasing deception detection accuracy with strategic questioning. *Human Communication Research,* 36, 216-231; Lews, C., George, J. F., & Giordano, G. (2009). *A cross-cultural comparison of computer-mediated deceptive communication.* A paper preseented at 2009 Pacific Asia Conference on Information Systems. http://aisel.aisnet.org/pacis2009/21.

13장
—

1. Mehrabian, A. (1972). *Nonverbal communication.* Chicago: Aldine-Atheron.
2. Hall, E. T. (1959). *The silent language.* Garden City, NY: Doubleday.
   Hall, E. T. (1966). *The hidden dimension.* Garden City, NY: Doubleday.
3. Lyman, S. M., & Scott, M. B. (1967). Territoriality: A neglected sociological dimension. *Social Problems,* 15, 236-249.
   Rosenfeld, L. B., & Civikly, J. M. (1976). *With word unspoken: The nonverbal experience.* New York: Holt, Rinehart, and Winston.
4. Knapp, M. L., & Hall, J. A. (2010). *Nonverbal communication in human interaction* (7th Eds.). Boston, MA: Wadsworth.
5. Montagu, A. (1971). *Touching: The human significance of the skin.* New York: Perennial Library.
6. Heslin, R. (1974, April). *Step toward a taxonomy of touching.* Paper presented at the meeting of the Western Psychological Association, Chicago, IL. 이 부분은 Moore, N., Mark Hickson, M. III., & Stacks, D. W. (2010). *Nonverbal communication: Studies and applications.* New York: Oxford University Press에서 재인용.
7. Adler, R., & Towne, N. (1975). *Looking out/looking in.* San Francisco: Rinehart Press.

14장
—

1. Infante, D. A., Rancer, A. S., & Avtgis, T. A. (2009). *Contemporary commun-*

iation theory. Dubuque, IA: Kendall Hunt; Knapp, M. L., & Hall, J. A. (2010). *Nonverbal communication in human interaction* (7th Eds.). Boston, MA: Wadsworth; Moore, N., Hickson, M. III., & Stacks, D. W. (2010). *Nonverbal communication: Studies and applications.* New York: Oxford University Press.

2. Knapp, M. L., Hall, J. (2005). *Nonverbal communication* (6th ed.), Fort Worth, TX: Harcourt Brace Jovanovich; Judge, T. A., & Cable, D. M. (2004). The effects of physical height on workplace success and income. *Journal of Applied Psychology,* 89, 428-441.

3. Burgoon, J. K., Buller, D. B., & Woodall, W. G. (1996). *Nonverbal communication: The unspoken dialogue* (2nd ed.). New York: McGraw-Hill.

4. Berry, D. S. (1991). Attractive faces are not all created equal: Joints effects of facial babyishness and attractiveness on social perception. *Personality and Social Psychology Bulletin,* 17, 523-531.

5. Zerbrowitz, L. A. (1997). *Reading faces.* Boulder, CO: Westview Press.

6. Argyle, M., & Ingham, R. (1972). Gaze, mutual gaze and distance. *Semiotica,* 1, 32-49.

7. Knapp, M. K., & Hall, J. A. (2006). *Nonverbal communication in human interaction* (6th ed.)/ 최양호, 민인철, 김영기(역).《비언어 커뮤니케이션》서울: 커뮤니케이션북스.

8. 김용준 (2009).〈머리〉《새近圓隨筆》69-72쪽, 파주: 열화당.

15장

—

1. 김정기.〈또 꿈틀대는 대동아전쟁〉〈서울신문〉'열린 세상' 2013년 5월 23일.

2. Battistella, E. L. (2014). *Sorry about that: The language of public apology.* Oxford, MA: Oxford University Press.

3. Lazare, A. (2005). *On apology.* Oxford. MA: Oxford University Press.

4. Battistella, E. L. (2014). *Sorry about that: The language of public apology.* Oxford, MA: Oxford UNiversity Press.

5. Coleman . P.(2002). *How to say it for couples: Communicating with tenderness, openness, and honesty.* Paramus, NJ: Prentice-Hall; DeVito, J. A. (2008).

소통하는 인간, 호모 커뮤니쿠스

Essentials of human communication. New York: Pearson.

6. 김성탁. 〈중앙일보〉〈참회와 배상은 끝나지 않았다〉 2019년 7월 2일.

7. 〈중앙일보〉 '하토야마 '한중일 갈등, 일본 진심 어린 사죄 계속하면 풀려" 2019년 5월 30일, 11면.

8. 〈중앙일보〉〈날두형에게 부치는 편지〉 2019년 7월 31일, 오피니언면.

9. John, K. (2009). Effective apology./ 이현우(역).《한 마디 사과가 백 마디 설득을 이긴다》서울: 서울문화사.

10. John, K. (2009). Effective apology./ 이현우 (역).《한 마디 사과가 백 마디 설득을 이긴다》서울: 서울문화사.

16장
—

1. 미디어에 의해 매개되는 대인커뮤니케이션이라는 용어는 소셜미디어가 나오기 전인 1980년대에 캐스카트와 굼퍼트가 사용하였다. Cathcart, R., & Gumpert, G. (1986). Inter/media: Interpersonal communication in a media world (3rd ed.). New York: Oxford University Press. 소셜미디어의 유형과 특성에 대해서는 Boyd, d. m., & Ellison, N. B. (2007). Social network sites: Definition, history, and scholarship.Journal of Computer-Mediated Communication, 13(1), article 11.

2. Elliso n, N. B., Lampe, C., & Steinfield, C. (2009). Social network sites and society: Current trends and future possibilities. Interactions, 16(1), 6~9.

3. 영국 옥스퍼드대학교 부설 로이터저널리즘연구소의 보고서 내용이다. 이 보고서는 세계 38개국의 75,000명 응답자(한국은 2,035명)를 대상으로 '2019년도 디지털 뉴스 이용 및 생태계 현황'에 대해 조사한 내용을 다루고 있다.

4. Gerbner, G., & Gross, L. (1976). Living with television: The violence profile. Journal of Communication, 26(2), 173-199.

5. 〈중앙일보〉 '뜻을 높게! 손정의 소프트뱅크 회장의 삶과 경영' 2011년 10월 27일, E3면.

6. Goffman, E. (1959). The presentation of self in everyday life. New York: Doubleady Anchor Press.

7. Donath, J., & boyd, d. m. (2004). Public displays of connection. BT Technology Journal, 22(4), 71-82; Fono, D., & Raynes-Goldie, K. (2006). Hyperfriendship and beyond: Friends and social norms on LiveJournal. In M.

Consalvo & C. Haythornthwaite (Eds.), *Internet Research Annual Volume 4: Selected Papers from the AOIR conference* (pp.91-103). New York: Peter Lang.

8. 〈세계일보〉 '즐겨쓰던 화장품까지 바꿨다…… 보이콧 재팬 확산' 2019년 8월 9일, 1면.

9. 〈중앙일보〉 '신세대의 8 · 15: 아름다운 독도 명동 한복판 플래시몹' 2011년 8월 16일, 18면.

10. 〈중앙일보〉 '극단 선택 동반자 구함 트윗 급증' 2019년 7월 15일, 16면.

11. 〈조선일보〉 '소셜미디어의 배신…… 끼리끼리 소통, 민주주의 근간 흔들어' 2019년 5월 22일, A 8면.

12. 김정기 (2012). 〈소셜미디어와 소셜커뮤니케이션〉 한국방송학회 방송과 수용자연구회(엮음) 《소셜미디어연구》 3-30, 서울: 커뮤니케이션북스.

13. Turkle, S. (2011). *Alone together*. New York: Basic Book.